前漢演義

蔡東藩 著

—— 從儲君斃命至王莽弒帝

巫蠱禍亂，西漢王朝逐漸走向衰亡
國家傾覆於權臣之手，忠臣隕落的悲歌
倖臣死去大奸來，漢室江山已半灰
畢竟婦人無遠識，引狼入室自招災

目錄

第七十六回	巫蠱獄丞相滅門　泉鳩里儲君斃命	005
第七十七回	悔前愆痛下輪臺詔　授顧命囑遵負扆圖	015
第七十八回	六齡幼女竟主中宮　廿載使臣重還故國	025
第七十九回	識詐書終懲逆黨　效刺客得斃番王	035
第八十回	迎外藩新主入都　廢昏君太后登殿	045
第八十一回	謁祖廟驂乘生嫌　囑女醫入宮進毒	055
第八十二回	孝婦伸冤於公造福　淫嫗失德霍氏橫行	065
第八十三回	洩逆謀殺盡後族　矯君命殲厥渠魁	075
第八十四回	詢宮婢才識酬恩　擢循吏迭聞報績	085
第八十五回	兩疏見機辭官歸里　三書迭奏罷兵屯田	095
第八十六回	逞淫謀番婦構釁　識子禍嚴母知幾	105
第八十七回	傑閣圖形名標麟史　錦車出使功讓蛾眉	115
第八十八回	寵閹豎屈死蕭望之　惑讒言再貶周少傅	123
第八十九回	馮婕妤挺身當猛獸　朱子元仗義救良朋	133

目錄

第九十回　　斬郅支陳湯立奇功　　嫁匈奴王嬙留遺恨　　141

第九十一回　　賴直諫太子得承基　　寵正宮詞臣同抗議　　151

第九十二回　　識番情指日解圍　　違婦言上書惹禍　　161

第九十三回　　懲諸舅推恩赦罪　　嬖二美奪嫡宣淫　　171

第九十四回　　智班伯借圖進諫　　猛朱雲折檻留旌　　181

第九十五回　　洩機謀鴆死許后　　爭座位怒斥中官　　191

第九十六回　　忤重闈師丹遭貶　　害故妃史立售奸　　199

第九十七回　　莽朱博附勢反亡身　　美董賢閤家同邀寵　　209

第九十八回　　良相遭囚嘔血致斃　　倖臣失勢與婦並戕　　219

第九十九回　　獻白雉罔上居功　　驚赤血殺兒構獄　　229

第一百回　　竊國權王莽弒帝　　投御璽元後覆宗　　239

第七十六回
巫蠱獄丞相滅門　泉鳩里儲君斃命

　　卻說漢廷連歲用兵，賦役煩重，再加歷屆刑官，多是著名酷吏，但務苛虐，不恤人民。元封天漢年間，複用南陽人杜周為廷尉。杜周專效張湯，逢迎上意，舞文弄法，任意株連，遂致民怨沸騰，盜賊蜂起，山東一帶，劫掠時聞。地方官吏，不得不據實奏聞，武帝乃使光祿大夫范昆等，著繡衣，佩虎符，號為直指使者，出巡山東，發兵緝捕。所有二千石以下，得令專誅。范昆等依勢作威，沿途濫殺，雖擒斬幾個真正盜魁，但餘黨逃伏山澤，依險抗拒。官兵轉無法可施，好幾年不得蕩平。武帝特創出一種苛律，凡盜起不發覺，或已發覺不能盡誅，二千石以下至小吏，俱坐死罪。此法叫做沉命法，沉命即沒命的意義。同時直指使者暴勝之，輒歸咎二千石等捕誅不力，往往援照沉命法，好殺示威。行至渤海，郡人雋不疑，素有賢名，獨往見勝之道：「僕聞暴公於大名，已有多年，今得承顏接辭，萬分欣幸。凡為吏太剛必折，太柔必廢，若能寬以濟猛，方得立功揚名，永終天祿。願公勿徒事尚威！」勝之見他容貌端莊，詞旨嚴正，不禁肅然起敬，願安承教。嗣是易猛為寬，及事畢還朝，表薦不疑為青州刺史。**暴君不暴，虣有諍友**，唯不疑亦從此著名了。又有繡衣御史王賀，亦偕出捕盜，多所縱舍，嘗語人道：「我聞活千人，子孫有封，我活人不下萬餘，後世當從此興盛呢！」**為王氏榮寵張本。**

第七十六回
巫蠱獄丞相滅門　泉鳩里儲君斃命

　　是時三輔，**注見前文。**亦有盜賊。繡衣直指使者江充，係是趙王彭祖門客，他嘗得罪趙太子丹，逃入長安，訐丹與姊妹相姦，淫亂不法。丹坐是被逮，後雖遇赦，終不得嗣為趙王。武帝因他容貌壯偉，拜為直指使者，督察貴戚近臣。江充得任情舉劾，迫令充戍北方。貴戚入關哀求，情願輸錢贖罪，武帝准如所請，卻得了贖罪錢數千萬緡。**卻是一椿好生意。**武帝以充為忠直，常使隨侍。會充從駕至甘泉宮，遇見太子家人，坐著車馬，行馳道中，當即上前喝住，把他車馬扣留。太子據得知此信，慌忙遣人說情，叫充不可上奏。偏充置諸不理，竟去報告武帝。武帝喜說道：「人臣應該如此！」遂遷充為水衡都尉。

　　天漢五年，改元太始，取與民更始的意思。太始五年，又改元徵和，取征討有功，天下和平的意思。這數年間，武帝又東巡數次，終不見有仙人，唯連年旱災，損傷禾稼。至徵和元年冬日，武帝閒居建章宮，恍惚見一男子，帶劍進來，忙喝令左右拿下。左右環集捕拿，並無蹤跡，都覺詫異得很。偏武帝說是明明看見，怒責門吏失察，誅死數人。**實是老眼昏花。**又發三輔騎士，大搜上林，窮索不獲。再把都門關住，挨戶稽查，鬧得全城不安，直至十有一日，始終拿不住真犯，只好罷休。**何與秦始皇時情事逼肖？**武帝暗想如此搜尋，尚無形影，莫非妖魔鬼怪不成，積疑生嫌，遂闖出一場巫蠱重案，禍及深宮。

　　自從武帝信用方士，輾轉引進，無論男女巫覡，但有門路可鑽，便得出入宮廷。就是故家貴戚，亦多有巫覡往來，所以長安城中，幾變做了鬼魅世界。丞相公孫賀夫人，係衛皇后胞姊，**見前。**有子敬聲，得官太僕，自恃為皇后姨甥，驕淫無度。公孫賀初登相位，卻也戰戰兢兢，只恐犯法，及過了三五年，諸事順手，漸漸放膽，凡敬聲所為，亦無心過問。敬聲竟擅用北軍錢千九百萬，為人所訐，捕繫獄中。賀未免溺愛，還想替子

設法，救出囹圄。適有陽陵俠客朱安世，混跡都中，犯案未獲。賀上書武帝，願緝捕安世為子贖罪，武帝卻也應允，賀乃嚴飭吏役，四出查捕。吏役等皆認識安世，不過因安世疏財好友，暗中用情，任令漏網。此次奉了相命，無法解免，只好將他拿到，但與安世說及詳情，免致見怪，安世笑語道：「丞相要想害我，恐自己也要滅門了！」遂從獄中上書，告發丞相賀子敬聲，與陽石公主私通，且使巫禱祭祠中，咒詛宮廷，又在甘泉宮馳道旁，瘞埋木偶等事。武帝覽書大怒，立命拿下公孫賀，一併訊辦，並把陽石公主連坐在內。廷尉杜周，本來辣手，樂得羅織深文，牽藤攀葛。陽石公主係武帝親女，與諸邑公主為姊妹行，諸邑公主是衛皇后所生，又與衛伉為中表親。伉本承襲父爵，後來坐罪奪封，**伉為衛青長子，見七十四回**。免不得有些怨言。杜周悉數羅入，並皆論死。賀父子皆斃獄中，衛伉被殺，甚至兩公主亦不得再生，奉詔自盡。**倒不如不生帝皇家。**

　　武帝毫不嘆惜，反以為辦理得宜，所有丞相遺缺，命涿郡太守劉屈氂繼任。屈氂係中山王勝子。勝為武帝兄弟，嗜酒好色，相傳有妾百餘，子亦有百二十人。此時勝已病逝，予諡曰靖。長子昌嗣承父位，屈氂乃是庶男，由太守入秉樞機。武帝恐相權過重，擬仿照高祖遺制，分設左右兩相。右相一時乏人，先命屈氂為左丞相，加封澎侯。

　　唯武帝在位日久，壽將七十，每恐不得延年，時常引進方士，訪問吐納引導諸法，又在宮中鑄一銅像，高二十丈，用掌托盤，承接朝露，名為仙人掌，得露以後，摻和玉屑，取作飲料，謂可長生，雖是一半謊言，卻也未始無益。但武帝生性好色，到老不改。陳后後有衛后，衛后色衰，便寵王、李二夫人。王、李二夫人病逝，又有尹、邢兩美姬，爭寵後宮。尹為婕妤，邢號娙娥，**女官名，貌美之稱**。兩人素不會面。尹婕妤請諸武帝，願與邢娙娥相見，一較優劣。武帝令她宮女，扮作娙娥，入見尹婕

第七十六回
巫蠱獄丞相滅門　泉鳩里儲君斃命

好,尹婕妤一眼瞧破,便知是別人頂替。及邢娙娥奉召真至,服飾不過尋常,姿容很是秀媚,惹得尹婕妤目瞪口呆,半晌說不出話來,唯有俯首泣下。邢娙娥微笑自去。武帝窺透芳心,知尹婕妤自慚未逮,乃有此態。當下曲意溫存,才算止住尹婕妤的珠淚。但從此尹、邢兩人,不願再見,後人稱為尹邢避面,便是為此。**夾入此事,也是一段漢宮豔史。**

此外還有一個鉤弋夫人,係河間趙氏女。相傳由武帝北巡過河,見有青紫氣,詢諸術士,謂此間必有奇女子。武帝便遣人查訪,果有一個趙家少女,豔麗絕倫,但兩手向生怪病,拳曲不開,當由使人報知武帝。武帝親往看驗,果如所言,遂命從人解擘兩拳,無一得釋。及武帝自與披展,隨手伸開,見掌中握著玉鉤,很為驚異。於是載入後車,將她帶回。既入宮中,便即召幸。老夫得著少婦,如何不喜?當即特闢一室,使她居住,號為鉤弋宮。**也是金屋藏嬌的意思。**稱趙女為鉤弋夫人,亦名拳夫人。過了年餘,鉤弋夫人有娠,閱十四月始生一男,取名弗陵,進鉤弋夫人為婕妤。武帝向聞堯母慶都,懷孕十四月生堯,鉤弋子也是如此,因稱鉤弋宮門為堯母門。或謂鉤弋夫人,通黃帝素女諸術,能使武帝返老還童,仍得每夕御女,這是野史妄談,斷不可信。武帝質本強壯,所以晚得少艾,尚能老蚌生珠。不過旦旦伐性,總有窮期,到了徵和改元,武帝病已上身,耳目不靈,精神俱敝。前次見有男子入宮,全是昏眊所致;至公孫賀父子得罪,連及二女,更覺得心神不寧。一日在宮中晝寢,夢見無數木人,持杖進擊,頓嚇出一身冷汗,突然驚醒;醒後尚心驚肉跳,魂不守舍,因此忽忽善忘。

適江充入內問安,武帝與談夢狀,充卻一口咬定,說是巫蠱為祟。**全是好事。**武帝即令充隨時查辦,充遂藉端誣詐,引用幾個胡巫,專至官民住處,掘地捕蠱,一得木偶,便不論貴賤,一律捕到,勒令供招。官民全

未接洽，何從供起？偏充令左右燒紅鐵鉗，烙及手足身體。毒刑逼迫，何求不得？其實地中掘出的木偶，全是充暗教胡巫，預為埋就，徒令一班無辜官民，橫遭陷害，先後受戮，至數萬人。**毒過蛇蠍**。太子據年已長成，性頗忠厚，平時遇有大獄，往往代為平反，頗得眾心。武帝初甚鍾愛，嗣見他材具平庸，不能無嫌，更兼衛后寵衰，越將她母子冷淡下去。還是衛后素性謹慎，屢戒太子稟承上意，因得不廢。至江充用事，彈劾太子家人，賣直幹寵，太子不免介意。**見前文**。嗣聞巫蠱案牽連多人，更有後言。充恐武帝晏駕，太子嗣位，自己不免受誅，乃擬先除太子，免貽後患。

　　黃門郎蘇文，與充往來密切，同構太子。太子嘗進謁母后，移日乃出。蘇文即向武帝進讒道：「太子終日在宮，想是與宮人嬉戲哩！」武帝不答，特撥給東宮婦女二百人。太子心知有異，仔細探察，才知為蘇文所讒，更加斂抑。文又與小黃門常融、王弼等，陰伺太子過失，砌詞蒙報。衛后切齒痛恨，屢囑太子，上白冤誣，請誅讒賊。太子恐武帝煩擾，不欲瀆陳，且言自能無過，何畏人言。已而武帝有疾，使常融往召太子，融當即返報，謂太子頗有喜容。及太子入省，面帶淚痕，勉強笑語。當由武帝察出真情，始知融言多偽，遂將融推出斬首。蘇文不得逞志，反斷送了一個常融，不禁憤懼交併，便即告知江充。充乃請武帝至甘泉宮養痾，暗使胡巫檀何，上言宮中有蠱氣隱伏，若不早除，陛下病終難瘥。

　　武帝正多日患病，一聞何言，當然相信，立使江充入宮究治。更派按道侯韓說，御史章贛為助，就是黃門蘇文及胡巫檀何，亦得隨充同行。充手持詔旨，率眾入宮，隨地搜掘，別處尚屬有限，獨皇后、太子兩宮中，掘出木人太多。太子處更有帛書，語多悖逆，充執為證據，趨出東宮，揚言將奏聞主上。太子並未埋藏木偶，憑空發現，且驚且懼，忙召少傅石

第七十六回
巫蠱獄丞相滅門　泉鳩里儲君斃命

德，向他問計。石德也恐坐罪，因即獻議道：「前丞相父子與兩公主衛伉等，皆坐此被誅，今江充帶同胡巫，至東宮掘出木人，就使暗地陷害，殿下亦無從辨明。為今日計，不如收捕江充，窮治奸詐，再作計較！」太子愕然道：「充係奉遣到來，怎得擅加捕繫？」石德道：「皇上方養病甘泉，不能理事，奸臣敢這般妄為，若非從速舉發，豈不蹈秦扶蘇覆轍麼？」**扶蘇事見前文**。太子被他一逼，也顧不得什麼好歹，便即假傳詔旨，徵調武士，往捕江充。**鹵莽之極**。充未曾預防，竟被拿下，胡巫檀何，一併就縛，只按道侯韓說，是軍伍出身，有些膂力，便與武士格鬥，畢竟寡不敵眾，傷重而亡。蘇文、章贛，乘隙逃往甘泉宮。

太子在東宮待報，不到多時，即由武士拿到江充、檀何。太子見了江充，氣得眼中出火，戟指怒罵道：「趙虜，汝擾亂趙國，尚未快意，乃復欲構我父子麼？」說著，即喝令斬充，並令將檀何驅至上林，用火燒死。**雖是眼前快意，但未得實供，究難塞謗**。一面使舍人無且，**讀若居**。持節入未央宮，通報衛后，又發中廄車馬，武庫兵械，載運長樂宮衛士，守備宮門。**何不亟赴甘泉宮自首請罪？**蘇文、章贛，奔入甘泉宮，奏言太子造反，擅捕江充。武帝驚疑道：「太子因宮內掘發木偶，定然遷怒江充，故有是變，我當召問底細便了。」遂使侍臣往召太子。侍臣臨行時，由蘇文遞示眼色，已經解意，又恐為太子所誅，竟到他處避匿多時，乃返白武帝道：「太子謀反屬實，不肯前來，且欲將臣斬首，臣只得逃歸。」

武帝聞言大怒，欲令丞相劉屈氂往拘太子，可巧丞相府中的長史，前來告變。武帝問道：「丞相作何舉動？」長史隨口答道：「丞相因事關重大，祕不發兵。」武帝忿然道：「人言藉藉，何容祕密？丞相獨不聞周公誅管蔡麼？」當下命吏寫成璽書，交與長史帶回。丞相屈氂，方聞變出走，失落印綬，**實是沒用傢伙**。心中正在惶急，忽見長史到來，持示璽書，屈氂乃

取書展視，書中有云：

捕斬反者，自有賞罰！當用牛車為櫓，毋接短兵，多殺傷士眾！堅閉城門，毋令反者得出，至要至囑！

屈氂看畢，才問明長史往報情形。其實長史往報，也並非由屈氂差遣，就是對答武帝，亦屬隨機應命。及向屈氂說明，屈氂頗喜他幹練，慰勉數語，即將璽書頒示出去。未幾又有詔令傳至，凡三輔近縣將士，盡歸丞相調遣。一朝權在手，便把令來行，當即調集人馬，往捕太子。太子聞報，急不暇擇，更矯詔盡赦都中囚徒，使石德及賓客張光，分領拒敵，並宣告百官，說是皇上病危，奸臣作亂，應該速討云云。百官也毫無頭緒，究不辨誰真誰假，但聽得都城裡面，喊殺聲震動天地。太子與丞相督兵交戰，殺了三日三夜，還是勝負未分。至第四日始有人傳到，御駕已到建章宮，才知太子矯詔弄兵。於是膽大的出助丞相，同討太子，就是民間亦云太子造反，不敢趨附。太子部下，死一個少一個，丞相麾下死一個反多一個，長樂西闕下，變作戰場，血流成渠。**枉死城中，恐容不住如許冤魂！**太子漸漸不支，忙乘車至北軍門外，喚出護軍使者任安，給他赤節，令發兵相助。任安係前大將軍衛青門客，與太子本來熟識，當面只好受節，再拜趨入，閉門不出。太子無法，再驅迫市人當兵，又戰了兩晝夜，兵殘將盡，一敗塗地。石德、張光被殺，太子挈著二男，南走復盎門，門已早閉，無路可出。巧有司直田仁，瞧見太子倉皇情狀，不忍加害，竟把他父子，放出城門。及屈氂追到城邊，查得田仁擅放太子，便欲將仁處斬。暴勝之已為御史大夫，在屈氂側，急與語道：「司直位等二千石，有罪應該奏明，不宜擅戮。」屈氂乃止，自去詳報武帝。武帝怒甚，立命收繫暴勝之、田仁，並使人責問勝之，何故袒仁不誅。勝之惶懼自殺。**前愆究難倖免，但不族誅，還由晚蓋之功。**武帝又遣宗正劉長，執金吾劉敢，收取衛后璽

第七十六回
巫蠱獄丞相滅門　泉鳩里儲君斃命

綬。衛后把璽綬交出，大哭一場，投繯畢命。**陳后由巫蠱被廢，衛后亦由巫蠱致死，不可謂非天道好還**。衛氏家族，悉數坐罪，就是太子妃妾，無路可逃，也一併自盡。此外東宮屬吏，隨同太子起兵，並皆族誅。甚至任安受節，亦被查覺，拘入獄中，與田仁同日腰斬。

武帝尚怒不可解，躁急異常，群臣不敢進諫，獨壺關三老令狐茂上書道：

臣聞父者猶天，母者猶地，子猶萬物也。故天平地安，物乃茂盛，父慈母愛，子乃孝順。今皇太子為漢嫡嗣，承萬世之業，體祖宗之重，親則皇帝之宗子也。江充布衣，閭閻之隸臣耳，陛下顯而用之，銜至尊之命，以迫蹙皇太子，造飾奸詐，群邪錯謬，太子進則不得上見，退則困於亂臣，獨冤結而無告，不忍忿忿之心，起而殺充，恐懼逋逃，子盜父兵，以救難自免耳。臣竊以為無邪心。往者江充讒殺趙太子，天下莫不聞，今又構釁青宮，激怒陛下，陛下不察，即舉大兵而求之，三公自將，智者不敢言，辯士不敢說，臣竊痛之！願陛下寬心慰意，少察所親，毋患太子之非，亟罷甲兵，勿令太子久亡，致墮奸人狡計。臣不勝悁悁，謹待罪建章闕，昧死上聞！

武帝得書，稍稍感悟，但尚未嘗明赦太子。太子出走湖縣，匿居泉鳩里，只有二子相隨。泉鳩里人，雖然留住太子，但家況甚貧，只有督同家眷，晝夜織履，賣錢供給。太子難以為情，因想起湖縣有一故友，家道殷實，不如召他到來，商決持久方法，乃即親書一紙，使居停傭人往召。不料為此一舉，竟致走漏風聲，為地方官吏所聞。新安令李壽，率領幹役，夤夜往捕，將太子居停家圍住。太子無隙可走，便閉戶自縊。**好去侍奉母后了**。唯二男幫助居停主人攔門拒捕，結果是同歸於盡。**多害死了一家**。

李壽飛章上陳，武帝還依著前詔，各有封賞。後來查得巫蠱各事，均多不確，太子實為江充所迫，不得已出此下著，本意並不欲謀反，自悔前

時冒失，誤殺子孫！高寢郎車千秋，**供奉高祖寢廟。**又上書訟太子冤，略言子弄父兵，罪不過笞。皇子過誤殺人，更有何罪？臣嘗夢見白頭翁教臣言此。**真善迎合。**武帝果為所動，即召見千秋。千秋身長八尺，相貌堂堂，語及太子冤情，聲隨淚下。武帝也為悽然道：「父子責善，人所難言。今得君陳明冤枉，想是高廟有靈，使來教我呢！」**始終迷信鬼神。**遂拜千秋為大鴻臚，並詔令滅江充家，把蘇文推至橫橋上面，縛於橋柱，縱火焚斃。特在湖縣築思子宮，中有歸來望思臺，表示哀悼。小子有詩嘆道：

骨肉乖離最可悲，宮成思子悔難追。
當年枚馬如猶在，應賦〈招魂〉續《楚辭》！

太子既死，武帝諸子，各謀代立，又惹出一場禍祟來了。欲知如何惹禍，請看下回便知。

衛氏子夫，以歌女進身，排去中宮，得為繼后，貴及一門，當其專寵之時，弟兄通籍，姊妹叨榮，何其盛也！公孫賀起家行伍，因妻致貴，出為將，入為相，彼果知相位之難居，何不急流勇退？況有子敬聲，驕奢不法，不教之以義方，反縱之為淫佚，既罹法網，尚思贖罪，幾何而不淪胥以亡也。陽石、諸邑兩公主，並遭連坐，皇女喪生，必及皇子。江充之譖，由來者漸，太子慮不自明，矯詔捕充，充固死有餘辜，而父子相夷之禍，自此成矣。太子敗而衛后死，衛后死而衛氏一門，存焉者寡。人生如泡影，富貴若幻夢，何苦為此獻媚取榮耶？武帝南征北討，欲為子孫貽謀，而反自殺其子孫，尤為可嘆。思子宮成，歸來臺作，果何益乎？

第七十六回
巫蠱獄丞相滅門　泉鳩里儲君斃命

第七十七回
悔前愆痛下輪臺詔　授顧命囑遵負扆圖

　　卻說武帝年至七十，生有六男，除長男衛太子據外，一為齊王閎，**見七十三回**。一為昌邑王髆，**見七十四回**。一為鉤弋子弗陵，**見前回**。還有燕王旦，及廣陵王胥，係後宮李姬所生。旦、胥二子，與閎同時封王，在宗廟中授冊，格外鄭重。**事見元狩元年**。閎已夭逝，燕王旦係武帝第三子，兩兄俱死，依次可望嗣位，遂上書求入宿衛，窺探上意，偏武帝不許。貳師將軍李廣利，欲立己甥昌邑王髆為太子，屢與丞相劉屈氂商議。屈氂子娶廣利女為妻，兒女私親，當然允洽。徵和三年，匈奴兵入寇五原、酒泉，漢廷聞報，即由武帝下詔，遣李廣利率兵七萬，往御五原；重合侯馬通，率四萬人出酒泉；秺**音妒**。侯商邱成，率二萬人出西河。李廣利陛辭登程，由劉屈氂送至渭橋，廣利私下與語道：「君侯能早請昌邑王為太子，富貴定可長享，必無後憂。」**誰知是催他速死？**屈氂許諾而別。

　　廣利麾兵出塞，到了夫羊句山，正與匈奴右大都尉等相遇，當即驅殺一陣，虜兵只有五千騎，戰不過李廣利軍，當即敗走，廣利乘勝趲至范夫人城。城係邊將妻范氏所築，故有是名。馬通軍至天山，匈奴大將偃渠，引兵邀擊，望見漢軍強盛，不戰而退，馬通追趕不及，因即退還。商邱成馳入胡境，並無所見，乃收兵引歸，回走數十里；忽由匈奴大將，與李陵率兵三萬，從後追來，不得已翻身與戰，擊退胡兵，重複南行。偏胡兵且

015

第七十七回
悔前愆痛下輪臺詔　授顧命囑遵負扆圖

卻且前,連番接仗,轉戰八九日,至漢軍南臨蒲奴水濱,力將胡兵擊退,方得從容回來。兩路兵已經言旋,只有李廣利未歸,武帝正在記念,驀由內官郭穰,報告丞相屈氂與貳師將軍密約,將立昌邑王為帝,丞相夫人且使女巫祈禱鬼神,詛咒主上。**漢官妻女何好干預政治**。武帝又勃然大怒,立拿屈氂下獄,查訊定讞,罪至大逆不道;便命將屈氂縛置廚車,腰斬東市,妻子並梟首華陽街。李廣利妻子,亦連坐拘繫。

當由廣利家人,飛報軍前。廣利惶急失色。旁有屬吏胡亞夫進言道:「將軍若得立大功,還可入朝自贖,赦免全家;否則匆匆歸國,同去受罪,要想再來此地,恐不可復得了!」廣利乃冒險再進,行至郅居水上,擊敗匈奴左賢王,殺斃匈奴左大將,還要長驅直入,誓搗虜庭。軍中長史因廣利違眾邀功,料他必敗,私議執住廣利,縛送回國。不幸為廣利所聞,立將長史處斬。廣利知軍心不服,下令班師,還至燕然山,不料胡騎前來報復,抄出燕然山南麓,截住去路。漢軍已經疲乏,禁不住與虜再戰,只好紮下營寨,休息一宵,再行打仗。到了夜半,營後忽然火起,復有胡兵殺入,漢軍大亂,開營急走,偏前面被胡騎掘下陷坑,夜黑難辨,多半跌了下去。李廣利雖未墜下,也覺得無路可走,前有深塹,後有大火,眼見得死在目前,自思僥倖得脫,也是一死,不若投降匈奴,還可求生。**未必!未必!** 主見已定,便即下馬請降。匈奴兵把他擁去,使見狐鹿姑單于,單于聞他是漢朝大將,特別待遇。後聞漢廷誅死廣利妻子,更將己女配與廣利為妻,尊寵在衛律上。律陰懷妒忌,欲害死廣利,一時無隙可乘。待至年餘,適值單于有病,禱治無效,律即買囑胡巫,叫他入白單于,說是廣利屢次入侵,得罪社稷,應該將他祭社,方可挽回。單于尊信鬼神,遂把廣利拿下,廣利還疑是單于無情,怒罵單于道:「我死必滅匈奴!」**何若早死,免致喪名**。單于竟殺死廣利,用屍祭祀。會連日大雪,畜產凍死,人

民疫病，單于始記起廣利前言，恐他作祟，特為立祠。看官試想，廣利死後，不能向衛律索命，豈尚能災禍匈奴麼？**是極**。話休敘煩。

　　且說武帝因廣利降胡，屠戮李氏一門，連前將軍公孫敖、趙破奴等，亦皆連累族誅。**公孫敖族誅，可為李陵母妻洩恨**。唯自思許多逆案，都與巫蠱有關，究竟這班方士，有無神術，且多年求仙，終不見效，索性再往東萊，探視一番，乃再出東巡，召集方士，訪問神仙真跡，大眾都說是神山在海，屢被逆風吹轉船隻，不能前往。武帝欲親自航行，群臣力諫不從。正擬登舟出發，海風暴起，浪如山立，驚得武帝倒退數步，自知不便浮海，但在海濱流留十餘日，啟蹕言歸。道出鉅定，行親耕禮；還至泰山，再修封禪，祀明堂，禮畢，乃召語群臣道：「朕即位以來，所為狂悖，徒使天下愁苦，追悔無及。從今以後，事有傷害百姓，悉當罷廢，不得再行！」大鴻臚田千秋進言道：「方士競言神仙，迄今無功；可見是虛縻廩祿，應該罷遣。」武帝點首道：「大鴻臚說得甚是，朕當照行。」遂命方士一律回去，不必空候神人，方士皆索然去訖。武帝亦即還都，隨拜田千秋為丞相，封富民侯。

　　搜粟都尉桑弘羊，上言輪臺東偏，有水田五千餘頃，可遣卒屯田，設定都尉；再募健民墾荒，分築亭障，藉資戰守，免致西域生心。武帝卻不願相從，又下詔悔過，略云：

　　前有司奏，欲益民賦三十助邊用，是重困老弱孤獨也。今又遣卒田輪臺；輪臺在車師千餘里，前擊車師，雖降其王，以遼遠乏食，道死者尚數千人，況益西乎！乃者貳師敗沒，軍士死亡，離散悲痛，常在朕心。今又請遠田輪臺，欲起亭障，擾勞天下，非所以優民也，朕不忍聞！當令務在禁苛暴，止擅賦，力本農，修馬復。養馬者，得免徭役。令以補缺，毋乏武備而已。

第七十七回
悔前愆痛下輪臺詔　授顧命囑遵負扆圖

自經此一詔，武帝始不復用兵；就是從前種種嗜好，也一概戒絕。後人稱為《輪臺悔詔》，便是為此。**可惜遲了！**未幾，進桑弘羊為御史大夫，另任趙過為搜粟都尉。過作代田法，令民逐歲易種，每耨草，必用土培根，根深能耐風旱，用力少，得谷多，民皆稱便。越年為徵和五年，武帝志在革新，復下詔改元，不用什麼祥瑞字樣，但稱為復元元年正月初吉，駕幸甘泉祀郊泰時。及返入長安，丞相田千秋因武帝連年誅罰，中外恟恟，特與御史以下諸官僚，藉著上壽為名，勸武帝施德省刑，和神養志，有玩聽音樂、娛養天年等語。武帝又復下詔道：

朕之不德，致召非彝。自左丞相與貳師，陰謀逆亂，巫蠱之禍，流及士大夫，朕日止一食者累月，何樂之足聽？且至今餘巫未息，禍猶不止，陰賊侵身，遠近為蠱，朕甚愧之，其何壽之有？敬謝丞相二千石，其各就館。書曰：「無偏無黨，王道蕩蕩。」幸毋復言！

武帝此詔，雖似不從所請，卻也知千秋詞中有意，特加依畀。千秋本無才名，又無功績，由一言感悟主心，便得封侯拜相，不特漢廷視為異數，就是外國亦當作奇聞。匈奴狐鹿姑單于，復遣使要求和親，武帝亦遣使答報。狐鹿姑單于問漢使道：「聞漢新拜田千秋為丞相，此人素無重望，如何大用？」漢使答道：「田丞相上書言事，語皆稱旨，因此超遷。」狐鹿姑笑道：「照汝說來，漢相不必定用賢人，只須一妄男子上書，便好拜相了。」漢使無言可答，回報武帝；武帝責他應對失辭，意欲拘令下獄，還是千秋代為緩頰，方得邀免。千秋敦厚有智，善覘時變，比諸前時諸相，較為稱職，但也是適逢機會，有此光榮。**雖有智慧，不如乘時。**

到了夏盛時候，武帝至甘泉宮避暑，晝臥未起，忽聽得一聲異響，才從夢中驚寤，披衣出視，見有二人打架，一是侍中駙馬都尉金日磾，一是侍中僕射馬何羅。武帝正擬喝止，那日磾早朗聲急呼道：「馬何羅反！」

一面說，一面將馬何羅抱住，用盡生平氣力，得將馬何羅扳倒，投擲殿下。當由殿前宿衛，縛住馬何羅，經武帝面加訊鞫，果然謀反屬實，遂令左右送交廷尉，依法治罪。馬何羅係重合侯馬通長兄，通嘗拒擊太子，績功封侯，馬何羅亦得入為侍中僕射。至江充族誅，太子冤白，何羅兄弟，恐致禍及，遂起逆謀。何羅出入宮禁，屢思行刺，只因金日磾時常隨著，未便下手。適日磾患有小恙，因臥直廬，**即直宿處**。何羅自幸得機，遂與弟馬通及季弟安成，私下謀逆，自己入刺武帝，囑兩弟矯詔發兵，作為外應。本擬夤夜起事，因殿內宿衛嚴密，挨至清晨，方得懷著利刃，從外趨入。可巧日磾病已少減，早起如廁，偶覺心下不安，折回殿中，**莫非有鬼使神差**。方才坐定，見何羅搶步進來，當即起問。何羅不禁色變，自思騎虎難下，還想闖進武帝寢門，偏偏手忙腳亂，誤觸寶瑟，墮地有聲，**武帝所聞之異響，從此處敘明**。懷中刃竟致失落。日磾當然窺破，趕前一步，抱住何羅，連呼反賊。何羅不能脫身，把持許久，竟被日磾擲翻，遂得破獲。武帝又令奉車都尉霍光，與騎都尉上官桀，往拿馬通、馬安成。**此上官桀與前文上官桀不同**。兩馬正在宮外候著，接應何羅，不意兩都尉引眾突出，欲奔無路，束手就擒，並交廷尉訊辦。依謀反律，一併斬首，全家駢誅。

　　日磾履歷，已見前文。唯日磾母教子有方，素為武帝所嘉嘆，病歿後，繪像甘泉宮，署曰休屠王閼氏。至日磾生有兩子，併為武帝弄兒，束髮垂髫，楚楚可愛，嘗在武帝背後，戲弄上頸。日磾在前，瞋目怒視。伊子且走且啼道：「阿翁恨我！」武帝便語日磾道：「汝何故恨視我兒？」日磾不便多言，只好趨出，唯心中很覺可憂。果然長男漸壯，調戲宮人，日磾時加偵察，得悉情狀，竟將長男殺死。武帝尚未識何因，怒詰日磾，經日磾頓首陳明，武帝始轉怒為哀，但從此亦加重日磾。且日磾日侍左右，從未

第七十七回
悔前愆痛下輪臺詔　授顧命囑遵負扆圖

邪視，有時受賜宮女，亦不敢與狎。一女年已及笄，武帝欲納入後宮，偏日磾不肯奉詔，武帝益稱他忠謹，待遇日隆。**難得有此好胡兒！**此次手摔馬何羅，得破逆案，自然倍邀主眷。

只武帝遭此一嚇，愈覺心緒不寧，自思太子死後，尚未立儲，一旦不諱，何人繼位？膝下尚有三男，不若少子弗陵，體偉姿聰，與己相類；不過年尚幼稚，伊母鉤弋夫人，又值青年，將來子得為帝，必思干政，恐不免為呂后第二。想來想去，只有先擇一大臣，交付託孤重任，眼前唯有霍光、金日磾兩人，忠厚老成，可屬大事。但日磾究係胡人，未足服眾，不如授意霍光，叫他預悉。乃特使黃門，繪成一圖，賜與霍光。光字子孟，是前驃騎將軍霍去病弟，前文中亦已敘過。他由去病挈入都中，得充郎官，累遷至奉車都尉、光祿大夫，出入禁闥，二十餘年，小心謹慎，未嘗有失。至是蒙賜圖畫，拜受回家，展開一覽，是〈周公負扆輔成王朝諸侯圖〉，即揣知武帝微意。圖既不便奉還，且受了再說。武帝見霍光受圖退去，不復再請，當然欣慰。第二著便想處置鉤弋夫人，故意尋隙加譴。鉤弋夫人脫簪謝罪，武帝竟翻轉臉色，叱令左右侍女，把她牽扯出去，送入掖庭獄中。鉤弋夫人入宮以後，從未經過這般委屈，此時好似晴天霹靂，出人意外，不由的珠淚盈眶，頻頻回顧。武帝見她愁眉淚眼，也覺可憐，不得已揚聲催促道：「去去！汝休想再活了！」**實是奇想。**鉤弋夫人還欲再言，已被侍女牽出，送交獄中，是夕即下詔賜死。**北魏屢有此例，不意自武帝作俑。**一代紅顏，無端受戮，只落得一抔黃土，留碣雲陽。或謂鉤弋夫人屍解成仙，無非是惜她枉死，故有是說。當武帝忍心賜死時，曾顧問道：「外人有無異議？」左右答道：「人言陛下將立少子，如何先殺彼母？」武帝喟然道：「庸愚無識，何知朕意？從來國家生故，多由主少母壯所致，汝等獨不聞呂后故事麼？」左右聽了，方才無言。

又閱一年，武帝因春日閒暇，就赴五柞宮遊覽。宮有五柞樹，蔭複數畝，故以名宮。武帝流連景色，一住數日，不料風寒砭骨，病入膏肓，遂致長臥不起，無力回宮。霍光隨侍在側，流涕啟問道：「陛下倘有不諱，究立何人為嗣？」武帝答道：「君未知前日畫意麼？我已決立少子，君行周公事便了。」光頓首道：「臣不如金日磾。」日磾時亦在旁，亟應聲道：「臣外國人，若輔幼主，徒使外人看輕，不如霍光遠甚。」武帝道：「汝兩人素性忠純，朕所深知，俱當聽我顧命。」二人方才退下，武帝又想朝上大臣，除丞相田千秋，御史大夫桑弘羊外，尚有太僕上官桀，頗可親信，亦當令他輔政。乃便令侍臣草詔，翌日頒出，立弗陵為皇太子，進霍光為大司馬、大將軍，金日磾為車騎將軍，上官桀為左將軍，與丞相、御史一同輔政。五人奉詔入內，都至御榻前下拜。武帝病已垂危，不能多言，只是頷首作答，便麾令出外辦事。這五人的資望，上官桀最為後進。桀係上邽人氏，由羽林期門郎，遷官未央廄令，武帝嘗入廄閱馬，桀格外留意，勤加餵養。既而武帝患病，好幾日不到廄中，桀便疏懶下去。誰知武帝少愈，便來看馬，見馬多瘦少肥，便向桀怒罵道：「汝謂我不復見馬麼？」桀慌忙跪伏，叩首上言道：「臣聞聖體不安，日夕憂懼，所以無心餵馬，乞陛下恕罪。」武帝聽罷，便道他忠誠可靠，不但將他免罪，更擢使為騎都尉，至捕獲馬通兄弟，有功加官，得任太僕。看官閱此，就可知上官桀的品性了。**暗伏下文。**

　　且說武帝既傳受顧命，病已彌留，越宿即駕崩五柞宮，壽終七十一歲，在位五十六年，共計改元十一次。**並見上文。**史稱武帝罷黜百家，表章六經，重儒術，興太學，修郊祀，改正朔，定曆數，協音律，作詩樂，本是一位英明的主子，即如征伐四夷，連歲用兵，雖未免勞師糜餉，卻也能拓土揚威。只是漁色求仙，築宮營室，侈封禪，好巡遊，任用計臣酷

第七十七回
悔前愆痛下輪臺詔　授顧命囑遵負扆圖

吏，暴虐人民，終落得上下交困，內外無親。虧得晚年輪臺一詔，自知悔過，得人付託，借保國祚；所以秦皇漢武，古今並稱，獨武帝傳位少子，不若秦二世的無道致亡，相差就在末著呢！**論斷公允**。後人或謂武帝崩後，移棺至未央前殿，早晚祭菜，似乎吃過一般；後來奉葬茂陵，後宮妃妾，多至陵園守制，夜間仍見武帝臨幸；還有殉葬各物，又復出現人世，遂疑武帝隨屍解去。這種統是訛傳，無容絮述。

　　大將軍霍光等依著遺詔，奉太子弗陵即位，是謂昭帝。昭帝年甫八齡，未能親政，無論大小事件，均歸霍光等主持。霍光為顧命大臣領袖，兼尚書事，因見主少國疑，防有不測，日夕在殿中住著，行坐俱有定處，不敢少移。且思昭帝幼沖，飲食起居，需人照料，帝母鉤弋夫人已早賜死，此外所有宮嬪，都屬難恃，只蓋侯王充妻室，為昭帝長姊鄂邑公主，方在寡居，家中已有嗣子文信，不必多管，正可乘暇入宮，叫她護持昭帝。於是加封鄂邑公主為蓋長公主，即日入宮伴駕。**誰知又種下禍根？**內事瑣屑，歸蓋長公主料理，當可無憂。外事與丞相、御史等參商，還有輔政兩將軍酌議，亦不至貽譏叢脞。那知過了數夕，夜半有人入報，說是殿中有怪，光和衣睡著，聞報即起，出召尚符璽郎，**掌璽之官**。向他取璽。光意以御璽最關重要，所以索取，偏尚符璽郎亦視璽如命，不肯交付，光不暇與說，見他手中執著御璽，便欲奪得，那郎官竟按住佩劍道：「臣頭可得，御璽卻不可得呢！」**卻是個硬頭子！**光始爽然道：「汝能守住御璽，尚有何說！我不過恐汝輕落人手，何曾要硬取御璽！」郎官道：「臣職所在，寧死不肯私交！」說畢，乃退。光乃傳令殿中宿衛，不得妄譁，違命即斬。此令一出，並沒有什麼怪異，待到天明，卻安靜如常了。是日即由光承制下詔，加尚符璽郎俸祿二等，臣民始服光公正，倚作棟梁。光乃追尊鉤弋夫人為皇太后，諡先帝為孝武皇帝，大赦天下。小子有詩詠道：

知過非難改過難，輪臺一詔惜年殘。

託孤幸得忠誠士，屍骨雖寒語不寒。

未幾已閱一年，照例改元，號為始元元年。這一年間，便發生一種謀反的案情，欲知禍首為誰？待至下回詳敘。

太子據死，劉屈氂及李廣利一誅一叛，是正所以促武帝之悔心，使之力圖晚蓋。意者天不亡漢，乃特為此種種之刺激歟！綜觀武帝生平，多與秦始皇相類，唯初政時尚有可觀，至晚年輪臺一詔，力悔前愆，更為秦皇之所未聞。武帝有亡秦之失，而卒免亡秦之禍者，賴有此耳！且命立少子，委任霍光，顧託得人，卒無李斯、趙高之禍，斯亦武帝知人之特長。本書敘武帝事蹟，視他主為詳，而於秦皇異同之處，隱隱揭出，明眼人自能體會，固不在處處互勘也。

第七十七回
悔前愆痛下輪臺詔　授顧命囑遵負扆圖

第七十八回
六齡幼女竟主中宮　廿載使臣重還故國

　　卻說燕王旦與廣陵王胥，皆昭帝兄。旦雖辯慧博學，但性頗倨傲；胥有勇力，專喜遊獵，故武帝不使為儲，竟立年甫八齡的昭帝。昭帝即位，頒示諸侯王璽書，通報大喪。燕王旦接璽書後，已知武帝凶耗，他卻並不悲慟，反顧語左右道：「這璽書封函甚小，恐難盡信，莫非朝廷另有變端麼？」遂遣近臣壽西長、孫縱之等，西入長安，託言探問喪禮，實是偵察內情。及諸人回報，謂由執金吾郭廣意言主上崩逝五柞宮，諸將軍共立少子為帝，奉葬時並未出臨。旦不待說完，即啟問道：「鄂邑公主可得見否？」壽西答道：「公主已經入宮，無從得見。」旦佯驚道：「主上升遐，難道沒有遺囑！且鄂邑公主又不得見，豈非怪事！」**昭帝既予璽書，想必載著顧命，旦為此語，明是設詞**。乃復遣中大夫入都上書，請就各郡國立武帝廟。大將軍霍光，料旦懷有異志，不予批答，但傳詔賜錢三千萬，益封萬三千戶。此外如蓋長公主及廣陵王胥，亦照燕王旦例加封，免露形跡。旦卻傲然道：「我依次應該嗣立，當作天子，還勞何人頒賜哩？」當下與中山哀王子劉長，**中山哀王，即景帝子中山王勝長男**。齊孝王孫劉澤，**齊孝王即將閭，事見前文**。互相通使，密謀為變，詐稱前受武帝詔命，得修武備，預防不測。郎中成軫，更勸旦從速舉兵。旦竟昌言無忌，號令國中道：

第七十八回
六齡幼女竟主中宮　廿載使臣重遷故國

前高后時，偽立子弘為少帝，諸侯交手，事之八年。及高后崩，大臣誅諸呂，迎立文帝，天下乃知少帝非孝惠子也。我為武帝親子，依次當立，無端被棄，上書請立廟，又不見聽。恐今所立者，非武帝子，乃大臣所妄戴，願與天下共伐之。

這令既下，又使劉澤申作檄文，傳布各處。澤本未得封爵，但浪遊齊燕，到處為家，此次已與燕王立約，自歸齊地，擬即糾黨起應。燕王旦大集奸人，收聚銅鐵，鑄兵械，練士卒，屢出簡閱，剋期發難。郎中韓義等，先後進諫，迭被殺死，共計十有五人。正擬冒險舉事，不料劉澤赴齊，竟為青州刺史雋不疑所執，奏報朝廷，眼見是逆謀敗露，不能有成了。雋不疑素有賢名，曾由暴勝之舉薦，官拜青州刺史。**見七十六回。**他尚未知劉澤謀反情事，適由缾侯劉成，**淄川靖王建子，即齊悼惠王肥孫。**聞變急告，乃亟分遣吏役，四出偵捕。也是澤命運不濟，立被拿下，拘入青州獄中。不疑飛報都中，當由朝廷派使往究，一經嚴訊，水落石出，澤即伏法，旦應連坐。大將軍霍光等，因昭帝新立，不宜驟殺親兄，但使旦謝罪了事。**姑息養奸。**遷雋不疑為京兆尹，益封劉成食邑，便算是賞功罰罪，各得所宜。

唯車騎將軍金日磾，曾由武帝遺詔，封為秺侯，日磾以嗣主年幼，未敢受封，辭讓不受。誰知天不永年，遽生重病，霍光急白昭帝，授他侯封。日磾臥受印綬，才經一日，便即去世。特賜葬具塚地，予謚曰敬。兩子年皆幼弱，一名賞，拜為奉車都尉；一名建，拜為駙馬都尉。昭帝嘗召入兩人，作為伴侶，往往與同臥起。賞承襲父爵，得佩兩綬。建當然不能相比，昭帝亦欲封建為侯，特語霍光道：「金氏兄弟，只有兩人，何妨並給兩綬呢？」光答說道：「賞嗣父為侯，故有兩綬；餘子例難封侯。」昭帝笑道：「欲加侯封，但憑我與將軍一言。」光正色道：「先帝有約，無功不

得封侯！」**持論甚正**。昭帝乃止。

　　越年，封霍光為博陸侯，上官桀為安陽侯。光、桀與日磾同討馬氏，武帝遺詔中並欲加封，至是始受。偏有人入白霍光道：「將軍獨不聞諸呂故事麼？攝政擅權，背棄宗室，卒至天下不信，同就滅亡。今將軍入輔少主，位高望重，獨不與宗室共事，如何免患？」光愕然起謝道：「敢不受教！」乃舉宗室劉闢強等為光祿大夫。闢強係楚元王孫，年已八十有餘，徙官宗正，旋即病歿。

　　時光易過，忽忽間已是始元四年，昭帝年正一十有二了。上官桀有子名安，娶霍光女為妻，生下一女，年甫六齡，安欲納入宮中，希望為后，乃求諸婦翁，說明己意。偏光謂安女太幼，不合入宮。安掃興回來，自思機會難逢，怎可失卻，不如改求他人，或可成功，想了許久，竟得著一條門徑，跑到蓋侯門客丁外人家，投刺進見。丁外人籍隸河間，小有才智，獨美豐姿。蓋侯王文信，與他熟識，引入幕中，偏被蓋長公主瞧著，不由的惹動淫心，她雖中年守寡，未耐嫠居；況有那美貌郎君，在子門下，正好朝夕勾引，與圖歡樂。丁外人生性狡猾，何妨移篙近舵，男有情，女有意，自然湊合成雙。**又是一個竇太主**。及公主入護昭帝，與丁外人幾成隔絕。公主尚託詞回家，夜出不還。當有宮人告知霍光，光密地探詢，才知公主私通丁外人。自思姦非事小，供奉事大，索性叫丁外人一併入宮，好叫公主得遂私慾，自然一心一意，照顧昭帝。**這就是不學無術的過失**。於是詔令丁外人入宮值宿，連宵同夢，其樂可知。上官安洞悉此情，所以特訪丁外人，想託他入語公主，代為玉成。湊巧丁外人出宮在家，得與晤敘。彼此密談一會，丁外人樂得賣情，滿口應承。待至安別去後，即入見蓋長公主請納安女為宮嬪。蓋長公主本欲將故周陽侯趙兼女兒，**趙兼為淮南厲王舅，曾見前文**。配合昭帝，此次為了情夫關說，只好捨己從人，一

第七十八回
六齡幼女竟主中宮　廿載使臣重還故國

力作成。便召安女入宮，封為婕妤，未幾即立為皇后。**六齡幼女，如何作后？**

　　上官安不次超遷，居然為車騎將軍。安心感丁外人，便思替他營謀，求一侯爵。有時謁見霍光，力言丁外人勤順恭謹，可封為侯。霍光對安女為后，本未贊成，不過事由內出，不便固爭；且究竟是外孫女兒，得為皇后，也是一件喜事，因此聽他所為。唯欲為丁外人封侯，卻是大違漢例，任憑安說得天花亂墜，終是打定主意，不肯輕諾。安拗不過霍光，只好請諸乃父，與光熟商。乃父桀與光，同受顧命，且是兒女親家，平日很是莫逆，或當光休沐回家，桀即代為決事，毫無齟齬。只丁外人封侯一事，非但不從安請，就是桀出為斡旋，光亦始終不允。桀乃降格相求，但擬授丁外人為光祿大夫，光忿然道：「丁外人無功無德，如何得封官爵，願勿復言！」桀未免懷慚，又不便將丁外人的好處，據實說明，只得默然退回。從此父子兩人，與霍光隱成仇隙了。**此處又見霍光之持正。**

　　且說雋不疑為京兆尹，尚信立威，人民畏服，每年巡視屬縣，錄囚回署，他人不敢過問。獨不疑母留養官舍，輒向不疑問及，有無平反冤獄，曾否救活人命？不疑一一答說。若曾開脫數人，母必心喜，加進飲食；否則終日不餐。不疑素來尚嚴，因不敢違忤母訓，只好略從寬恕。時人稱不疑為吏，雖嚴不殘，實是由母教得來，乃有這般賢舉。**特揭賢母。**好容易過了五年，在任稱職，安然無恙。始元五年春正月，忽有一妄男子，乘黃犢車，徑詣北闕，自稱為衛太子。公車令急忙入報，大將軍霍光不勝驚疑，傳令大小官僚，審視虛實。百官統去看驗，有幾個說是真的，有幾個說是假的，結果是不能咬實，未敢覆命。甚至都中人民，聽得衛太子出現，也同時聚觀，議論紛紛。少頃有一官吏，乘車到來，略略一瞧，便喝令從人把妄男子拿下。從人不敢違慢，立把他綁縛起來，百官相率驚視，原來就

是京兆尹雋不疑。**一鳴驚人**。有一朝臣，與不疑友善，亟趨前與語道：「是非尚未可知，不如從緩為是。」不疑朗聲道：「就使真是衛太子，亦可無慮。試想列國時候，衛輒瞶得罪靈公，出奔晉國，及靈公殁後，輒據國拒父，《春秋》且不以為非。今衛太子得罪先帝，亡不即死，乃自來詣闕，亦當議罪，怎得不急為拿問哩！」**臨機應變，不為無識**。大眾聽了，都服不疑高見，無言而散。不疑遂將妄男子送入詔獄，交與廷尉審辦。霍光方慮衛太子未死，難以處置，及聞不疑援經剖決，頓時大悟，極口稱讚道：「公卿大臣，不可不通經致用；今幸有雋不疑，才免誤事哩。」**誰叫你不讀經書**。看官閱此，應亦不能無疑，衛太子早在泉鳩里中，自縊身死。**見七十六回**。為何今又出現？想總是有人冒充，但相隔未久，朝上百官，不難辨認真偽，乃未敢咬定，豈不可怪！後經廷尉再三鞫問，方得水落石出，霧解雲消。這妄男子係夏陽人，姓成名方遂，流寓湖縣，賣卜為生。會有太子舍人，向他問卜，顧視方遂面貌，不禁詫異道：「汝面貌很似衛太子。」方遂聞言，忽生奇想，便將衛太子在宮情形，約略問明，竟想假充衛太子，希圖富貴。當下入都自陳，偏偏碰著雋不疑，求福得禍，弄得身入囹圄，無法解脫。起初尚不肯實供，嗣經湖縣人張方祿等，到案認明，無可狡飾，只得直供不諱。依律處斷，罪坐誣罔，腰斬東市。**真是弄巧成拙**。這案解決，雋不疑名重朝廷，霍光聞他喪偶未娶，欲將己女配為繼室，不疑卻一再固辭，竟不承命。**也是特識**。後來謝病歸家，不復出仕，竟得考終。

　　唯霍光自是器重文人，加意延聘。適諫議大夫杜延年，請修文帝遺政，示民儉約寬和。光乃令郡國訪問民間疾苦，且舉賢良文學，使陳國家利弊，當由一班名士耆儒，並來請願，乞罷鹽鐵酒榷均輸官。御史大夫桑弘羊，還要堅持原議，說是安邊足用，全恃此策。經光決從眾意，不信弘羊，才得榷酤官撤銷，輕徭薄賦，與民休息，百姓始慶承平。可巧匈奴狐

第七十八回
六齡幼女竟主中宮　廿載使臣重還故國

鹿姑單于病死，遺命謂嗣子年幼，應立弟右谷蠡王。偏閼氏顓渠與衛律密謀，匿下遺命，竟立狐鹿姑子壺衍鞮單于，召集諸王，祭享天地鬼神。右谷蠡王及左賢王等，不服幼主，拒召不至。顓渠閼氏方有戒心，自恐內亂外患，相逼到來，乃亟欲與漢廷和親，遣使通問漢廷。漢廷亦遣使相報，索回蘇武、常惠等人，方准言和。蘇武困居北隅，已經十有九年。前時衛律屢迫武降，武執意不從。**見七十五回。**至李陵敗降胡中，匈奴封陵為右校王，使至北海見武，勸武降胡。武與陵向來交好，未便拒絕，既經會面，不得不重敘舊情，好在陵帶有酒食，便擺設出來，對坐同飲，侑以胡樂。飲至半酣，陵故意問武狀況，武唏噓道：「我偷生居此，無非望一見主面，死也甘心！歷年以來，苦難盡述。猶幸單于弟於靬王弋射海上，憐我苦節，給我衣食，才得忍死至今。今於靬王逝世，丁靈人復來盜我牛羊，又遭窮厄，不知此生果能重歸故國否？」陵乘機進言道：「單于聞陵素與君善，特使陵前來勸君，君試思子身居此，徒受困苦，雖有忠義，何人得知？且君長兄嘉，曾為奉車，從幸雍州棫陽宮，扶輦下除，**除係陛道。**觸柱折轅，有司即劾他大不敬罪，迫令自殺。君弟賢，為騎都尉，從祠河東后土，適值宦騎與黃門爭船。黃門駙馬被宦騎推墮河中，竟至溺死。主上令君弟拿訊宦騎，宦騎遁逃不獲，無從覆命，君弟又恐得罪，服毒身亡。太夫人已經棄世，尊夫人亦聞改嫁，獨有女弟二人，兩女一男，存亡亦未可知。人生如朝露，何徒自苦乃爾！陵敗沒胡廷，起初亦忽忽如狂，自痛負國。且母妻盡被拘繫，更覺心傷。朝廷不察苦衷，屠戮陵家，陵無家可歸，不得已留居此地。子卿！子卿！**蘇武表字，見前。**汝家亦垂亡，還有何戀？不如聽從陵言，毋再迂拘！」**蘇武內外情事，即由二人口中分敘。**武聽得母死妻嫁，兄歿弟亡，禁不住涔涔淚下，唯誓死不肯降胡。因忍淚答陵道：「武父子本無功德，皆出主上成全，位至將軍，爵列通侯，

兄弟又並侍宮禁，常思肝腦塗地，報達主恩。今得殺身自效，雖斧鉞湯鑊，在所勿辭，幸毋復言！」李陵見不可勸，暫且忍住，但與武飲酒閒談。今日飲畢，明日復飲，約莫有三五日。陵又即席開口道：「子卿何妨竟聽陵言。」武慨答道：「武已久蓄死志，君如必欲武降，願就今日畢歡，效死席前！」陵見他語意誠摯，不禁長嘆道：「嗚呼義士！陵與衛律，罪且通天了！」說著，泣下沾襟，與武別去。

　　已而陵使胡婦出面，贈武牛羊數十頭。又勸武納一胡女，為嗣續計。**尚欲籠絡蘇武**。武曾記著陵言，得知妻嫁子離，恐致無後，因也權從陵意，納入胡女一人，聊慰岑寂。及武帝耗問，傳達匈奴，陵復向武報知，武南向悲號，甚至嘔血。到了匈奴易主，與漢修和，中外使節往來，武卻全然無聞。漢使索還武等，胡人詭言武死，幸經常惠得聞消息，設法囑通虜吏，夜見漢使，說明底細，且附耳密談，授他祕語，漢使一一受教，送別常惠。越宿即往見單于，指名索回蘇武，壺衍鞮單于尚答說道：「蘇武已病死久了。」漢使作色道：「單于休得相欺，大漢天子在上林中射得一雁，足上繫有帛書，乃是蘇武親筆，謂曾在北海中，今單于既欲言和，奈何還想欺人呢！」這一席話，說得單于矍然失色，驚顧左右道：「蘇武忠節，竟感及鳥獸麼？」乃向漢使謝道：「武果無恙，請汝勿怪！我當釋令回國便了。」漢使趁勢進言道：「既蒙釋回蘇武，此外如常惠、馬宏諸人，亦當一律放歸，方可再敦和好。」單于乃即慨允，漢使乃退。李陵奉單于命，至北海召還蘇武，置酒相賀，且飲且說道：「足下今得歸國，揚名匈奴，顯功漢室，雖古時竹帛所載，丹青所畫，亦無過足下，唯恨陵不能相偕還朝！陵雖駑怯，但使漢曲貸陵罪，全陵老母，使得如曹沫事齊，盟柯洗辱，寧非大願？**曹沫見列國時**。乃遽收族陵家，為世大辱，陵還有何顏，再歸故鄉。子卿係我知心，此別恐成永訣了！」說至此，泣下數行，

第七十八回
六齡幼女竟主中宮　廿載使臣重還故國

離座起舞,慷慨作歌道:「經萬里兮度沙漠,為君將兮奮匈奴,路窮絕兮矢刃摧,士眾滅兮名已隤,老母已死,雖報恩,將安歸?」蘇武聽著,也為淚下。俟至飲畢,即與陵往見單于,告別南歸。

從前蘇武出使,隨行共百餘人,此次除常惠同歸外,只有九人偕還,唯多了一個馬宏。宏當武帝晚年,與光祿大夫王忠,同使西域,路過樓蘭,被樓蘭告知匈奴,發兵截擊,王忠戰死,馬宏被擒。匈奴脅宏投降,宏抵死不從,坐被拘留,至此得與武一同生還,重入都門。武出使時,年方四十,至此鬚眉盡白,手中尚持著漢節,旄頭早落盡無餘,都人士無不嘉嘆。既已朝見昭帝,繳還使節,奉詔使武謁告武帝陵廟,祭用太牢,拜武為典屬國,賜錢二百萬,公田二頃,宅一區。常惠官拜郎中,尚有徐聖、趙終根二人,授官與常惠同,此外數人,年老無能,各賜錢十萬,令他歸家,終身免役。獨馬宏未聞封賞,也是一奇。**想是官運未通。**

武子蘇元,聞父回來,當然相迎。武回家後,雖尚子姪團聚,追思老母故妻,先兄亡弟,未免傷感得很。且遙念胡婦有孕,未曾帶歸,又覺得死別生離,更增悽惻。還幸南北息爭,使問不絕,旋得李陵來書,借知胡婦已得生男,心下稍慰。乃寄書作復,取胡婦子名為通國,託陵始終照顧,並勸陵得隙歸漢,好幾月未接複音。大將軍霍光與左將軍上官桀,與陵有同僚誼,特遣陵故人任立政等,前往匈奴,名為奉使,實是招陵。陵與立政等,宴會數次,立政見陵胡服椎髻,不覺悵然。又有衛律時在陵側,未便進言。等到有隙可乘,開口相勸,陵終恐再辱,無志重歸,立政等乃別陵南還。臨行時,由陵取出一書,交與立政,託他帶給蘇武。立政自然應允,返到長安覆命。霍光、上官桀,聞陵不肯回來,只好作罷。獨陵給蘇武書,乃是一篇答覆詞,文字卻酣暢淋漓。小子因陵未免負國,不遑錄及,但隨筆寫成一詩道:

子卿歸國少卿降，**陵字少卿**。胡服何甘負故邦？

獨有杜陵留浩氣，**蘇武杜陵人**。忠全使節世無雙。

蘇武回國以後，只隔一年，上官桀與霍光爭權，釀成大禍，連武子蘇元，亦一同坐罪。究竟為著何事？待小子下回敘明。

武帝能知霍光之忠，而不能知上官桀之奸，已為半得半失。光與桀同事有年，亦未克辨奸燭偽，反與之結兒女姻親；是可見桀之狡詐，上欺君，下欺友，手段固甚巧也。女孫不過六齡，乃由子安私託丁外人，運動蓋長公主，僥倖成功，得立為后。推原由來，光不能無咎。假使蓋長公主不得入宮，則六齡幼女，寧能驟登后位乎？至若蘇武丁年出使，皓首而歸，忠誠如此，何妨特授侯封，乃僅拜為典屬國，致為外人所藉口。陵復甦武書中，亦曾述及，而後來燕王旦之謀反，亦藉此罪光。光忠厚有餘，而才智不足，誠哉其不學無術乎！

第七十八回
六齡幼女竟主中宮　廿載使臣重還故國

第七十九回
識詐書終懲逆黨　效刺客得斃番王

　　卻說上官桀父子，為了丁外人不得封侯，恨及霍光。就是蓋長公主得知此信，也怨霍光不肯通融，終致情夫向隅，無從貴顯，於是內外聯合，視霍光如眼中釘。光尚未知曉，但照己意做去，忽由昭帝自己下詔，加封上官安為桑樂侯，食邑千五百戶，光也未預聞，唯念安為后父，得受侯封，還好算是常例，並非破格，所以不為諫阻。**女婿封侯，丈人亦加榮寵。**安卻乘此驕淫，龐然自大。有時得入宮侍宴，飲罷歸家，即向門下客誇張道：「今日與我婿飲酒，很是快樂，我婿服飾甚華，可惜我家器物，尚不得相配哩。」說著，便欲將家中器具，盡付一炬，家人慌忙阻止，才得保存。安尚仰天大罵，嘵嘵不絕。會有太醫監充國，無故入殿，被拘下獄。充國為安外祖所寵愛，當由他外祖出來營救，浼安父子討情。安父桀，便往見霍光，請貸充國，光仍不許。充國經廷尉定讞，應處死刑，急得桀倉皇失措，只好密求蓋長公主，代為設法。蓋長公主乃替充國獻馬二十匹，贖罪減死，嗣是桀、安父子，更感念蓋長公主的德惠，獨與霍光添了一種深仇。桀又自思從前職位，不亞霍光，現在父子並為將軍，女孫復為皇后，聲勢赫濯，偏事事為光所制，很覺不平。當下祕密布置，擬廣結內外官僚，與光反對，好把他乘隙摔去。**親家變成仇家，情理難容。**是時燕王旦不得帝位，常懷怨望，御史大夫桑弘羊，因霍光撤銷榷酤官，子

第七十九回
識詐書終懲逆黨　效刺客得斃番王

弟等多致失職，意欲另為位置，又被光從旁掣肘，不得如願，所以與光有嫌。桀得悉兩人隱情，一面就近聯繫弘羊，一面遣使勾通燕王，兩人統皆允洽，串同一氣，再加蓋長公主作為內援，端的是表裡有人，不怕霍光不入網中。

會值光出赴廣明，校閱羽林軍，桀即與弘羊熟商，意欲趁此發難；但急切無從入手，不如詐為燕王旦書，劾奏霍光過惡，便好定罪。商議已定，當由弘羊代繕一書，擬即呈入。不意霍光已經回京，那時只好順延數日，待至光回家休沐，方得拜本進去。是年本為始元七年，因改號五鳳，稱為五鳳元年，昭帝已十有四歲，接得奏牘，見是燕王旦署名。內容有云：

臣聞大司馬大將軍霍光，出都校閱羽林郎，道上稱蹕，令太官先往備食，僭擬乘輿。前中郎將蘇武，出使匈奴，被留至二十年，持節重歸，忠義過人，盡使為典屬國。而大將軍長史楊敞，不聞有功，反令為搜粟都尉。又擅調益幕府校尉，專權自恣，疑有非常。臣旦願歸還符璽，入宮宿衛，密察奸臣變故，免生不測。事關緊急，謹飛驛上聞。

昭帝看了又看，想了多時，竟將來書擱置，並不頒發出來。上官桀等候半日，毫無動靜，不得不入宮探問，昭帝但微笑不答。**少年老成。**翌日霍光進去，聞知燕王旦有書糾彈，不免恐懼，乃往殿西畫室中坐待消息。畫室懸著〈周公負扆圖〉，光詣室坐著，也有深意。少頃昭帝臨朝，左右旁顧，單單不見霍光，便問大將軍何在？上官桀應聲道：「大將軍被燕王旦彈劾，故不敢入。」昭帝亟命左右召入霍光，光至帝座前跪伏，免冠謝罪，但聞昭帝面諭道：「將軍儘可戴冠，朕知將軍無罪！」**胸中了了。**光且喜且驚，抬頭問道：「陛下如何知臣無罪？」昭帝道：「將軍至廣明校閱，往返不到十日，燕王遠居薊地，怎能知曉？且將軍如有異謀，何必需用校

尉，這明是有人謀害將軍，偽作此書。朕雖年少，何至受愚若此！」霍光聽說，不禁佩服。此外一班文武百官，都不料如此幼主，獨能察出個中情弊。雖未知何人作偽，也覺得原書可疑，唯上官桀與桑弘羊，懷著鬼胎，尤為驚慌。待至光起身就位，昭帝又命將上書人拿究，然後退朝。上書人就是桀與弘羊差遣出來，一聞詔命，當即至兩家避匿，如何破獲？偏昭帝連日催索，務獲訊辦。桀又進白昭帝道：「此乃小事，不足窮究。」昭帝不從，仍然嚴詔促拿，且覺得桀有貳心，與他疏遠，只是親信霍光。桀憂恨交迫，囑使內侍訴說光罪，昭帝發怒道：「大將軍是當今忠臣，先帝囑使輔朕，如再敢妄說是非，便當處罪！」**任賢勿貳，昭帝確守此言。**

　　內侍等碰了釘子，方不敢再言，只好回覆上官桀。桀索性想出毒謀，與子安密議數次，竟擬先殺霍光，繼廢昭帝，再把燕王誘令入京，刺死了他，好將帝位據住，自登大寶。**卻是好計，可惜天道難容。**一面告知蓋長公主，但說要殺霍光，廢昭帝，迎立燕王旦，蓋長公主卻也依從。桀復請蓋長公主設席飲光，伏兵行刺。更遣人通報燕王，叫他預備入都。

　　燕王旦大喜過望，覆書如約，事成後當封桀為王，同享富貴，自與燕相平商議進行。平諫阻道：「大王前與劉澤結謀；澤好誇張，又喜侮人，遂致事前發覺，謀洩無成。今左將軍素性輕佻，車騎將軍少年驕恣，臣恐他與劉澤相似，未必有成。就使僥倖成事，也未免反背大王，願大王三思後行！」旦尚未肯信，且駁說道：「前日一男子詣闕，自稱故太子，都中吏民，相率喧譁。大將軍方出兵陳衛，我乃先帝長子，天下所信，何至慮人反背呢！」平乃無言而退。過了數日，旦又語群臣道：「近由蓋長公主密報，謂欲舉大事；但患大將軍霍光與右將軍王莽。**此王莽係天水人，與下文王莽不同。**今右將軍已經病逝，丞相又病，正好乘勢發難，事必有成，不久便當召我進京，汝等應速辦行裝，毋誤事機！」眾臣只好聽命，各去

第七十九回
識詐書終懲逆黨　效刺客得斃番王

整辦。偏偏天象告警,燕都裡面,時有變異。忽然大雨傾盆,有一虹下垂宮井,井水忽涸,大眾譁言被虹飲盡;**虹能飲水,真是奇談**。又忽然有群豕突出廁中,闖入廚房,毀壞灶觚;又忽然烏鵲爭鬥,紛紛墜死池中;又忽然鼠噪殿門,跳舞而死,殿門自閉,堅不可開,城上無故發火;又有大風吹壞城樓,折倒樹木;夜間墜下流星,聲聞遠近,宮妃宮女,無不驚惶。旦亦嚇得成病,使人往祀葭水、臺水。有門客呂廣,善占休咎,入語旦道:「本年恐有兵馬圍城,期在九十月間,漢廷且有大臣被戮,禍在目前了!」旦亦失色道:「謀事不成,妖象屢見;兵氣且至,奈何!奈何!」正憂慮間,驀有急報,從長安傳來。乃是上官桀父子,逆謀敗露,連坐多人;並燕使孫縱之等,均被拘住了。旦嚇出一身冷汗,力疾起床,再遣心腹人探聽確音。果然真實不虛,同歸於盡。

　　先是蓋長公主,聽了上官桀計議,欲邀霍光飲酒,將他刺死。桀父子坐待成功,預備慶賞。安且以為父得為帝,自己當然好為太子,非常得意,有黨人私下語安道:「君父子行此大事,將來如何處置皇后?」安勃然道:「逐麋犬還暇顧兔麼?試想我父子靠著皇后,得邀貴顯;一旦人主意變,就使求為平民,且不可得。今乃千載一時的機會,怎可錯過?」**不如是,何至族滅?** 說著,且大笑不止。不料諫議大夫杜延年,竟得知若輩陰謀,遽告霍光,遂致數載經營,一朝失敗。這延年的報告,是從搜粟都尉楊敞處得來,楊敞由燕蒼傳聞。蒼前充稻田使者,卸職閒居,獨有一子為蓋長公主舍人,首先窺悉,輾轉傳達,遂被延年告發。霍光一聞此信,自然入白昭帝。昭帝便與光商定,密令丞相田千秋,速捕逆黨,毋得稽延。於是丞相從事任宮,先去詭邀上官桀,引入府門,傳詔斬首;丞相少史王壽,也如法炮製,再去誘入上官安,一刀處死。桀父子已經伏誅,然後冠冕堂皇,派遣相府吏役,往拿御史大夫桑弘羊。弘羊無法脫身,束手

受縛,也做了一個刀頭鬼。**虐民之報**。蓋長公主聞變自殺;丁外人當然捕誅。**淫惡之報**。蘇武子元,亦與逆謀,甚至武俱連累免官,所有上官桀等黨羽,悉數捕戮,乃追緝燕使孫縱之等,拘繫獄中,特派使臣持了璽書,交付燕王旦。旦未接朝使,先得急報,尚召燕相平入議,意欲發兵。平答說道:「左將軍已死,毫無內應。吏民都知逆情,再或起兵,恐大王家族都難保了!」旦也覺無濟,乃在萬載宮設席,外宴群臣,內宴妃妾,酒入愁腸,愈覺無聊。因信口作歌道:「歸空城兮犬不吠,雞不鳴,橫**術即道路**。何廣廣兮,固知國中之無人!」歌至末句,有寵姬華容夫人起舞,也續成一歌道:「發紛紛兮填渠,骨藉藉兮亡居,母求死子兮妻求死夫,徘徊兩渠間兮,君子將安居?」環座聞歌,並皆泣下。華容夫人更淒聲欲絕,淚皆熒熒。俄頃飲畢,旦即欲自殺,左右尚上前寬慰,妃妾等更齊聲攔阻,驚聞朝使到來,旦只得出迎朝使。朝使入殿,面交璽書,由旦展開審視道:

昔高皇帝王天下,建立子弟,以藩屏社稷。先日諸呂,陰謀大逆,劉氏不絕若髮,賴絳侯誅討賊亂,尊立孝文,以安宗廟;非以中外有人,表裡相應故耶?樊、酈、曹、灌,攜劍摧鋒,從高皇帝耘鋤海內,受賞不過封侯。今宗室子孫,曾無暴衣露冠之勞,裂地而王之,分財而賜之,父死子繼,兄終弟及,可謂厚矣!況如王骨肉至親,敵吾一體,乃與他姓異族,謀害社稷,親其所疏,疏其所親,有悖逆之心,無忠愛之義;如使古人有知,當何面目復奉齋酎見高祖之廟乎?王其圖之。

旦覽書畢,將璽書交付近臣,自悲自嘆道:「死了!死了!」遂用綬帶自縊,妃妾等從死二十餘人。**華容夫人想亦在內**。朝使即日返報,昭帝諡旦為刺王,赦免旦子,廢為庶人,削國為郡。就是蓋長公主子文信,亦撤銷侯封。唯上官皇后未曾通謀,且係霍光外孫女,因得免議。封杜延年、

第七十九回
識詐書終懲逆黨　效刺客得斃番王

燕蒼、任宮、王壽為列侯。楊敞既為列卿，不即告發，無功可言，故不得加封。另拜張安世為右將軍；杜延年為太僕；王訢為御史大夫；仍由霍光秉政如初。張安世曾為光祿大夫，便是前御史大夫張湯子。杜延年由諫議大夫超遷，乃是前廷尉杜周子。父為酷吏，子作名臣，也算是力能幹蠱了。**卻是難得。**

霍光有志休民，不願再興兵革；偏得烏桓校尉奏報，乃是烏桓部眾，不服管束，時有叛心，應如何控御等語。烏桓是東胡後裔，從前為冒頓單于所破，餘眾走保烏桓、鮮卑二山，遂分為烏桓、鮮卑二部，仍為匈奴役屬。至武帝時，攻入匈奴各地，因將烏桓人民徙居上谷、漁陽、右北平、遼東四郡塞外，特置烏桓校尉，就地監護，使他斷絕匈奴，為漢封鎖。既而烏桓漸強，遂思反側。霍光正費躊躇，可巧得匈奴降人，上言烏桓侵掠匈奴，發掘先單于墓，匈奴方發兵報復，出二萬騎往攻烏桓。光又另生一計，陽擊匈奴，陰圖烏桓。當下集眾會議，護軍都尉趙充國，說是不宜出師；獨中郎將范明友，力言可擊。光即告知昭帝，拜明友為度遼將軍，率二萬騎，赴遼東。且面囑明友道：「匈奴屢言和親，仍然掠我邊境，汝不妨聲罪致討。倘或匈奴引退，便可徑擊烏桓，掩他不備，定可取勝。」明友領命而去。行到塞外，果聞匈奴兵已經退去，當即麾兵搗入烏桓。烏桓才與匈奴交戰，兵力疲乏，再加漢兵襲入，勢難拒守，頓時紛紛竄匿，被明友驅殺一陣，斬獲六千餘人，奏凱班師。明友得受封平陵侯。同時又有平樂監傅介子，也得虜立功，獲膺上賞。

介子北地人，少年好學，嗣言讀書無益，從軍得官。聞得樓蘭、龜茲兩國，叛服靡常，屢殺漢使，朝廷不得通問大宛，乃獨詣闕上書，自請效命。**好一個冒險壯夫！**霍光頗為嘉嘆，便命他出使大宛，順路至樓蘭、龜茲傳詔詰責。介子受命即行，先至樓蘭。樓蘭當西域要衝，自經趙破奴征

服後，向漢稱臣。**見七十四回。**又苦匈奴侵伐，只得一面事漢，一面求好匈奴，兩處各遣一子為質。當武帝徵和元年，樓蘭王死，國人致書漢廷，請遣還質子為王。適質子犯了漢法，身受宮刑，不便遣歸，乃設詞答覆，叫他另立新王。漢廷又責令再遣質子，新王因復遣子入質，更遣一子往質匈奴。未幾新王又死，匈奴即釋歸質子，令王樓蘭。質子叫做安歸，既回國中，當然得嗣父位。夷俗專妻繼母，安歸未能免俗，遂將繼母據為妻室。忽有漢使馳至，徵令入朝。安歸懷疑未決，伊妻從旁勸阻道：「先王嘗遣兩子入漢，至今未還，奈何再欲往朝呢？」**想是貪戀新婚。**安歸乃拒絕漢使，復恐漢朝再來嚴責，索性歸附匈奴，不與漢通，且為匈奴遮殺漢使。至傅介子到了樓蘭，嚴詞相詰，並言大兵將來討罪。安歸理屈詞窮，倒也屈服，連忙謝過。介子因辭別安歸，轉赴龜茲，龜茲王也即服罪。會值匈奴使人自烏孫還寓龜茲，適被介子探悉，夜率從吏攻入客帳，竟將匈奴使人殺死，持首馳歸。漢廷賞介子功，遷官中郎，得為平樂監。

　　介子又進白霍光道：「樓蘭、龜茲，反覆不測，前次空言責備，未足示懲。介子前至龜茲，該國王坦率近人，容易受賺，願往刺該王，威示諸國。」霍光徐徐答說道：「龜茲道遠，不如樓蘭。汝果有此膽略，可先去一試便了。」介子乃募得壯士百人，齎著金帛，揚言是頒賜各國，奉詔西行。馳至樓蘭，樓蘭王安歸，聞報介子又來，也即出見。介子與他談數語，旁顧安歸左右，衛士甚多，未便下手，因即退出。佯語番官道：「我奉天子命，遠來頒賜，汝王應該親自出迎，奈何如此簡慢呢？我明日便要動身他去。」番官聞言，亟去報知安歸。安歸探得介子果然帶來許多金帛，不由的起了貪心，立命備辦酒席，往邀介子入宴，偏介子不肯應召，連夜整裝，似乎行色匆匆。到了詰旦，安歸先使人挽留，旋即親率左右近臣，至客帳中回拜介子，且將酒餚，隨後挑到，擺設起來，款待介子。介

第七十九回
識詐書終懲逆黨　效刺客得斃番王

子怡然就席，故意將金玉錦繡，陳列席前，指示安歸。安歸目眩神迷，暢懷與飲，待至面色微醺，介子即起座與語道：「天子尚有密詔傳達，請王屏去左右，方好面陳。」安歸酒後忘情，竟命左右退出帳外，突見介子舉杯擲地，便有十餘壯士，從帳後持刀躍出，飛奔前來，正思急呼救命，那刀尖已斫中心窩，一聲猛叫，倒地告終。**貪財壞命**。帳外番官，聞聲嚇走。介子卻放膽出外，呼語大眾道：「汝王安歸，私結匈奴，屢戕漢使，得罪天子，故遣我來加誅。今汝王就戮，汝等無罪，汝王弟尉屠耆，留質漢廷，現已由大兵擁至，代就王位，汝等若敢妄動，恐不免玉石俱焚了！」大眾聞言，只好唯唯聽命。介子乃命番官各就原職，佇候新王尉屠耆，自梟安歸首級，與壯士飛馬入關，詣闕奏功。

霍光大喜，轉達昭帝，命將安歸首級，懸示闕下，封介子為義陽侯。即日召見尉屠耆，特賜鄯善王冊印，並給宮女為夫人，派兵護送登程，由丞相、將軍等祖餞橫門，表示殷勤。尉屠耆質漢數年，無意中得此榮寵，自然泥首拜謝，上車西去。從此樓蘭國改為鄯善，不再叛漢了。小子有詩戲詠道：

質子重歸得履新，還都再見舊家親。
穹盧寡嫂應無恙，曾否迎門再獻身。

尉屠耆西行歸國，漢廷連遇凶喪，甚至昭帝亦得病歸天。欲知詳情，下回再當續敘。

霍光之不死者亦僅耳！內有淫婦，外有權戚驕親，團起而謀一光，光孤而彼眾，又當主少國疑之日，其危孰甚！幸而昭帝幼聰，首燭邪謀，以十四齡之沖人，能識燕王詐書，即以周成王視之，猶有愧色。光才智不若周公，而際遇比周為優，此乃天之默鑑忠忱，有以隱相之爾。上官桀父

子，妄圖篡逆，死有餘辜。蓋長公主淫而且惡，燕王旦貪而無親，其速死也，不亦宜乎！范明友之破烏桓，傅介子之刺樓蘭王，並得封侯，後人多輕視明友，推重介子。夫明友之得功，原非難事，介子以百人入虜廷，取番王首如拾芥，似屬奇聞。然以堂堂中國，乃為此盜賊之謀，適足貽外人之口實，後有出使外夷者，其誰肯輕信之乎！宋司馬溫公之譏，吾亦云然。

第七十九回
識詐書終懲逆黨　效刺客得斃番王

第八十回
迎外藩新主入都　廢昏君太后登殿

　　卻說元鳳四年，昭帝年已十八，提早舉行冠禮，大將軍霍光以下，一律入賀，只有丞相田千秋，患病甚重，不能到來。及冠禮告成，千秋當即謝世，諡曰定侯。總計千秋為相十二年，持重老成，尚算良相。昭帝因他年老，賜乘小車入朝，時人因號為車丞相。繼任相職，就是御史大夫王訢。訢由邑令起家，累遷至御史大夫，超拜宰輔，受封宜春侯；卻是步步青雲，毫無阻礙，到了官居極階，反至轉運，才閱一載，便即病終。搜粟都尉楊敞，已升任御史大夫，至是繼訢為相。敞本庸懦無能，徒知守謹，好在國家大政，俱由大將軍霍光主持，所以敞得進退雍容，安享太平歲月。**庸庸者多厚福**。至元鳳七年元日，復改元始平，詔減口賦錢十分之三，寬養民力。從前漢初定制，人民年十五以上，每年須納稅百二十錢，十五歲以下准免。武帝在位，因國用不足，加增稅則：人民生年七歲，便要輸二十三錢；至十五歲時，仍照原制，號為口賦。昭帝嗣祚十餘年，節財省事，國庫漸充，所以定議減徵，這也是仁愛及民的見端。

　　孟春過後，便是仲春，天空中忽現出一星，體大如月，向西飛去，後有眾小星隨行，萬目共睹，大家驚為異事。誰知適應在昭帝身上，昭帝年僅二十有一，偏生了一種絕症，醫治無效，竟於始平元年夏四月間，在未

第八十回
迎外藩新主入都　廢昏君太后登殿

央宮中告崩。共計在位十三年，改元三次。上官皇后止十五歲，未曾生育，此外雖有兩三個妃嬪，也不聞產下一男。自大將軍霍光以下，都以為繼立無人，大費躊躇。或言昭帝無子，只好再立武帝遺胤，幸尚有廣陵王胥，是武帝親子，可以繼立。偏霍光不以為然，當有郎官窺透光意，上書說道：「昔周太王廢太伯，立王季；文王舍伯邑考，立武王；無非在付託得人，不必拘定長幼。廣陵王所為不道，故孝武帝不使承統，今怎可入承宗廟呢？」光遂決意不立廣陵王，另想應立的宗支，莫如昌邑王賀。賀為武帝孫，非武帝正后所出。但武帝兩后，陳氏被廢，衛氏自殺，好似沒有皇后一般。當武帝駕崩時，曾將李夫人配饗。李夫人是昌邑王賀親祖母，賀正可入承大統，況與昭帝有叔姪誼，以姪承叔，更好作為繼子。遂假上官皇后命令，特派少府史樂成，宗正劉德，光祿大夫丙吉，中郎將利漢等，往迎昌邑王賀，入都主喪。**光尚有一種微意，立賀為君，外孫女可做皇太后了。**

　　昌邑王賀，五齡嗣封，居國已十多年，卻是一個狂縱無度的人物，平時專喜遊畋，半日能馳三百里。中尉王吉，屢次直諫，終不見從。郎中令龔遂，也常規正，賀掩耳入內，不願聽聞。遂未肯捨去，更選得郎中張安等人，泣求內用。賀不得已命侍左右，不到數日，一概攆逐，但與騶奴宰夫，戲狎為樂。一日，賀居宮中，驚見一大白犬，項下似人，頭戴方山冠，股中無尾，禁不住詫異起來。顧問左右，卻俱說未見，乃召龔遂入內，問為何兆？遂隨口答說道：「這是上天垂戒大王，意在大王左右，如犬戴冠，萬不可用，否則難免亡國了！」**這是藉端進諫。**賀將信將疑，過了數日，又獨見一大白熊。仍然召問龔遂，遂復答道：「熊為野獸，來入宮室，為大王所獨見。臣恐宮室將空，也是危亡預兆。天戒甚明，請王速修德禳災！」賀仰天長嘆道：「不祥之兆，何故屢至？」遂叩頭道：「臣不

敢不竭盡忠言，大王聽臣所說，原是不悅；無如國家存亡，關係甚大。大王曾讀《詩經》三百五篇，中言人事王道，無一不備。如大王平日所為，試問何事能合《詩》言？大王位為諸侯王，行品不及庶人，臣恐難存易亡，應亟修省為是！」賀也覺驚慌，但甫越半日，便即忘懷。未幾又見血染席中，再召龔遂入問，遂號哭失聲道：「宮室便要空虛了！血為陰象，奈何不慎？」賀終不少悛，放縱如故。

　　及史樂成等由長安到來，時已夜深，因事關緊要，叫開城門，直入王宮。宮中侍臣，喚賀起視，爇燭展書，才閱數行，便手舞足蹈，喜氣洋洋。一班廚夫走卒，聞得長安使至，召王嗣位，都至宮中叩賀；且請隨帶入京。賀無不樂從，匆匆收拾行裝，日中啟行。王吉忙繕成一書，叩馬進諫，大略舉殷高宗故事，叫他諒闇不言，國政盡歸大將軍處決，幸勿輕舉妄動等語。賀略略一瞧，當即擲置，揚鞭徑去，展著生平絕技，當先奔馳，幾與追風逐電相似，一口氣跑了一百三十五里；已到定陶，回顧從行諸人，統皆落後，連史樂成等朝使，俱不見到，沒奈何停住馬足，入驛守候。待至傍晚，始見朝使等馳至，尚有隨從三百餘人，陸續趕來，統言馬力不足，倒斃甚多。原來各驛中所備馬匹，寥寥無幾，總道新王入都，從吏多約百人，少約數十人；那知賀手下倖臣，多多益善，驛中怎能辦得許多良馬，只好將劣馬湊足，供他掉換，劣馬不能勝遠，自然倒斃。從吏卻埋怨驛吏失職，倚勢作威，不勝騷擾。龔遂卻也從行，實屬看不過去，因向賀面陳，請發還一半從吏，免多累墜，賀倒也應允。但從人都想攀龍附鳳，如何肯中道折回？又況皆賀平時親信，這一個不便捨去，那一個又要強從，弄到龔遂左右為難，硬挑出五十餘名，飭回昌邑。還有二百多人，一同前進。

　　次日行至濟陽，賀卻要買長鳴雞，積竹杖。這二物，是濟陽著名土

第八十回
迎外藩新主入都　廢昏君太后登殿

產，與賀毫無用處，偏賀竟停車購辦，以多為妙。還是龔遂從旁諫阻，只買得長鳴雞數隻，積竹杖二柄，趲程再行。及抵弘農，望見途中多美婦人，不勝豔羨，暗使大奴善物色佳麗，送入驛中。大奴善奉了賀命，往探民間婦女，稍有姿色，強拉登車，用帷蔽著，驅至驛舍。賀如得異寶，順手摟住，不管她願與不願，強與為歡。煢煢弱女，怎能敵得過候補皇帝的威勢，只好吞聲飲泣，任所欲為。**難道不想做妃嬪麼？**事為朝使史樂成等所聞，譙讓昌邑相安樂，不加諫阻。安樂轉告龔遂，遂當然入問，賀亦自知不法，極口抵賴。遂正色道：「果無此事。大奴善招搖撞騙，罪有所歸，應該處罪。」善係官奴頭目，故號大奴。當時立在賀側，即由遂親自動手，把他牽出，立交衛弁正法，趁勢搜出婦女，遣回原家。**可惜白受糟蹋**。賀不便干預，只得睜著兩眼，由他處置。

案已辦了，更啟行至霸上，距都城不過數里，早有大鴻臚等出郊遠迎，請賀改乘法駕。賀乃換了乘輿，使壽成御車，龔遂參乘。行近廣明東都門，遂向賀陳請道：「依禮奔喪入都，望見都門，即宜舉哀。」賀託詞喉痛，不能哭泣。再前進至城門，遂復申前請，賀尚推說城門與郭門相同，且至未央宮東闕，舉哀未遲。及入城至未央宮前，賀面上只有喜色，並無戚容。遂忙指示道：「那邊有帳棚設著，便是大王坐帳，須趕緊下車，向闕俯伏，哭泣盡哀。」賀不得已欠身下輿，步至帳前，伏哭如儀。**還虧他逼出哭聲**。哭畢入宮，由上官皇后下諭，立賀為皇太子，擇吉登基。自入宮以至即位，總算沒有什麼越禮，尊上官皇后為皇太后。**十五歲為太后，亦屬罕聞**。過了數日，即將昭帝奉葬平陵，廟號孝昭皇帝。

賀既登位，拜故相安樂為長樂衛尉。此外隨來各吏屬，都引作內臣，整日裡與他遊狎。見有美貌宮女，便即召入，令她侑酒侍寢。**樂得受用**。且把樂府中樂器，盡令取出，鼓吹不休。龔遂上書不報，乃密語長樂衛尉

安樂道：「王立為天子，日益驕淫，屢諫不聽；現在國喪期內，餘哀未盡，竟日與近臣飲酒作樂，淫戲無度，倘有內變，我等俱不免受戮了！君為陛下故相，理應力諍，不可再延！」安樂也為感動，轉思遂力諫無益，自己何必多碰釘子，還是袖手旁觀，由他過去。

唯大將軍霍光，見賀淫荒無道，深以為憂；獨與大司農田延年，熟商善後方法。延年道：「將軍為國柱石，既知嗣主不配為君，何不建白太后，更選賢能？」光囁嚅道：「古時曾有此事否？」延年道：「從前伊尹相殷，嘗放太甲至桐宮，借安宗廟，後世共稱為聖人。今將軍能行此事，也是一漢朝的伊尹呢！」**引伊尹事，不免牽強**。光乃引延年為給事中，並與張安世祕密計議，陰圖廢立。安世由霍光一手提拔，已遷官車騎將軍，當然與光連繫一氣，毫無貳心。此外尚無他人，得知此謀。

會賀夢見蠅矢集階，多至五六石，有瓦覆住，醒後不知何兆，又去召龔遂進來，叫他占驗。遂答道：「陛下嘗讀過《詩經》，詩云：『營營青蠅，止於樊；愷悌君子，毋信讒言。』今陛下左右，嬖倖甚多，好似蠅矢叢集，所以有此夢兆。臣願陛下亟擯昌邑故臣，不復進用，自可轉禍為福。臣本隨駕前來，請陛下首先放遂便了！」原來賀在昌邑時，曾有師傅王式，授《詩》三百五篇，所以遂時常提出，作為諫言。偏賀習與性成，並未知改，再經太僕丞張敞進諫，亦不見省，戲遊如故。一日，正要出遊，有光祿大夫夏侯勝進諫道：「上天久陰不雨，臣下必有異謀，陛下將欲何往呢？」賀聞言大怒，斥為妖言惑眾，立命左右將勝縛住，發交有司究辦。有司轉告霍光，光不禁起疑，暗思勝語似有因，或由張安世洩漏隱情，亦未可知。因即召詰安世，安世實未與勝道及，力白冤誣，願與勝當面對質。光乃提勝到來，親加研訊，勝從容答道：「〈洪範傳〉有言，皇極不守，現象常陰，下人且謀代上位。臣不便明言，故但云臣下有謀。」光

第八十回

迎外藩新主入都　廢昏君太后登殿

不覺大驚，就是張安世在旁，亦暗暗稱奇，因將勝貸罪釋縛，復任原官。

自經勝一番進諫，幾乎把密謀道破，眼見得廢立大事，不宜再延。光即使田延年往告楊敞。敞雖居相位，並無膽識，聽了延年話語，只是唯唯連聲，那身上的冷汗，已嚇出了不少。時方盛暑，延年起座更衣，敞妻為司馬遷女，頗有才能，急從東廂趨出，對敞說道：「大將軍已有成議，特使九卿來報君侯，君侯若不亟允，禍在目前了！」**足愧乃夫**。敞尚遲疑未決，可巧延年更衣歸座，敞妻不及迴避，索性坦然相見，與延年當面認定，願奉大將軍教令。延年還報霍光，光即令延年、安世兩人，繕定奏牘，妥為安排。翌旦至未央宮，傳召丞相、御史、列侯，及中二千石、大夫博士，一同入議，連蘇武亦招令與會。百僚多不知何因，應召齊集，光對眾發言道：「昌邑王行跡淫昏，恐危社稷，如何是好？」大眾聽了，面面相覷，莫敢發言，唯答了幾個是字。田延年奮然起座，按劍前語道：「先帝以幼孤託將軍，委寄全權，無非因將軍忠賢，足安劉氏。今群下鼎沸，社稷將傾，將軍若不立大計，坐令漢家絕祀，試問將軍死後，尚有面目見先帝麼？今日即當議定良謀，群僚中如應聲落後，臣請奮劍加誅，不復容情！」光拱手稱謝道：「九卿應該責光，天下洶洶不安，光當首先蒙禍了！」大眾才知光有大變，志在必行，若不相從，定遭殺害，乃俱離座叩首道：「宗社人民，系諸將軍，唯大將軍令，無不遵教！」

光令群臣起來，從袖中取出奏議，遍示群臣，使丞相楊敞領銜，依次署名。名既署齊，遂引大眾至長樂宮，入白太后，具陳昌邑王淫亂情形，不應嗣位。太后年才十五，有何主見，一唯光言聽行。光請太后駕臨未央宮，御承明殿，傳詔昌邑群臣，不得擅入。賀聞太后駕到，不得不入殿朝謁。朝畢趨退，回至殿北溫室中，霍光從後隨入，指揮門吏，遽將室門闔住，不令昌邑群臣入內。賀驚問道：「何故閉門？」光跪答道：「皇太后有

詔，毋納昌邑群臣。」賀復說道：「這也不妨從緩，何必這般驚人！」**好似做夢**。光不與多言，返身趨出。早由車騎將軍張安世，麾集羽林兵，將昌邑群臣，驅至金馬門外，悉數拿下，共得二百餘人，連龔遂、王吉等一併在內，送交廷尉究治；一面報知霍光。光亟傳入昭帝舊日侍臣，將賀監守，囑他小心看護，毋令自盡，致貽殺主惡名。賀尚未知廢立情事，見了新來侍臣，尚顧問道：「昌邑群臣，果犯何罪，乃被大將軍悉數驅逐呢？」侍臣只答言未知。俄有太后詔傳至，召賀詰問。賀方才惶懼，問詔使道：「我有何罪，偏勞太后召我？」詔使亦模糊對答。賀無法解免，只好隨往，既至承明殿，遙見上官太后，身服珠襦，坐住武帳中，侍衛森列，武士盈階，尚不知有什麼大事，戰兢兢的趨至殿前，跪聽詔命。旁有尚書令持著奏牘，朗聲宣讀道：

丞相臣敞，大司馬、大將軍臣光，車騎將軍臣安世，度遼將軍臣明友，前將軍臣增，**韓增**。後將軍臣充國，御史大夫臣義，**蔡義**。宜春侯臣譚，**王譚**。當塗侯臣聖，**魏聖**。隨桃侯臣昌樂，**趙昌樂**。杜侯臣屠耆堂，太僕臣延年，**杜延年**。太常臣昌，大司農臣延年，**田延年**。宗正臣德，少府臣樂成，廷尉臣光，**李光**。執金吾臣延壽，**李延壽**。大鴻臚臣賢，**韋賢**。左馮翊臣廣明，**田廣明**。右扶風臣德，**周德**。故典屬國臣武，**即蘇武**。等，昧死言皇太后陛下：自孝昭皇帝棄世無嗣，遣使徵昌邑王典喪，身服斬衰，獨無悲哀之心，在道不聞素食，使從官略取女子，載以衣車，私納所居館舍。及入都進謁，立為皇太子，常私買雞豚以食，受皇帝璽於大行前，就次發璽不封，復使從官持節，引入昌邑從官二百餘人，日與遨遊。且為書曰：皇帝問侍中君卿，使中御府令高昌，奉黃金千斤，賜君卿娶十妻。又發樂府樂器，引納昌邑樂人，擊鼓歌吹，作俳優戲。至送葬還宮，即上前殿，召宗廟樂人，悉奏眾樂。乘法駕皮軒鸞旗，驅馳北宮桂

第八十回
迎外藩新主入都　廢昏君太后登殿

宮，弄虥鬥虎。召皇太后所乘小馬車，使官奴騎乘，遊戲掖庭之中，與孝昭皇帝宮人蒙等淫亂，詔掖庭令，敢洩言者腰斬。

上官太后聽到此處，也不禁怒起，命尚書令暫且住讀，高聲責賀道：「為人臣子，可如此悖亂麼！」賀又慚又懼，退膝數步，仍然俯伏。尚書令又接讀道：

取諸侯王列侯二千石綬，及墨綬黃綬，以與昌邑官奴。發御府金錢刀劍玉器綵繒，賞賜所與遊戲之人。沉湎於酒，荒耽於色。自受璽以來，僅二十七日，使者旁午，持節詔諸官署徵發，凡一千一百二十七事，失帝王禮，亂漢制度。臣敞等數進諫，不少變更，日以益甚，恐危社稷，天下不安。臣敞等謹與博士議，皆曰今陛下嗣孝昭皇帝后，所謂不軌，五辟之屬，莫大不孝。周襄王不能事母，《春秋》曰：「天王出居於鄭！」由不孝出之，示絕於天下也。宗廟重於君，陛下不可以承天序，奉祖宗廟，子萬姓，當廢。臣請有司以一太牢，具告宗廟，謹昧死上聞。

尚書令讀畢，上官太后即說一「可」字，霍光便令賀起拜受詔。賀急仰首說道：「古語有言，天子有諍臣七人，雖無道，不失天下。」**說得可笑**。光不待說完，便接口道：「皇太后有詔廢王，怎得尚稱天子？」說著，即走近賀側，代解璽綬，奉與太后。使左右扶賀下殿，出金馬門，群臣送至闕外。賀自知絕望，因西嚮往闕再拜道：「愚戇不能任事！」說罷乃起。自就乘輿副車，霍光特送入昌邑邸中，才向賀告辭道：「王所行自絕於天，臣寧負王，不敢負社稷，願王自愛！臣此後不得再侍左右了。」隨即涕泣自去。

群臣復請徙賀至漢中，光因處置太嚴，奏請太后仍使賀還居昌邑，削去王號，另給食邑二千戶。唯昌邑群臣，陷王不義，一併處斬。只有中尉王吉，郎中令龔遂，素有諫章，許得減輕，髡為城旦。賀師王式，本擬

論死,式謂曾授賀《詩》三百五篇,反覆講解,可作諫書,於是也得免死刑。那應死的二百餘人,均被綁赴市曹,淒聲號呼道:「當斷不斷,反受其亂!」這兩句的意思,乃是悔不殺光。但光不問輕重,一體駢誅,也未免任威好殺呢。小子有詩嘆道:

> 國家為重嗣君輕,主昧何妨作變更。
> 只是從官屠戮盡,濫刑畢竟太無情。

賀既廢去,朝廷無主,光請太后暫時省政,且遷勝為長信少府,爵關內侯,令授太后經術。勝係魯人,素習尚書,至是即將生平所學,指示太后。但太后究是女流,不便久親政務,當由百官會議,選出一位嗣主來了。欲知何人嗣立,且至下回再詳。

昌邑王賀,非不可立。但選立之初,宜如何考察,必視賀有君人之德,方可遣使往迎,奈何躁率從事,不問賀之能否為君,便即貿然迎立耶?光以廣陵失德,主張迎賀,就令不懷私意,而失察之咎,百喙奚辭。且賀在途中,種種不法,史樂成輩均已聞知,與其後來廢立,亦何若預先慎重,遣還昌邑之為愈乎?況廢立之舉,僥倖成功,設有他變,禍且不測。伊尹能使太甲之悔過,而霍光徒毅然廢立,專製成事,其不如伊尹多矣!然以後世之莽、操視之,則光猶有古大臣風,與跋扈者實屬不同。善善從長,光其猶為社稷臣乎?

第八十回
迎外藩新主入都　廢昏君太后登殿

第八十一回
謁祖廟驂乘生嫌　囑女醫入宮進毒

　　卻說霍光廢去昌邑王賀，漢廷無主，不得不議立嗣君，好幾日尚未能決。光祿大夫丙吉，乃向光上書道：「將軍受託孤重寄，盡心輔政，不幸昭帝早崩，迎立非人。今社稷宗廟，及人民生命，均待將軍一舉，方決安危。竊聞外間私議，所言宗室王侯，多無德望，唯武帝曾孫病已，受養掖庭外家，現約十八九歲，通經術，具美材，願將軍周諮眾議，參及著龜，先令入侍太后，俾天下昭然共知，然後決定大計，天下幸甚！」光閱書後，遍問群臣，太僕杜延年也知病已有德，勸光迎立，此外亦無人異議。光復會同丞相楊敞等，上奏太后，略云：

　　孝武皇帝曾孫病已，年十八，師受《詩經》、《論語》、《孝經》，躬行節儉，慈仁愛人，可嗣孝昭皇帝后，奉承祖宗廟，子萬姓，臣等昧死以聞。

　　上官太后，少不經事，不過名義上推為內主，要她取決，其實統是霍光一人主張；光如何定議，太后無不依從。**實是一位女傀儡。**當下准如所請，即命宗正劉德，備車往迎皇曾孫。皇曾孫病已，就是衛太子據孫。太子據嘗納史女為良娣，**良娣係東宮姬妾，位居妃下。**生子名進，號史皇孫。史皇孫納王夫人，生子病已，號皇曾孫。太子據起兵敗死，史良娣、

第八十一回
謁祖廟謗乘生嫌　囑女醫入宮進毒

史皇孫、王夫人並皆遇害，獨病已尚在襁褓，坐繫獄中。卻值廷尉監丙吉，奉詔典獄，見了這個呱呱嬰兒，未免垂憐。遂擇女犯中趙、胡二婦，輪流乳養，每日必親加查驗，不令虐待，病已乃得保全。後來武帝養病五柞宮，聞術士言長安獄中，有天子氣，因詔令長安各獄中，無論長幼，一律處死。**王者不死，豈能擅殺？**丙吉見詔使到來，閉門不納，但傳語詔使郭穰道：「天子以好生為大德，他人無辜，尚不可妄殺，何況獄中有皇曾孫呢？」郭穰只得回報武帝，武帝倒也省悟道：「這真是天命所在了！」乃更下赦書，所有獄中罪犯，一律免死。**忽猛忽寬，已與亂命相似，唯因丙吉一言，活人無數，陰德可知。**吉又為皇曾孫設法，欲將他移送京兆尹，先為致書相請，偏京兆尹駁還不受。皇曾孫已有數歲，常多疾病，賴吉多方醫治，始得就痊。吉因他常留獄中，終屬不妙，仔細調查，得知史良娣有母貞君，與子史恭，居住故鄉，乃將皇曾孫送歸史氏，囑令留養。史貞君雖然年老，但見了外曾孫，當然憐惜，便振起精神，好生看養。至武帝駕崩，遺詔命將曾孫病已收養掖庭，病已乃復入都，歸掖庭令張賀看管。賀即右將軍張安世兒，前曾服侍衛太子，追念舊恩，格外勤養皇曾孫，令他入塾讀書，脩脯由賀擔任。皇曾孫卻發憤好學，黽勉有成，漸漸的長大起來。賀知他成人有造，意欲把女兒配與為妻。安世發怒道：「皇曾孫為衛太子後裔，但得衣食無虧，也好知足。我張氏女豈堪與配麼！」**不脫俗情。**賀乃另為擇偶。適有暴室嗇夫許廣漢，**暴音曝，係宮人織染處，嗇夫，官名。**生有一女，叫做平君，已許字歐侯氏子為妻，尚未成婚。歐侯氏子一病身亡，遂至婚期中斷，仍然待字閨中。廣漢與賀，前皆因案牽連，致罹宮刑。賀坐衛太子獄，廣漢坐上官桀案，累得身為刑餘，充當宮中差使。掖庭令與暴室嗇夫，官職雖分高下，唯同為宮役，時常晤面，免不得杯酒相邀，互談衷曲。一日兩人酒敘，飲至半酣，賀向廣漢說道：「皇

曾孫年已長成,將來不失為關內侯。聞君有女待字,何不配與為妻呢?」廣漢已有三分酒意,慨然應允。飲畢回家,與妻談及,妻不禁怒起,力為阻止。還是廣漢定欲踐言,不肯悔約,且思掖庭令是上級官長,更覺未便違命,乃將皇曾孫的履歷,說得如何尊貴,如何光榮。婦人家心存勢利,聽得許多好處,也不禁開著笑顏。**描寫逼真**。於是依了夫言,將女許嫁。賀便自出私財,為皇曾孫聘娶許女,擇日成禮。兩情繾綣,魚水諧歡。且皇曾孫更多了一個岳家,越有倚靠,更向東海澓中翁處,肄習《詩經》,暇時出遊三輔,也去鬥雞走馬,作為消遣。唯常留心風俗,所有閭里奸邪,吏治得失,頗能一一記憶,歷數無遺。尤有一種異相,遍體生毛,起居處屢有光耀,旁人詫為奇事,皇曾孫亦因此自豪。

　　昭帝元鳳三年正月間,泰山有大石自立,上林中大柳已死,忽然重生。柳葉上蟲食成文,約略辨認,乃是「公孫病已立」五字,中外人士,莫不驚疑。符節令眭孟,曾從董仲舒受習《春秋》,通識緯學,獨奏稱大石自立,僵柳復起,必有匹夫起為天子,應該亟求賢人,禪授帝位。大將軍霍光,說他妖言惑眾,捕孟處斬。誰知所言果驗,竟於元平元年孟秋,由宗正劉德迎入皇曾孫,至未央宮謁見太后,雖是天潢嫡派,已經削籍為民。光以為不便徑立,特請諸太后,先封皇曾孫為陽武侯,然後由群臣奉上璽綬,即皇帝位。九死一生的皇曾孫,居然龍飛九五,坐登大寶,後來因他廟號孝宣,稱為宣帝。宣帝嗣祚,例須謁見高廟。大將軍霍光,驂乘同行,宣帝坐在輿中,好似背上生著芒刺,很覺不安。及禮畢歸來,由車騎將軍張安世,代光驂乘,宣帝方才安心,怡然入宮。侍御史嚴延年,卻劾奏霍光擅行廢立,無人臣禮。**至此方言明是賣直**。宣帝瞧到此奏,不便批答,只好擱置不提。

　　未幾丞相楊敞病終,升御史大夫蔡義為丞相,封陽午侯,進左馮翊田

第八十一回
謁祖廟駿乘生嫌　囑女醫入宮進毒

廣明為御史大夫。義年已八十多歲，傴僂曲背，形似老嫗，或謂光自欲專制，故用此老朽為相。當有人向光報知，光解說道：「義起家明經，從前孝武皇帝，嘗令他教授昭帝，他既為人主師，難道不配做丞相麼？」**相術與師道不同，光此言似是而非。**是時上官太后尚居未央宮，由宣帝尊為太皇太后，只是后位未定，群臣多擬立霍光小女，就是上官太后亦有此意。宣帝已有所聞，獨下詔訪求故劍，這乃是宣帝不棄糟糠，特藉故劍為名，表明微意。群臣卻也聰明，遂請立許氏為皇后。宣帝先冊許氏為婕妤，嗣即令正后位。並欲援引先朝舊例，封后父廣漢為侯。偏霍光出來梗議，謂廣漢已受宮刑，不應再加侯封。**光妻謀毒許后，實是因此發生。**宣帝拗他不過，暫從罷論。

　　蹉跎過了年餘，始封廣漢為昌成君。光見宣帝遇事謙退，持躬謹慎，料他沒有意外舉動，遂請上官太后還居長樂宮。上官太后當然還駕，光且派兵屯衛長樂宮，借備非常。已而臘鼓催殘，椒花獻頌，新皇帝依例改元，號為本始元年，下詔封賞，定策功臣。增封大將軍霍光，食邑萬七千戶；車騎將軍張安世，食邑萬戶，此外列侯加封食邑，共計十人，封侯計五人，賜爵關內侯計八人。霍光稽首歸政，宣帝不許，令諸事俱先白霍光，然後奏聞。光子霍禹，及兄孫霍雲、霍山，俱得受官。還有諸婿外孫，陸續引進，蟠據朝廷。宣帝頗懷猜忌，但不得不虛己以聽，唯言是從。獨大司農田延年，首倡廢立大議，晉封陽城侯，免不得趾高氣揚，自鳴得意。那知有怨家告訐，說他辦理昭帝大喪，謊報僱車價值，侵吞公款至三千萬錢，當由丞相蔡義，據事糾彈，應該下獄訊辦。田延年索性負氣，竟不肯就獄，憤然說道：「我位至封侯，尚有面目入詔獄麼？」俄而又聞嚴延年劾他手持兵器，侵犯屬車，更恨上添恨道：「這無非教我速死！我死便罷，何必多方迫我？」說著，竟拔劍自殺。後來御史中丞，反詰責

嚴延年，謂既知田延年有罪，如何縱令犯法，亦當連坐；嚴延年棄官遁去，朝廷也不加追究。看官閱此，應知兩延年一死一遁，都是性情過激，世所難容，終不免受人擠排，捽去了事！

　　宣帝不好過問，但憑霍光處置，唯自思本生祖考，未有號諡，乃令有司妥為議定。有司應詔奏稱，謂為人後者為人子，不得私其所親，陛下繼承昭帝，奉祀陵廟，親諡只宜稱悼，母號悼后，故皇太子諡曰戾，史良娣號戾夫人。宣帝也即准議，不過重行改葬，特置園邑，留作一種報本的紀念。更立燕刺王旦太子建為廣陽王，廣陵王胥少子弘為高密王，越年復下詔追崇武帝，應增廟樂，令列侯二千石博士會議，群臣皆複稱如詔。獨長信少府夏侯勝駁議道：「孝武皇帝，雖嘗征服蠻夷，開拓土宇，但多傷士卒，竭盡財力，德澤未足及人，不宜更增廟樂。」這數語說將出來，頓致輿論譁然，同聲語勝道：「這是詔書頒示，怎得故違？」勝昂然道：「詔書非儘可行，全靠人臣直言補闕，怎得阿意順旨，便算盡忠？我意已定，死亦無悔了！」**又出一個硬頭子。**大眾聞言，統怪勝不肯奉詔，聯名奏劾，說他譭謗先帝，罪該不道。獨丞相長史黃霸，不肯署名。覆被大眾舉劾，請與勝一同坐罪。宣帝乃命將勝、霸二人，逮繫獄中。群臣遂請尊武帝廟為世宗廟，且提出武帝在日，巡行郡國四十九處，概令立廟，別立廟樂，號為盛德文始五行舞，世世祭饗，與高祖、太宗廟祀相同，宣帝並皆依議，飭令照辦。只勝、霸兩人，久被拘繫，好多時不聞究治。兩人同在一處，彼此攀談，卻也不至寂寞。霸字次公，籍隸陽夏，少習法律，及長為吏，遷任河南郡丞，寬和得民。宣帝即位，因召為廷尉正，兼署丞相長史。此時被逮下獄，親友都替他愁苦，他卻遇著經師夏侯勝，正好乘閒請教，乞勝傳授經學。勝言犯罪當死，何必讀經？霸答道：「朝聞道，夕死猶可。況今夕尚未必果死哩！」**可謂好學。**勝乃講授《尚書》，逐日不絕。

第八十一回
謁祖廟媵乘生嫌　囑女醫入宮進毒

直至本始四年，方才遇赦，後文再表。

且說烏孫國王岑陬，前納繼祖母江都公主為妻，仍然臣事漢朝。**見前文。** 越數年後，江都公主病死，岑陬復乞和親，漢廷因將楚王戊孫女解憂，號為公主，遣嫁岑陬。解憂尚無生育，岑陬卻患了絕症，竟致不起。自思有子泥靡，出自胡婦，幼弱未能任事，不如託諸從弟翁歸靡，教他代立為王；俟至泥靡長成，然後歸還主位。主見已定，遂召翁歸靡入帳，述及己意，翁歸靡當然聽命。及岑陬一死，便即稱王，又見解憂年輕有色，也把她占為己妻。**繼祖母尚可為妻，何況從嫂？** 解憂只好隨緣，與翁歸靡結為夫婦，好合數年，得生三男二女，依次長成。長男名元貴靡，留在國中。次男名萬年，出為莎車王。最幼名大樂，也為左大將。及昭帝末年，匈奴因烏孫附漢，連結車師，並攻烏孫，烏孫忙發兵守禦。一面由解憂公主出面，飛書至漢，求請援師。漢廷得書，正擬調兵往救，適值昭帝駕崩，國事紛紜，無暇外顧。到了宣帝即位，復由解憂夫婦，上書敦促，並言專待漢兵，夾擊匈奴。宣帝與霍光議定，大發關東精銳，分路出征。命御史大夫田廣明為祈連將軍，領四萬餘騎出西河；度遼將軍范明友，領三萬餘騎出張掖；前將軍韓增，領三萬餘騎出雲中；後將軍趙充國為蒲類將軍，領三萬餘騎出酒泉；雲中太守田順為虎牙將軍，領三萬餘騎出五原。五路大兵，共計得十六萬餘人，如火如荼，殺往匈奴。再遣校尉常惠，持節發烏孫兵，會師夾攻。

匈奴主壺衍鞮單于，聞得漢兵大至，亟將人民牲畜，奔徙漠北，塞外一空。漢將五路出師，但見秋高木落，遍地荒涼，並沒有什麼胡兵，什麼胡馬，好容易馳入胡境，搜得幾個人畜，也不過是老弱陋劣，一時不及遷移，乃被捕獲。五將陸續班師，由漢廷嚴核賞罰，田廣明引兵先歸，田順詐報俘虜，皆被察出，下吏自殺。范明友、韓增、趙充國三人，也是半途

折回,無功有罪。宣帝因已誅二將,不欲濫刑,特令從寬免議。

　　獨校尉常惠,監護烏孫兵五萬餘騎,直入右谷蠡王庭內,擒住單于伯叔,及嫂居次,**猶漢言公主**。名王犁汙,擄都尉千長以下三萬九千餘級,馬牛羊驢七十餘萬頭,飽載西歸,返入烏孫。烏孫將擄取人畜,悉數自取,毫不分與常惠,反將常惠使節盜去。常惠無從追究,垂頭喪氣,馳還長安。**何其疏忽至此!**自料此番回都,必遭重譴,硬著頭入報宣帝。宣帝卻好言撫慰,面封惠為長羅侯,惠謝恩而退,喜出望外。後來探問同僚,才知宣帝因五將無功,還是烏孫兵得了大捷,雖然沒有進益,也足令匈奴喪膽,免為漢患,所以敘功加封。尋且奉詔再使烏孫,令他齎著金帛,犒賞烏孫將士。惠乘機進奏,謂龜茲國前殺朝使,未曾加討,應該順道往攻。宣帝恐他多事,不肯照准。唯霍光密與惠言,許得便宜行事。惠遂往烏孫,宣詔頒賞,又矯命烏孫發兵,聯合西域各國,進擊龜茲。龜茲已經易主,後王絳賓,說是先人誤聽姑翼,因致得罪漢朝。當下將姑翼縛送軍前,由惠喝令斬訖,當即罷兵回國。宣帝聞報,本欲責他專擅,因聞霍光暗中指使,只得作罷,但不復加賞,略示深衷。

　　誰知霍光專政,情尚可原,那光妻霍顯,卻是一個淫悍潑婦,公然陰謀詭計,下毒宮闈。說將起來,也是霍光治家不正,肇此禍階。霍光元配東閭氏,只生一女,嫁與上官安為妻。東閭氏早歿,有婢名顯,狡黠異常,為光所愛,曾納為妾媵,生有子女數人。光便不他娶,就將顯升做繼室。顯有小女成君,尚未字人,滿望宣帝登臺,好將成君納入宮中,做個現成皇后。偏宣帝願求故劍,令故妻許氏正位中宮,竟致霍顯失望,滿懷不平。日思夜想,擬把許后除去,怎奈一時不得方法,沒奈何遷延過去。遲至本始三年正月,許皇后懷孕滿期,將要分娩,忽然身體不適,寢食難安。宣帝顧念患難夫妻,格外愛護,遍召御醫診治,且採募女醫入宮,俾

第八十一回
謁祖廟驂乘生嫌　囑女醫入宮進毒

得日夕侍奉，較為合宜。巧有掖庭戶衛淳于賞妻，單名為衍，粗通醫理，應募入侍。衍嘗往來大將軍家，與霍顯認識有年，至是淳于賞因妻入宮，便與語道：「汝何不往辭霍夫人，為我求得安池監。若霍夫人肯代白大將軍，安池監定可補缺，比戶衛好得多呢！」衍遵著夫囑，徑至霍家謁顯，報告入宮侍后，並求派乃夫差缺。顯觸著心事，暗暗喜歡道：「這番機會到了！」便引衍至密室，悄然與語。特呼衍表字道：「少夫！汝欲我代謀差缺，我亦煩汝一件大事，汝可允我否？」衍應聲道：「夫人有命，敢不敬從！」顯笑說道：「大將軍最愛小女成君，欲使極貴，特為此事，有勞少夫。」衍不解所謂，愕然問道：「夫人所囑，是何命意？」顯即將衍扯近一步，附耳與語道：「婦人產育，關係生死。今皇后因娠得病，正好將她毒死。天子若立繼后，小女成君，就得冊納。少夫如肯為力，富貴與共，幸勿推辭！」**顧前不顧後，全是悍婦偏見。**衍聞顯言，不禁失色，支吾對答道：「藥須由眾醫配合，進服時需人先嘗，此事恐難為力。」顯復冷笑道：「少夫若肯代謀，何至無法。現我將軍管轄天下，何人敢來多嘴？就使有緩急情事，自當出救，決不相累。只恐少夫無意，才覺難成。」衍沉吟良久，方答說道：「有隙可圖，自願盡力。」**總為富貴二字所誤。**顯又再三叮囑，衍應命辭歸，也不及告知乃夫，私取附子搗末，藏入衣袋，徑往宮中。

可巧許后臨盆，生下一女，卻是不做難產，安然無恙。不過產後乏力，還須調理，經御醫擬定一方，合丸進服。淳于衍湊便下手，竟將附子取出，摻入丸內。附子雖是有毒，本來可作藥餌，並非酖毒可比，但性熱上升，不宜產後。許后哪裡知曉，取到便吞，待至藥性發作，頓時喘急起來，因顧問淳于衍道：「我服丸藥後，頭覺岑岑。**沉重之意。**莫非丸中有毒不成？」衍勉強答說道：「丸中何至有毒。」一面說，一面再召御醫診治。御

醫診治后脈，已經散亂，額上冷汗淋漓，也不識是何因，才閱片刻，許后兩眼一翻，嗚呼歸天！還幸微賤時已產一男，總算留得一線血脈。小子有詩嘆道：

贏得三年國母尊，傷心被毒竟埋冤。

杜南若有遺靈在，好看仇家且滅門。**杜南為許后葬處，見下回。**

許后告崩，宣帝親自視殮，悲悼不已。忽由外面呈入奏章，乃收淚取閱。欲知奏章內容，待至下回再表。

史稱霍氏之禍，萌於驂乘，是驂乘一事，所關甚大。夫驂乘亦常事耳，張安世亦與謀廢立，官拜車騎將軍，更非常官，當其代光驂乘，宣帝得從容快意，何獨於霍光而疑之。吾料霍光當日，必有一種驕倨之容，流露詞色，令人生畏，此宣帝之所以踧踖不安也。田延年之自殺，禍起怨家；而霍光不為救護，未免懷私。廢立之議，倡自田延年，光不欲使為功首，故樂其死而恝視之。嚴延年之被逐，則實為劾奏霍光而起；御史中丞，詰責嚴延年，即非由光之授意，而巧為迎合，不問可知。至若常惠之通使烏孫，擅擊龜茲，則全出光之指授。光固視宣帝如傀儡，歸政之請，果誰欺乎？悍妻霍顯，膽敢私囑女醫，毒死許后，何一非由光之縱成。後人或比光為伊、周，伊、周聖人，豈若光之悖戾為哉？

第八十一回
謁祖廟媵乘生嫌　囑女醫入宮進毒

第八十二回
孝婦伸冤於公造福　淫嫗失德霍氏橫行

　　卻說宣帝方悲悼許后，即有人遞入奏章，內言皇后暴崩，想係諸醫侍疾無狀，應該從嚴拿究。宣帝當即批准，使有司拿問諸醫。淳于衍正私下出宮，報知霍顯，顯引衍入內，背人道謝。一時未便重酬，只好與訂後約。衍告別回家，甫經入門，便有捕吏到來，把她拘去。經問官審訊幾次，衍抵死不肯供認，此外醫官，並無情弊，自然同聲呼冤。問官無法，一古腦兒囚繫獄中。霍顯聞知衍被拘訊，驚惶的了不得，俗語說得好，急來抱佛腳，那時只好告知霍光，自陳祕計。霍光聽了，也不禁咋舌，責顯何不預商。顯泣語道：「木已成舟，悔亦無及，萬望將軍代為調護，毋使衍久繫獄中，吐出實情，累我全家。」光默然不答，暗思事關大逆，若徑去自首，就使保全一門，那嬌滴滴的愛妻，總須頭顱落地，不如代為瞞住，把淳于衍等一體開釋，免得及禍。**誰知禍根更大。**乃入朝謁見宣帝，但言皇后崩逝，當是命數注定，若必加罪諸醫，未免有傷皇仁；況諸醫也沒有這般大膽，敢毒中宮。宣帝也以為然，遂傳詔赦出諸醫，淳于衍亦得釋出。許皇后含冤莫白，但依禮治喪，奉葬杜南，諡為恭哀皇后。霍顯見大獄已解，才得放心，密召淳于衍至家，酬以金帛，後來且替她營造居屋，購置田宅婢僕，令衍享受榮華。衍意尚未足，霍家財錢，卻耗費了許多。顯知陰謀已就，便為小女安排妝奩，具備許多珠玉錦繡，眼巴巴的望

第八十二回
孝婦伸冤於公造福　淫嫗失德霍氏橫行

她為后。只是無人關說，仍然無效，沒奈何再請求霍光，納女後宮。光也樂得進言，竟蒙宣帝允許，就將成君裝束停當，載入宮中。**國丈無不願為**。所有衣飾奩具，一併送入。從來少年無醜婦，況是相府嬌娃，總有一些秀媚狀態。宣帝年甫逾冠，正當好色年華，雖尚追憶前妻，餘哀未盡，但看了這個如花似玉的佳人，怎能不情動神移？當下優禮相待，逐漸寵幸。過了一年，竟將霍氏成君，冊為繼后。霍夫人顯果得如願以償，稱心滿意了。**原是快活得很，可惜不能長久。**

先是許后起自微賤，雖貴不驕，平居衣服，儉樸無華，每五日必至長樂宮，朝見上官太后，親自進食，謹修婦道。至霍光女為后，比許后大不相同，輿服麗都，僕從雜沓，只因上官太后誼屬尊親，不得不仿許后故事，前去侍奉。上官太后係霍光外孫女，論起母家私戚，還要呼霍后為姨母，所以霍后進謁，往往起立一勞，特別敬禮。就是宣帝亦倍加燕好，備極綢繆。

是年丞相義病逝，進大鴻臚韋賢為丞相，封扶陽侯。大司農魏相為御史大夫，穎川太守趙廣漢為京兆尹。又因郡國地震，山崩水溢，北海琅琊，毀壞宗廟，宣帝特素服避殿，大赦天下，詔求經術，舉賢良方正。夏侯勝、黃霸，才得出獄。**回應前回**。勝且受命為諫大夫，霸出任揚州刺史。勝年已垂老，平素質樸少文，有時入對御前，或誤稱宣帝為君，或誤呼他人表字，**君前臣名不應呼字**。宣帝毫不計較，頗加親信。嘗因回朝退食，與同僚述及宮中問答。事為宣帝所聞，責勝漏言，勝從容道：「陛下所言甚善，臣非常佩服，故在外稱揚。唐堯為古時聖主，言論傳誦至今，陛下有言可傳，何妨使人傳誦呢！」宣帝不禁點首，當然無言。**夏侯勝也會獻諛。**嗣是朝廷大議，必召勝列席。宣帝常呼勝為先生，且與語道：「先生儘管直言，幸勿記懷前事，自安退默。朕已知先生正直了！」勝乃隨事

獻替，多見聽從。繼復使為長沙少府，遷官太子太傅，年至九十乃終。上官太后記念師恩，賜錢二百萬，素服五日。宣帝亦特賜塋地，陪葬平陵。**即昭帝陵，見前文。**西漢經生，生榮死哀，唯勝稱最。勝本魯人，受學於族叔夏侯始昌。始昌嘗為昌邑王太傅，通《尚書》學，得勝受授，書說益明，時人稱為大小夏侯學。勝子孫受蔭為官，不廢先業，這也好算得詩書餘澤呢。**歸功經術，寓意獨深。**

且說宣帝本始四年冬季，定議改元，越年元日，遂號為地節元年。朝政清平，國家無事，唯刑獄尚沿積習，不免煩苛。宣帝有志省刑，特升水衡都尉於廷國為廷尉，令他決獄持平。定國字曼倩，東海郯縣人。父於公，曾為郡曹，判案廉明，民無不服。郡人特為建立生祠，號為於公祠。會東海郡有孝婦周青，年輕守寡，奉姑唯謹。姑因家況素貧，全靠周青紡織為養，甚覺過意不去，且周青又無子嗣，不如勸令改嫁，免受凍餒，一連說至數次，青決意守節，誓不再醮，姑轉告鄰人道：「我媳甚孝，耐苦忍勞，但我憐她無子守寡，又為我一人在世，不肯他適，我豈可長累我媳麼？」鄰人總道她是口頭常談，不以為意，那姑竟自縊，反致周青煢煢子立，不勝悲苦。青有小姑，已經適人，平時好搬弄是非，竟向郯縣中控告寡嫂，說她逼死老母。縣官不分皂白，便將周青拘至，當堂質訊。青自然辯誣，偏縣官疑她抵賴，喝用嚴刑。青自思餘生乏味，不若與姑同盡，乃隨口妄供，即由縣官讞成死罪，申詳太守。太守批令如議，獨於公力爭道：「周青養姑十餘年，節孝著名，斷無殺姑情事，請太守駁斥縣案，毋令含冤！」太守執意不從，於公無法可施，手持案卷，向府署慟哭一場，託病辭去。周青竟致枉死，冤氣沖天，三年旱荒。後任太守，為民祈雨，全無效驗，乃欲召問卜筮。可巧于公求見，由太守召入與語，于公乃將周青冤案，從頭敘明。好在太守不比前任，立命宰牛，至周青墓前致祭，親

第八十二回
孝婦伸冤於公造福　淫嫗失德霍氏橫行

為禱告，並豎墓表。及祭畢回署，便覺彤雲四布，霖雨連宵。東海郡三年告飢，獨是年百穀豐收，民得少蘇，自是都感念于公。**天既知孝婦之冤，何不降災郡守，乃獨肆虐郡民，此理令人難解。**

于公欣然歸家，正值里門朽壞，須加修治。里人釀資估工，為繕葺計，于公笑語道：「今日修築里門，應比從前高大，可容駟馬高車。」里人問他何故？于公道：「我生平決獄，秉公無私，平反案不下十百，這也是一件陰德，我子孫可望興隆，所以要高大門閭呢。」里人素敬重于公，如言辦理，果然于公歿後，有子定國，出掌吏事，超列公卿。既任廷尉，哀矜鰥寡，罪疑從輕，與前此張湯、杜周等人，寬猛迥別。都下有傳言云：「張釋之為廷尉，天下無冤民；**張釋之係文帝時人，見前文。**於定國為廷尉，民自以不冤。」定國雅善飲酒，雖多不亂，冬月大審，飲酒越多，判斷越明。又恨自己未讀經書，輒向經師受業，學習《春秋》，北面執弟子禮，因此彬彬有文，謙和儒雅。大將軍霍光，亦很加依重。至地節二年春三月，光老病侵尋，漸至危迫。宣帝躬自臨問，見他痰喘交作，已近彌留，不禁泫然流涕。及御駕還宮，接閱光謝恩書，謂願分國邑三千戶，移封兄孫奉車都尉霍山，奉兄驃騎將軍去病遺祀。當下將原書發出，交丞相御史大夫酌議，即日拜光子禹為右將軍。未幾光卒，宣帝與上官太后，均親往弔奠，使大中大夫任宣等持節護喪，中二千石以下官吏，監治墳塋。特賜御用衣衾棺槨，出葬時候，用輼輬車載運靈柩，**輼輬車為天子喪車，車中有窗閉則溫，開則涼，故名輼輬車。**黃屋左纛，盡如天子制度；徵發畿衛各軍，一體送葬，予諡宣成侯。墓前置園邑三百家，派兵看守。**未免濫賜。**丞相韋賢等，請依霍光謝恩書，分邑與山。宣帝不忍分置，令禹嗣爵博陵侯，食邑如舊。獨封山為樂平侯，守奉車都尉領尚書事。御史大夫魏相，恐霍禹擅權專政，特請拜張安世為大司馬、大將軍，繼光後任。宣

帝也有此意，即欲封拜。安世聞知消息，慌忙入朝固辭。偏宣帝不肯允許，但取消「大將軍」三字，令安世為大司馬、車騎將軍，領尚書事。安世小心謹慎，事事不敢專主，悉稟宣帝裁定，宣帝始得親政，勵精圖治。每閱五日，開一大會，凡丞相以下諸官，悉令列席，有利議興，有害議革，周諮博訪，民隱畢宣。至簡放內史守相，亦必親自召問，循名責實，嘗語左右道：「庶民所以得安，田裡無愁恨聲，全靠政平訟理，得人而治。朕想國家大本，系諸民生，民生大要，系諸良二千石，二千石若不得人，怎能佐朕治國呢？」已而膠東相王成，頗有循聲，聞他招集流民，約有八萬餘口，宣帝即下詔褒揚，稱為勞來不怠，賜爵關內侯，這是封賞循吏的第一遭。後來王成病死，有人說他浮報戶口，不情不實，宣帝亦未嘗追問。但教吏治有名，往往璽書勉勵，增秩賜金，於是天下聞風，循吏輩出。下文自有交代。

且說地節三年，宣帝因儲君未立，有礙國本，乃立許后所生子奭為皇太子，進封許后父廣漢為平恩侯。復恐霍后不平，推恩霍氏，封光孫中郎將雲為冠陽侯。那知霍氏果然觖望，雖得一門三侯，意中尚嫌未足，第一個貪心無厭的人物，就是光妻霍顯。她自霍襲爵，居然做了太夫人，驕奢不法，任意妄為，令將光生前所築塋制，特別擴充，三面起闕，中築神道，並盛建祠宇輦閣，通接永巷。所有老年婢妾，悉數驅至巷中，叫她們看守祠墓，其實與幽禁無二。自己大治第宅，特製彩輦，黃金為飾，錦繡為茵，並用五彩絲絞作長繩，綰住輦轂，令侍婢充當車伕，輓車遊行，逍遙快樂。日間藉此自娛，夜間卻未免寂寞，獨引入俊僕馮殷，與他交歡。殷素狡慧，與王子方並為霍家奴，充役有年。霍光在日，亦愛他兩人伶俐，令管家常瑣事。唯子方面貌，不及馮殷，殷姣好如美婦，故綽號叫做子都。顯係霍光繼室，當然年齒較輕，一雙媚眼，早已看中馮殷。殷亦知

第八十二回
孝婦伸冤於公造福　淫嫗失德霍氏橫行

情識意，每乘光入宮值宿，即與顯有偷寒送暖等情，光戴著一頂綠巾，尚全然不曉。**家有姣妻，怎得再畜俊奴，這也是光種下的禍祟。**及光歿後，彼此無禁無忌，樂得相偎相抱，顛倒鴛鴦。霍禹、霍山，也是淫縱得很，遊佚無度。霍雲尚在少年，整日裡帶領門客，架鷹逐犬，有時例當入朝，不願進謁，唯遣家奴馳入朝堂，稱病乞假。朝臣亦知他欺主，莫敢舉劾。還有霍禹姊妹，仗著母家勢力，任意出入太后、皇后兩宮。霍顯越好橫行，視兩宮如帷闥一般，往返自由，不必拘禮。為此種種放浪，免不得有人反對，憑著那一腔懊惱，毅然上書道：

　　臣聞《春秋》譏世卿，惡宋三世為大夫，及魯季孫之專權，皆足危亂國家。自後元以來，**後元為漢武年號，見前文。**祿去王室，政由塚宰。今大將軍霍光已歿，子禹復為右將軍，兄孫山亦入秉樞機，昆弟諸婿，各據權勢，分任兵官，夫人顯及諸女，皆通籍長信宮，**宮在長樂宮內，為上官太后所居。**或夤夜呼門出入，驕奢放縱，恐漸不制；宜有以損奪其權，破散陰謀，以固萬世之基，全功臣之世，國家幸甚！臣等幸甚！

　　這封書係由許廣漢呈入，署名並非廣漢，乃是御史大夫魏相所陳。相字弱翁，定陶人氏，少學《易》，被舉賢良，對策得高第，受官茂陵令。遷任河南太守，禁止奸邪，豪強畏服。故丞相田千秋次子，方為洛陽武庫令，聞相治郡尚嚴，恐自己不免遭劾，辭職入都，入白霍光。光還道相器量淺窄，不肯容故相次兒，當即貽書責備。嗣又有人劾相濫刑，遂發緹騎，拘相入都。河南戍卒，在都留役，聞知魏相被拘，都乘霍光公出，遮住車前，情願多充役一年，贖太守罪。經光好言遣散，旋又接得函谷關吏報告，謂有河南老弱萬餘人，願入關上書，請赦魏相。光復言相罪未定，不過使他候質，如果無罪，自當復任等語。關吏依言撫慰，大眾方才散歸。至相被逮至，竟致下獄，案無左證，幸得不死。經冬遇赦，再為茂陵

令，調遷揚州刺史。宣帝即位，始召入為大司農，擢任御史大夫。至是憤然上書，也並非欲報私仇，實由霍氏太橫，看不過去。因洼平恩侯許廣漢代為呈遞，委屈求全。**相有賢聲，故筆下代為洗刷。**

宣帝未嘗不陰忌霍家，因念霍光舊功，姑示包容，及覽到相書，自無異言。相復託廣漢進言，乞除去吏民副封，借免壅蔽。原來漢廷故事，凡吏民上書，須具正副二封，先由領尚書事將副封展閱一周，所言不合，得把正封擱置，不復上奏。相因霍山方領尚書事，恐他捺住奏章，故有此請。宣帝也即依從，變更舊制，且引相為給事中。霍顯得知此事，召語禹及雲、山道：「汝等不思承大將軍餘業，日夕偷安，今魏大夫入為給事中，若使他人得進閒言，汝等尚能自救麼？」**問汝果做何勾當？**禹與雲、山，尚不以為意。既而霍氏家奴與御史家奴爭道，互生齟齬，霍家奴恃蠻無理，竟搗入御史府中，洶洶辱罵。還是魏相出來陪禮，令家奴叩頭謝罪，才得息爭。旋由丞相韋賢，老病乞休，宣帝特賜安車駟馬，送歸就第，竟升魏相為丞相。御史大夫一缺，就用了光祿大夫丙吉。吉曾保護宣帝，未嘗自述前恩，此次不過循例超遷，與魏相同心夾輔，各盡忠誠。獨霍顯暗暗生驚，只恐得罪魏相，將被報復。且因太子奭冊立以後，嘗恨恨道：「彼乃主上微賤時所生，怎得立為太子？若使皇后生男，難道反受他壓迫，只能外出為王麼？」**汝試自思係是何等出身？**乃悄悄的入見霍后，叫她毒死太子，免為所制。霍后依著母命，懷著毒物，屢召太子賜食，擬乘間下毒。偏宣帝早已防著，密囑保母，隨時護持。每當霍后與食，必經保母先嘗後進，累得霍后無從下手，只好背地咒罵，唧恨不休。**有是母必有是女。**宣帝留心伺察，覺得霍后不悅太子，心下大疑。回憶從前許后死狀，莫非果由霍氏設計，遣人下毒，以致暴崩。且漸漸聞得宮廷內外，卻有三言兩語，流露毒案，因此與魏相密商，想出一種釜底抽薪的計策，逐漸進行。

第八十二回
孝婦伸冤於公造福　淫嫗失德霍氏橫行

　　當時度遼將軍范明友，為未央衛尉，中郎將任勝，為羽林監，還有長樂衛尉鄧廣漢，光祿大夫散騎都尉趙平，統是霍光女婿，入掌兵權。光祿大夫給事中張朔，係光姊夫，中郎將王漢，係光孫婿。宣帝先徙范明友為光祿勳，任勝為安定太守，張朔為蜀郡太守，王漢為武威太守；復調鄧廣漢為少府，收還霍禹右將軍印，陽尊為大司馬，與乃父同一官銜；特命張安世為衛將軍，所有兩宮衛尉，城門屯兵，北軍八校尉，盡歸安世節制。又將趙平的騎都尉印綬，也一併撤回，但使為光祿大夫。另使許、史兩家子弟，代為軍將。

　　霍禹因兵權被奪，親戚調徙，當然鬱憤得很，託疾不朝。大中大夫任宣，曾為霍氏長史，且前此奉詔護喪，因特往視霍禹，探問病恙。禹張目道：「我有什麼病症？只是心下不甘。」宣故意問為何因，禹呼宣帝為縣官，信口譏評道：「縣官非我家將軍，怎得至此？今將軍墳土未乾，就將我家疏斥，反任許、史子弟，奪我印綬，究竟我家有什麼大過呢？」宣聞言勸解道：「大將軍在日，親攬國權，生殺予奪，操諸掌握，就是家奴馮子都、王子方等，亦受百官敬重，比丞相還要威嚴。今卻不能與前並論了。許、史為天子至親，應該貴顯，願大司馬不可介懷！」**宣亦有心人，惜語未盡透闢。**禹默然不答，宣自辭去。

　　越數日禹已假滿，沒奈何入朝視事。天下事盛極必衰，勢盛時無不奉承，勢衰後必遇怨謗，況霍氏不知斂束，怎能不受人譏彈？因此糾劾霍家，常有所聞。霍禹、霍山、霍雲，無從攔阻，愁得日夜不安，只好轉告霍顯。顯勃然道：「這想是魏丞相暗中唆使，要滅我家，難道果無罪過麼？」**婦人不知咎己，專喜咎人。**山答說道：「丞相生平廉正，卻是無罪，我家兄弟諸婿，行為不謹，容易受謗，最可怪的是都中輿論，爭言我家毒死許皇后，究竟此說從何而來？」霍顯不禁起座，引霍禹等至內室，具述

淳于衍下毒實情。霍禹等不覺大驚，同聲急語道：「這！這！……這事果真麼？奈何不先行告知！」顯也覺愧悔，把一張粉飾的黃臉兒，急得紅一塊，青一塊，與無鹽、嫫母一般。**無鹽、嫫母、古醜婦**。小子有詩嘆道：

不經貪賊不生災，大禍都從大福來。

莫道陰謀人不覺，空中天網自恢恢。

欲知霍氏如何安排，容至下回續敘。

孝婦含冤，三年不雨，於公代為昭雪，請太守祭塋表墓，即致甘霖之下降，是天道固非盡無憑也。天道有憑，寧有如霍顯之毒死許后，納入小女成君，而可得富貴之長保者？人有千算，天教一算，愈狡黠愈遭天忌，愈驕橫亦愈致天譴；況霍顯淫悍，霍禹、霍山、霍雲，更遊俠無度，如此不法，尚欲安享榮華，寧有是理？人即可欺，天豈可欺乎？逮至兵權被削，親戚被徙，獨不知謝職歸田，反且蓄怨生謀，思為大逆，其自速滅亡也宜哉！觀於霍氏之滅亡，而後之營營富貴者，可自此返矣。

第八十二回
孝婦伸冤於公造福　淫嫗失德霍氏橫行

第八十三回
洩逆謀殺盡後族　矯君命殲厥渠魁

　　卻說霍顯心虛情怯，悔懼交併，霍禹對顯道：「既有此事，怪不得縣官斥逐諸婿，奪我兵權，若認真查究起來，必有大罰，奈何奈何！」霍山、霍雲，亦急得沒有主意。還是霍禹年紀較大，膽氣較粗，自思一不做二不休，將錯便錯，索性把宣帝廢去，方可免患。**比母更凶**。忽又見趙平趨入道：「平家有門客石夏，善觀天文，據言天象示變，熒惑守住御星，御星占驗，主太僕奉車都尉當災，若非罷黜，且遭橫死。」霍山正為奉車都尉，聽了平言，更覺著忙。就是霍禹、霍雲，亦恐自己不能免禍。正在祕密商議，又有一人進來，乃是雲舅李竟好友，叫做張赦。雲亦與交好，當即迎入，互相談敘。赦見雲神色倉皇，料有他故，用言探試，便由雲說出隱情。赦即替他設策道：「今丞相與平恩侯，擅權用事，可請太夫人速白上官太后，誅此兩人，翦去宮廷羽翼，天子自然勢孤。但教上官太后一詔，便好廢去。」雲欣然受教，赦也即告別。

　　不意屬垣有耳，竟為所聞，霍氏家中的馬伕，約略聽見張赦計謀。夜間私議，適值長安亭長張章，與馬伕相識，落魄無聊，前來探望，馬伕留他下榻，他佯作睡著，卻側著耳聽那馬伕密談，待至馬伕談完，統去就寢，便不禁暗喜，想即藉此出頭，希圖富貴。**心雖不善，但不如此，則霍**

075

第八十三回
洩逆謀殺盡後族　矯君命殲厥渠魁

氏不亡。朦朧半晌，已報雞聲，本來張章粗通文墨，至此醒來，又復打定腹稿，一至天明，即起床與馬伕作別，自去繕成一書，竟向北闕呈入。宣帝本欲杜除壅蔽，使中書令傳詔出去，無論吏民，概得上書言事。一面由中書令逐日取入，親自披覽。至看到章書，就發交廷尉查辦，廷尉使執金吾**官名**。往捕張赦、石夏等人；已而宣帝又飭令止捕。

　　霍氏知陰謀被洩，越覺驚惶。霍山等相率聚議道：「這由縣官顧著太后，恐致干連，故不願窮究。但我等已被嫌疑，且有毒死許后一案，謠言日盛，就使主上寬仁，難保左右不從中舉發，一或發作，必致族誅。今不如先發制人，較為得計！」**已經遲了**。乃使諸女各報夫婿，勸他一同舉事。各婿家也恐連坐，情願如約。會霍雲舅李竟，坐與諸侯王私相往來，得罪被拘。案與霍氏相連，有詔令霍雲、霍山，免官就第，霍氏愈致失勢。只有霍禹一人，尚得入朝辦事。百官對著霍禹，已不若從前敬禮，偏又經宣帝當面責問，謂霍家女入謁長信宮，**注見前回**。何故無禮？霍家奴馮子都等，何故不法？說得禹頭汗直淋，勉強免冠謝罪。乃退朝回來，告知霍顯以下等人，膽小的都嚇得發抖，膽大的越激動邪心。顯忐忑不安，夜間夢光與語道：「汝知兒被捕否？」**光果有靈，當先活捉馮子都，這全是霍顯驚慌所致**。霍禹也夢車聲馬聲，前來拿人。母子清晨起床，互述夢境，並皆擔憂。又見白晝多鼠，曳尾畫地，庭樹集鴉，惡聲驚人。宅門無故自壞，屋瓦無風自飛，種種怪異，不可究詰。

　　地節四年春月，宣帝求得外祖母王媼，及母舅無故與武，當即稱王媼為博平君，封無故為平昌侯，武為樂昌侯。許、史以外，又多了王門貴戚，頓使霍家相形見絀，日夜愁煩。霍山獨怨恨魏相，侉然語眾道：「丞相擅減宗廟祭品，如羔如兔蛙，並皆酌省。從前高后時，曾有定例，臣下擅議宗廟，罪應棄市。今丞相不遵舊制，何勿把他舉劾呢！」霍禹、霍

雲，尚說此舉只有關魏相，未足保家。因復另設一計，欲使上官太后，邀飲博平君，召入丞相、平恩侯等，令范明友、鄧廣漢引兵突入，承制處斬，趁勢廢去宣帝，立霍禹為天子。計議已定，尚未舉行，又由宣帝頒詔，出霍雲為玄菟太守，任宣為代郡太守。接連又發覺霍山過惡，係是擅寫祕書，應該坐罪，不如意事，紛至沓來。霍顯替山解免，願獻城西第宅，並馬千匹，為山贖罪，書入不報。那知張章又探得霍禹等逆謀，往告期門**官名**。董忠，忠轉告左曹楊惲，惲又轉達侍中金安上。安上係前車騎將軍金日磾從子，方得主寵，立即奏聞宣帝，且與侍中史高同時獻議，請禁霍氏家族出入宮廷。侍中金賞，為日磾次子，曾娶霍光女為妻，一聞此信，慌忙入奏，願與霍女離婚。

宣帝不能再容，當即派吏四出，凡霍氏家族親戚，一體拿辦。范明友先得聞風，馳至霍山、霍雲家內，報知禍事。山與雲魂膽飛揚，正在沒法擺布，便有家奴搶入道：「太夫人第宅，已被吏役圍住了！」山知不能免，取毒先服，雲與明友次第服下，待至捕役到門，已經毒發斃命，唯搜得妻妾子弟，上械牽去。那霍顯母子，未得預聞，竟被拘至獄中，訊出真情，禹受腰斬，顯亦遭誅，所有霍氏諸女，及女婿、孫婿，悉數處死。甚至近戚疏親，輾轉連坐，誅滅不下千家。馮子都、王子方等，當然做了刀頭鬼，與霍氏一門，同赴冥途去了。**馮子都陰魂，又好與霍顯取樂，只可惜要碰著霍光了**。唯金賞已經去妻，倖免株連。霍后坐此被廢，徙居昭臺宮。金安上等告逆有功，俱得加封，安上受封都成侯，楊惲受封平通侯，董忠受封高昌侯，張章受封博成侯，**平地封侯，張章最為僥倖**。侍中史高，也得受封樂陵侯。

先是霍氏奢侈，茂陵人徐福，已知霍氏必亡，曾詣闕上書，請宣帝裁抑霍氏，毋令厚亡。宣帝留中不發，書至三上，不過批答了「聞知」二字。

第八十三回
洩逆謀殺盡後族　矯君命殲厥渠魁

及霍氏族滅，張章等俱膺厚賞，獨不及徐福。有人為徐福不平，因代為上書道：

臣聞客有過主人者，見其灶直突，旁有積薪。客謂主人，更為曲突，遠徙其薪，否則且有火患；主人默然不應。俄而家果失火，鄰里共救之，幸而得息。於是殺牛置酒，謝其鄰人，灼爛者在於上行，餘各以功次坐，而不及言曲突者。人謂主人曰：「向使聽客之言，不費牛酒，終無火患。今論功而請賓，曲突徙薪無恩澤，焦頭爛額為上客耶？」主人乃悟而請之。今茂陵徐福數上書，言霍氏且有變，宜防絕之。向使福說得行，則國無裂土出爵之費，臣無逆亂誅滅之敗。往事既已，而福獨不蒙其功，唯陛下察之！願貴徙薪曲突之策，使居焦髮灼爛之右。

宣帝覽書，心下尚未以為然，但令左右取帛十匹，頒賜徐福；後來總算召福為郎，便即了事。時人謂霍氏禍胎，起自驂乘，**見八十一回**。宣帝早已陰蓄猜疑，所以逆謀一發，便令族滅。但霍光輔政二十餘年，盡忠漢室。宣帝得立，雖由丙吉倡議，終究由霍光決定，方才迎入。前為寄命大臣，後為定策元勛，公義私情，兩端兼盡。只是悍妻驕子，不善訓飭，弒后一案，隱忍不發，這是霍光一生大錯。唯宣帝既已隱忌霍光，應該早令歸政，或待至霍光身後，不使霍氏子弟，蟠踞朝廷，但俾食大縣，得奉朝請，也足隱抑霍氏，使他無從謀逆。況有徐福三書，接連進諫，曲突徙薪，也屬未遲。為何始則濫賞，繼則濫刑，連坐千家，血流都市。忠如霍光，竟令絕祀，甚至一相狎相偎的霍后，廢錮冷宮，尚不能容，過了十有二年，復將她逐錮云林館，迫令自殺。宣帝也處置失策，殘刻寡恩。後世如有忠臣，能不因此懈體否！**孔光、揚雄未始不鑑此慮禍，遂至失操，是實宣帝一大誤處。**

宣帝既誅滅霍家，乃下詔肆赦，出詣昭帝陵廟，行秋祭禮。行至途

中，前驅旄頭騎士，佩劍忽無故出鞘，劍柄墜地，插入泥中，光閃閃的鋒頭，上向乘輿，頓致御馬驚躍，不敢前進。宣帝心知有異，忙召郎官梁邱賀，囑令卜《易》。賀為琅琊人氏，曾從大中大夫京房受教《易》學。房出為齊郡太守，宣帝求房門人，得賀為郎，留侍左右。賀正隨駕祠廟，一召即至，演蓍布卦，謂將有兵謀竊發，車駕不宜前行。宣帝乃派有司代祭，命駕折回。有司到了廟中，留心察驗，果然查獲刺客任章，乃是前大中大夫任宣子。宣坐霍氏黨與，已經伏誅。章嘗為公車丞，逃往渭城，意欲為父報仇，混入都中，乘著宣帝出祠，偽扮郎官，執戟立廟門外，意圖行刺。偏經有司查出，還有何幸？當然梟首市曹。宣帝虧得梁邱賀，得免不測，因擢賀為大中大夫、給事中；嗣是格外謹慎。

　　為了立后問題，幾躊躇了一兩年。當時後宮妃嬪，共有數人得寵，張婕妤最蒙愛幸，生子名欽；次為衛婕妤，生子名囂；又次為公孫婕妤，生子名宇；此外還有華婕妤，但生一女。宣帝本思立張婕妤為后，轉思婕妤有子，若懷私意，便與霍氏無二，如何得保全儲君；乃更擇一無子少妒的宮妃，使登后位。揀來揀去，還是長陵人王奉光的女兒，入宮有年，已拜婕妤，可令她作為繼后，母養太子。王奉光的祖宗，曾隨高祖入關，得邀侯爵，至奉光時家已中落，鬥雞走狗，落拓生涯，宣帝曾寄養外家，得與相識。奉光有女十餘歲，頗具三分姿色，只生就一個怪命，許字了兩三家，往往剋死未婚夫。到了宣帝嗣阼，奉光女尚未適人，宣帝追懷舊誼，發生異想，把她召入後宮，立命侍寢，賜過了幾番雨露，王女幸得承恩，宣帝卻也無恙。**想是王女命中應配皇帝**。後來霍后入宮，張婕妤又復繼進，或挾貴，或恃色，惹得宣帝一身無暇顧及王女，遂致王女冷落宮中，少得入御。不過宣帝卻還未忘，命王女為婕妤，得令享受祿秩。王女心已知足，安處深宮，一些兒沒有怨言，膝下也無子女。至此竟由宣帝選就，

第八十三回
洩逆謀殺盡後族　矯君命殲厥渠魁

冊為繼后，就把太子奭交付了她，囑令撫育。張婕妤等都詫為異事，引作笑談。唯王女雖得為后，仍不見宣帝寵遇，且情性甚是溫和，毫不爭夕，所以張婕妤等仍得相安，由她掛個虛名罷了。**正女知足不辱，卻是一個賢婦。**

是時為宣帝六年，宣帝已改元二次，曾於五年間改號元康，內外百僚，競言符瑞，連番上奏，說是泰山陳留，翔集鳳凰，未央宮降滋甘露，宣帝歸德祖考，追尊悼考**即史皇孫，見八十一回。**為皇考，特立寢廟，蠲免高祖功臣三十六家賦役，令子孫世奉祭祀，賜天下吏爵二級，民一級，女子百戶牛酒，鰥寡孤獨高年粟帛。又頒詔大赦，省刑減賦，今特臚述於後：

《書》云：「文王作罰，刑茲無赦。」今吏修身奉法，未有能稱朕意，朕甚愍焉！其赦天下，與士大夫勵精更始。獄者萬民之命，所以禁暴止邪，養育群生也。使能生者不怨，死者不恨，則可謂文吏矣。今則不然，用法或持巧心，**析律貳端，析律謂分破律條，貳端謂妄生端緒。**深淺不平，增辭飾非，以成其罪。奏不如實，上無由知。此朕之不明，吏之不講，四方黎民，將何仰哉？二千石其各察官屬，勿用此人。吏或擅興徭役，增飾廚傳，**廚謂飲食，傳謂傳舍。**越職逾法，以取民譽，譬猶踐薄冰以待白日，豈不殆哉！今天下頗被疾疫之災，朕甚愍之，其令郡國被災甚者，毋出今年租賦，俾民休息！

宣帝又因吏民上書，多因犯諱得罪，特改名為詢，詔云：

聞古天子之名，難知而易諱也。今百姓多上書觸諱以犯罪者，朕甚憐之，其更名詢，諸觸諱在令前者赦之！

宣帝方整頓內治，未遑外攘。忽由衛侯使馮奉世，報稱莎車叛命，弒

王戕使,由臣託陛下威靈,發兵討罪,已得叛王首級,傳送京師云云。宣帝並未嘗遣討莎車,不過因西域歸附,前此所遣各使,屢不稱職,乃依前將軍韓增舉薦,授郎官馮奉世為衛侯使,持節送大宛諸國使臣,遄返故邦。奉世繫上黨人,少學《春秋》,並讀兵書,能通六韜三略,既奉宣帝詔命,遂與外使一同西行。及抵伊循城,聞得莎車內亂,有弒王戕使消息,便密語副使嚴昌道:「莎車王萬年,前曾入質我朝。只因前王已歿,該國人請他為嗣,由朝使奚充國送往。今乃敢抗違朝命,大逆不道,若非發兵加討,將來莎車日強,勢難更制,西域各國,均受影響,豈不是前功盡廢麼!」嚴昌也是贊成,但欲遣人馳奏,請旨定奪。奉世獨以為事貴從速,不宜迂緩。乃即矯制諭告諸國,徵發兵馬,得番眾萬五千人,進擊莎車。莎車國人,本迎立萬年為王,萬年暴虐,不洽輿情,前王弟呼屠徵,乘隙糾眾,擊斃萬年,並殺漢使奚充國,自立為莎車王,且攻劫附近諸國,迫使聯盟叛漢。至馮奉世徵集番兵,掩至城下,呼屠徵毫不預防,慌忙募兵抵禦,已是不及,竟被奉世引兵攻入。呼屠徵惶急自殺,國人不得已乞降,獻出呼屠徵頭顱。奉世另選前王支裔為嗣王,遣回各國兵士,特使從吏齎呼屠徵首,報捷長安;自與大宛使臣,西詣大宛。大宛國王,得知奉世斬莎車王,當然震懾,格外加敬,贈送龍馬數匹,**馬似龍形,故名龍馬**。厚禮遣歸。宣帝接得奉世捷報,即召見前將軍韓增,稱他舉薦得人,且令丞相以下,會議賞功授封。丞相魏相等,均復奏道:「《春秋》遺義,大夫出疆,有利國家,不妨專擅。今馮奉世功績較著,宜從厚加賞,量給侯封。」宣帝頗思依議,獨少府蕭望之諫阻道:「奉世出使西域,但令送客歸國,未嘗特許便宜。彼乃矯制發兵,擅擊莎車,雖幸得奏功,究竟不可為法。倘若加封爵土,將來他人出使,喜事貪功,必且援奉世故例,開釁夷狄,恐國家從此多事了!臣謂奉世不宜加封。」**望之所言,未免近**

第八十三回
洩逆謀殺盡後族　矯君命殲厥渠魁

迂。宣帝正欲綜核名實，鞏固君權，一得望之諫議，便不禁改易初心，待奉世還都覆命，只命為光祿大夫，不復封侯。

誰知一波才平，一波又起。侍郎鄭吉，曾由宣帝派往西域，監督渠犁城屯田兵士。吉更分兵三百人，至車師屯田，偏為匈奴所忌，屢遭兵攻擊屯卒。吉率渠犁屯兵千五百人，親至馳救，仍然寡不敵眾，退保車師城中，致為匈奴兵所圍。賴吉守禦有方，匈奴兵圍攻不下，方才引去。未幾又復來攻，往返至好幾次，累得吉孤守車師，不敢還兵。乃即飛書奏聞，請宣帝增發屯兵。宣帝又令群臣集議，後將軍趙充國，謂自西域通道，方命就渠犁屯田，為控御計。**此為武帝時事，借充國口中敘明，與上文馮奉世所述莎車亂事，文法從同。**唯渠犁距車師，約千餘里，勢難相救，最好是出擊匈奴右地，使他還兵自援，不敢再擾西域，庶幾車師、尉犁，共保無虞等語。**此計亦妙。**宣帝正在躊躇，適丞相魏相上書云：

臣聞之，救亂誅暴，謂之義兵；兵義者王。敵加於己，不得已而起者，謂之應兵；兵應者勝。爭恨小故，不忍憤怒者，謂之忿兵；兵忿者敗。利人土地貨寶者，謂之貪兵；兵貪者破。恃國家之大，矜民人之眾，欲見威於敵者，謂之驕兵；兵驕者滅。此五者，非但人事，乃天道也。間者匈奴嘗有善意，所得漢民，輒奉歸之，未有犯於邊境。雖爭屯田車師，不足致意中。今聞諸將軍欲興兵入其地，臣愚不知此兵何名者也。今邊郡睏乏，父子共犬羊之裘，食草菜之實，常恐不能自存，難以動兵。軍旅之後，必有凶年，言民以其愁苦之氣，傷陰陽之和也。出兵雖勝，猶有後憂，恐災害之變，因此以生。今郡國守相，多不實選，風俗尤薄，水旱不時。按今年計，子弟殺父兄，妻殺夫者，凡二百二十二人，臣愚以為此非小變也。今左右不憂此，乃欲發兵報纖介之忿於遠夷，殆孔子所謂吾恐季孫之憂，不在顓臾，而在蕭牆之內也。願陛下與列侯群臣，詳議施行！

宣帝既得相書，乃遣長羅侯常惠，出發張掖酒泉騎兵，往車師迎還鄭吉。匈奴兵見有漢軍出援，因即引去，吉率屯兵還渠犁。但車師故地，竟致棄去，仍復陷入匈奴。小子有詩嘆道：

屢討車師得蕩平，如何甘失舊經營。
斂兵雖足休民力，坐隳前功也太輕。

欲知後事如何，且看下回分解。

霍氏之滅，光實釀成之。論者謂光之失，莫大於隱袒霍顯，不發舉其弒后之罪。吾謂顯之弒后，即光果發舉，亦屬過遲。弒后何事？顯罪固宜伏誅，光豈竟能免譴？誤在元配東閭氏歿後，即以顯為繼室。顯一狡婢耳，為大將軍夫人，名不正，言不順，失之毫釐，謬以千里，且教子無方，詒謀無術，霍禹、霍山、霍雲等，無一式谷，幾何而不至滅門耶。宣帝懲於霍氏之專擅，故當馮奉世之討平莎車，因蕭望之諫阻侯封，謂其矯制有罪，即停爵賞。夫《春秋》之義，大夫出疆，有利於國，專之可也。魏相之言，不為無據，而宣帝不從，其猜忌功臣之心，已可概見。然於許、史、王三家，第因其為直接親戚，不問其才能與否，俱授侯封，厚此而薄彼，宣帝其能免縈私之誚乎？

第八十三回
洩逆謀殺盡後族　矯君命殲厥渠魁

第八十四回
詢宮婢才識酬恩　擢循吏迭聞報績

　　卻說宣帝在位六七年，勤政息民，課吏求治，最信任的大員，一是衛將軍張安世，一是丞相魏相。霍氏誅滅，魏相嘗參議有功，不勞細敘。張安世卻小心謹慎，但知奉詔遵行，未嘗計除霍氏，且有女孫名敬，曾適霍氏親屬，關係戚誼。至霍氏族誅，安世恐致連坐，局促不安，累得容顏憔悴，身體衰羸。宣帝察知情偽，特詔赦他女孫，免致株連，安世才得放心，辦事愈謹。安世兄賀，時已病歿，宣帝追懷舊惠，問及安世，才知賀子亦亡，只遺下一孤孫，年甫六齡，取名為霸。賀在時嘗將安世季男彭祖，養為嗣子。彭祖又嘗與宣帝同塾讀書，因此宣帝詢明底細，先封彭祖為關內侯。安世入朝固辭，宣帝道：「我只為著掖庭令，與將軍無關。」安世乃退。宣帝又欲追封賀為恩德侯，並置守塚二百家。安世復表辭賀封，且請減守塚家至三十戶，宣帝總算依議，親定守塚地點，使居墓西鬥雞翁舍。舍旁為宣帝少時遊憩地，故特使三十家居住，留作紀念。已而余懷未忘，自思不足報德，便於次年下詔，賜封賀為陽都侯，予諡曰哀；令關內侯彭祖襲爵，拜賀孫霸為車騎中郎將，賜爵關內侯，食邑三百戶。霸年幼弱，但予祿秩，不使任事。**賀有大德，原應贍養孤孫，但賜祿則可，賜官則不可。**唯安世因父子封侯，名位太高，復為彭祖辭祿，詔令都內別藏張氏錢，數約百萬。安世持身節儉，身衣弋綈，妻雖貴顯，常自紡績，家童

第八十四回
詢宮婢才識酬恩　擢循吏迭聞報績

卻有七百人，但皆使為農工商，勤治產業，積少成多，所以張氏富厚，勝過霍氏。不過安世約束子弟，格外嚴謹，終得傳遺數世，不致速亡。**這是保家第一要旨。**

先是安世長子千秋，與霍光子禹，並為中郎將，同隨度遼將軍范明友，出擊烏桓。及奏凱回來，進謁霍光，光問千秋戰鬥方略，與山川形勢，千秋口對指畫，毫不遺忘。至轉問及禹，禹均已失記，但答言俱有文書，光不禁嘆息道：「霍氏必衰，張氏將興了！」**誰叫你不知教子？** 後來光言果驗，張氏子孫，出仕不絕。時人謂昭、宣以後，漢臣世祚，要算金、張兩家。**金即金日磾子孫**，這且待後再表。

且說御史大夫丙吉，本與張賀同護宣帝，論起當時德惠，賀尚不及丙吉，只因吉為人深厚，絕口不道前恩。宣帝自幼出獄，尚是茫無知識，故但記及養生的張賀，未嘗憶起救死的丙吉。可巧有一女子名則，嘗為掖庭宮婢，保抱宣帝，至是已嫁一民夫，令他伏闕上書，自陳前功。宣帝全然忘記，特交掖庭令查訊，則供言御史大夫丙吉，曾知詳細。掖庭令乃引則至御史府，驗明真偽。吉見則後，面貌尚能相識，才說起前情道：「事誠不虛，但汝嘗保養不謹，受我督責，今怎得自稱有功？唯渭城胡組，淮陽趙徵卿，曾經乳養，卻是有功足錄呢！」**即八十一回之趙、胡兩婦。** 掖庭令乃轉奏宣帝，宣帝再召問丙吉，吉因述胡、趙兩婦保養情狀。當下傳詔至渭城淮陽，訪尋兩婦，俱已去世；只有子孫尚存，得蒙厚賞。則雖未及兩婦辛勤，總覺得前有微勞，也特賜錢十萬，豁免掖庭差役。並將則召入細問，則備述丙吉前事，宣帝方知吉有大恩。待則去後，便封吉為博陽侯，食邑千三百戶。並將許、史兩家子弟，如史曾、史玄、**皆史恭子。** 許舜、許延壽等，**兩許皆廣漢弟。** 曾與宣帝關係親舊，一體封侯。就是少時朋友，及郡獄中曾充工役，亦各給官祿田宅財物，多寡有差，一面選用良

吏，入朝治事。進北海太守朱邑為大司農，渤海太守龔遂為水衡都尉，東海太守尹翁歸為右扶風，潁川太守黃霸，膠東相張敞，先後為京兆尹。

朱邑字仲卿，廬江人氏，少為桐鄉嗇夫，廉平不苟，吏民悅服，遷補北海太守，政績卓著，推為治行第一。宣帝乃擢為大司農。性情淳厚，待人以德，唯遇人囑託私情，獨峻拒絕允，朝臣頗加敬憚。所得祿賜，輒賙濟族黨，家無餘財，自奉卻很儉約。入任大司農五年，得病不起，遺言囑子道：「我嘗為桐鄉吏，民皆愛我。後世子孫，向我致祭，恐反不如桐鄉百姓，汝宜將我遺骸，往葬桐鄉，休得有違！」言訖即逝。子遵父命，奉葬桐鄉西郭，百姓果為起塚立祠，祭祀不絕。

龔遂字少卿，籍隸平陽，前坐昌邑王賀事，枉受髠刑，罰為城旦。**見第八十回**。至宣帝即位以後，適值渤海歲飢，盜賊蜂起，郡守以下，多不能制。丞相御史，便將龔遂登入薦牘，請令出守渤海，宣帝即召遂入見。遂年逾七十，體態龍鍾，且身材本來短小，尤覺得曲背駝腰。宣帝瞧著，殊失所望，但已經召至，不得不開口問道：「渤海荒亂，足貽朕憂，敢問君將如何處置盜賊？」遂答道：「海濱遐遠，未沾聖化，百姓為飢寒所迫，又無良吏撫慰，不得已流為盜賊，弄兵潢池。今陛下俯問及臣，意欲使臣往剿呢？還是使臣往撫呢？」宣帝道：「朕今選用賢良，原欲使撫人民，並非一意主剿。」遂又答道：「臣聞治亂民如治亂繩，不應過急，須徐徐清理，方可治平。陛下既有意撫民，使臣充乏，臣願丞相、御史，毋拘臣文法，得一切便宜從事，方可有成。」**成竹在胸**。宣帝點首允諾，並賜遂黃金百斤，令即為渤海守。遂叩謝而出，草草整裝，乘驛入渤海境。郡吏發兵往迎，遂一概遣還。移檄屬縣，盡罷捕吏，所有操持田器的百姓，盡為良民，吏毋過問，唯持兵械，方為盜賊。盜賊得此命令，聞風解散。及遂單車至府，開發倉廩，賑貸貧民，並把舊有吏尉，去暴留良，使他安撫牧

第八十四回
詢宮婢才識酬恩　擢循吏迭聞報績

養。人民大悅，情願安土樂業，不願輕身試法，烽煙息警，闔郡咸安。渤海民風，向來奢侈，專務末技，不勤田作，遂以儉約率民，勸課農桑，教導樹畜，民間或帶持刀劍，悉令賣劍買牛，賣刀買犢，且親加慰諭道：「汝等俱係好民，為何帶牛佩犢呢？」百姓無不遵諭，勉為良民。才閱三四年，獄訟止息，吏民富饒。**撫字之道，原應如此。**宣帝嘉遂政績，遣使召歸。遂奉命登程，吏民恭送出境，望車泣別，議曹王生，獨願隨行。王生素來嗜酒，旁人都說他酒醉糊塗，不應與偕，遂未忍謝絕，許得相從。自渤海至長安，王生連日飲酒，未嘗進言，及已入都門，見遂下車赴闕，獨搶前數步，徑至遂後，高聲呼遂道：「明府且止！願有所白。」遂聞聲回顧，視王生臉上，尚有酒意，不知他說甚話兒。但聽王生語道：「天子如有所問，公不宜遽陳治績，只言是聖主德化，非出臣力，願公勿忘！」**無非是教他貢諛，但對於專制君主，只應如此。**遂領首自行，既見宣帝，果然承問治狀，便將王生所言，應答出去。宣帝不禁微笑道：「君怎得此長者言語，乃來答朕？」**確是明察。**遂不敢隱諱，索性直陳道：「這是議曹教臣，臣尚未知此道呢！」**恰也老實。**宣帝復問了數語，當即退朝。暗想遂年已老，不能進任公卿，乃命為水衡都尉，並授王生為水衡丞。未幾遂即病歿，也是一位考終的循吏。

　　尹翁歸字子兄，**兄音況。**世居平陽，遷住杜陵。少年喪父，依叔為生，弱冠後充當獄吏，曉習文法，又喜擊劍，人莫敢當。適田延年為河東太守，巡行至平陽，校閱吏役，令文吏在東，武吏在西，翁歸時亦在列，獨伏不肯起，抗聲說道：「翁歸文武兼備，願聽驅策！」左右目為不遜，唯延年暗暗稱奇，令他起立，與語吏事，翁歸應對如流。當由延年帶歸府舍，囑使讞案，發奸摘伏，民無遁情。延年大加器重，歷署吏尉。及延年內調，翁歸亦遷補都內令，尋且拜為東海太守。廷尉於定國，係東海人，

翁歸奉命出守，不能不向他辭行，乘便問及東海民風。定國有邑子二人，欲託翁歸帶去，量為差遣，那知互談多時，竟難出口，只好送他出門。返語邑子道：「他是當今賢吏，不便以私相托；且汝兩人，亦未能任事，我所以不好啟齒呢！」邑子雖然失望，也覺得情真語確，只好罷休。那翁歸到了東海，悉心查訪，凡吏民賢否，及地方豪猾，一一載入籍中，然後巡行各縣，按籍賞罰，善必勸，惡必懲。有郯縣土豪許仲孫，武斷鄉曲，稱霸一隅，歷屆太守，屢緝不獲。翁歸親督捕吏，將他拘住，訊出種種罪惡，立命處死。嗣是民皆畏法，不敢為非，東海遂得大治。**殺一儆百，也不可少。** 宣帝復調翁歸為右扶風，翁歸蒞任，仍照東海辦法，且訪用廉平吏人，優禮接待。詳詢民間利害，聞有土豪敗類，立命縣吏拘拿，所至必獲，懲罪如律。因此扶風治盜，稱為三輔中第一賢能。

　　至若黃霸履歷，已見前文。**在八十二回中。** 唯霸出任揚州刺史，察吏安民，三載考績，當然課最。有詔遷霸為潁川太守，特賜車中高蓋，以示旌異。霸至潁川，宣諭朝廷德惠，使郵亭鄉官，皆畜雞豚，贍養貧窮鰥寡。然後頒布規條，囑令鄉間父老，督率子弟，按章舉行。會有密事調查，因派一老成屬吏，前往訪察，毋得洩機。屬吏依言出發，途次易服微行，不敢食宿驛舍，遇著腹飢的時候，但在市中買得飯菜，就食野間。忽有一烏飛下，把他食肉攫去，吏不及搶奪，只好自認晦氣，食畢即行。待至事已查畢，回署覆命，霸一見便說道：「此行甚苦，烏鳥不情，攫去食肉，我已知汝委曲了！」吏聞言大驚，還疑霸遣人隨著，無事不知，看來是不能隱蔽，只好將調查案件，和盤說出，詳盡無遺。其實霸並未差人隨去，不過平日在署，任令吏民白事。有鄉民詣署陳情，霸問他途中所見，他即順口說烏鳥攫肉等事，當由霸記在心中，見吏回來，樂得藉端提及，使他不敢欺飾，才得真情。有時鰥寡孤獨，死無葬費，由鄉吏上書報明，

第八十四回
詢宮婢才識酬恩　擢循吏迭聞報績

霸即批發出去，謂有某所大木，可以為棺，某亭豬子，可以宰祭，鄉吏依令往取，果如霸言，益奉霸若神明。境內奸猾，聞風趨避，盜賊日少，獄訟漸稀。許縣有一縣丞，老年病聾，督郵**太守屬吏**。欲將他免官，向霸報告。霸獨與語道：「許丞乃是廉吏，雖是年老重聽，尚能拜起如儀，汝等正應從旁幫助，勿使賢吏向隅！」督郵只好退去。或問老朽無用，如何留住？霸答道：「縣中若屢易長吏，免不得送舊迎新，多需費用。且奸吏得從中舞弊，盜取財物。就使換一新吏，亦未必果能賢明。大約治道，唯去其太甚，何必多此紛更呢？」自是所有屬吏，各求寡過，霸亦不輕事變更，上下相安，公私交濟。**歷觀黃霸行誼，足稱小知，未堪大受，故後來為相，不若治郡之有名。**

適京兆尹趙廣漢，因私怨殺死邑人榮畜，為人所訐，事歸丞相、御史查辦。案尚未定，廣漢卻刺探丞相家事，陰謀抵制。可巧丞相府中有婢自殺，廣漢疑由丞相夫人威迫自盡，乃俟丞相魏相出祭宗廟時，特使中郎趙奉壽，往諷魏相，欲令相自知有過，未敢窮究榮畜冤情。偏魏相不肯聽從，案驗愈急。廣漢乃欲劾奏魏相，先去請教太史，只言近來星象，有無變動。太史答稱本年天文，應主戮死大臣。廣漢聞言大喜，總道應在丞相身上，便即放大了膽，上告魏相逼殺婢女，當下奉得復詔，令京兆尹查問。廣漢正好大出風頭，領著全班吏役，馳入相府。剛值魏相不在府中，門吏無法禁阻，只好由他使威。他卻入坐堂上，傳喚魏夫人聽審，魏夫人雖然驚心，不得已出來候質，廣漢仗著詔命，脅令魏夫人下跪，問她何故殺婢？魏夫人怎肯承認？極口辯駁，彼此爭執一番，究竟廣漢不便用刑，另召相府奴婢，挨次訊問，也無實供。廣漢恐魏相回來，多費唇舌，因即把奴婢十餘人，帶著回衙。魏夫人遭此屈辱，當然不甘，等到魏相回府，且泣且訴。魏相也容忍不住，立即繕成奏牘，呈遞進去。宣帝見魏相奏

中，略言臣妻未嘗殺婢，由婢有過自盡。廣漢自己犯法，不肯伏辜，反欲向臣脅迫，為自免計，應請陛下派員查明，剖分曲直云云。乃即將原書發交廷尉，令他徹底查清。廷尉於定國，查得相家婢女，實係負罪被逐，斥出外第，自致縊死，與廣漢所言不同。司直**官名**。蕭望之，遂劾奏廣漢摧辱大臣，意圖劫制，悖逆不道。**恐也是投阱下石**。宣帝方依重魏相，自然嫉恨廣漢，當即褫職治罪，再經廷尉複核，又得廣漢妄殺無辜，鞫獄失實等事，罪狀併發，應坐腰斬。廷尉依律復奏，由宣帝批准施行，眼見得廣漢弄巧成拙，引頸待誅。廣漢為涿郡人，歷任守尹，不畏強禦，豪猾斂蹤，人國樂業，所以罪名既定，京兆吏民，都伏闕號泣，籲請代死。宣帝意已決定，不肯收回成命，當將吏民驅散，飭把廣漢正法市曹。廣漢至此，也自悔晚節不終，但已是無及了！**一念縈私，禍至梟首**。

唯京兆一職，著名繁劇，自從廣漢死後，調入彭城太守接任，不到數月，便至溺職罷官。乃更將潁川太守黃霸，遷署京兆尹。霸原是一個好官，奉調蒞任，也嘗勤求民隱，小心辦公。誰知都中豪貴，從旁伺察，專務吹毛索瘢，接連糾劾，一是募民修治馳道，不先上聞；一是發騎士詣北軍，馬不敷坐；兩事俱應貶秩，還虧宣帝知霸廉惠，不忍奪職，乃使霸復回原任，改選他人補缺。僅一年間，調了好幾個官吏，終難勝任。後來選得膠東相張敞，入主京兆，才能稱職無慚，連任數年。

敞字子高，平陽人氏，徙居茂陵，由甘泉倉長遷補太僕丞。昌邑王賀嗣立時，濫用私人，敞切諫不從。至賀廢去後，諫牘尚存，為宣帝所覽及，特擢敞為大中大夫。嗣復出為山陽太守，著有循聲。山陽本昌邑舊封，昌邑王廢，國除為山陽郡，地本閒曠，並非難治。只因劉賀返居此地，宣帝尚恐他有變動，特令敞暗中監守，毋使狂縱。敞隨時留心，常遣丞吏行察。嗣又親往審視，見賀身長體瘠，病痿難行，著短衣，戴武冠，

第八十四回
詢宮婢才識酬恩　擢循吏迭聞報績

　　頭上插筆，手中持簡，蹣跚出來，邀敞坐談。敞用言探視，故意說道：「此地梟鳥甚多。」賀應聲道：「我前至長安，不聞梟聲，今回到此地，又常聽見梟聲了。」敞聽他隨口對答，毫無別意，就不復再問。但將賀妻妾子女，按籍點驗。輪到賀女持籌，賀忽然跪下，敞亟扶賀起，問為何因？賀答說道：「持籌生母，就是嚴長孫的女兒。」說完兩語，又無他言。嚴長孫就是嚴延年，前因劾奏霍光，得罪遁去。及霍氏族滅，宣帝憶起延年，復徵為河南太守。賀妻為延年女，名叫羅紨，他把妻族說明，想是恐敞抄沒子女，故請求從寬。敞並無此意，好言撫慰。至查驗已畢，共計賀妻妾十六人，子十一人，女十一人，此外奴婢財物，卻是寥寥無幾，並無什麼私蓄。料知賀是沉迷酒色，跡等癡狂，不必慮及意外情事。因即辭別回署，據實奏聞。

　　宣帝方以為賀不足憂，下詔封賀為海昏侯，食邑四千戶。海昏屬豫章郡，在昌邑東面，賀奉詔移居後，昏愚如故。侍中金安上奏白宣帝，斥賀荒廢無道，不宜使奉宗廟，宣帝乃但使賀得食租稅，不准預聞朝廷典禮。已而揚州刺史柯，又復奏稱賀有異志，與故太守卒吏孫萬世交通。萬世咎賀不殺大將軍，聽人奪去璽綬，實屬失策，且勸賀謀為豫章王。賀亦自悔前誤，意欲自立為王等情。宣帝雖將原奏發交有司，心中已知賀無材力，不能起事，所以有司復奏，請即逮捕，有詔謂不屑究治，只削奪賀邑三千戶。賀入不敷出，未免憂愁，往往駕舟浮江，至贛水口憤慨而還，後人稱為慨口。未幾賀即病死。豫章太守一面報喪，一面上言賀嘗暴亂，不當立後，宣帝因除國為縣。後來元帝嗣位，始封賀子代宗為海昏侯，即得傳了好幾世。小子有詩嘆道：

　　　　荒淫酒色太神昏，狂悖何能望久存。
　　　　多少廢王捐首去，得全腰領尚蒙恩。

賀未死時，張敞已經調任膠東，欲知敞在膠東時事，待至下回表明。

嘗讀《戰國策》文，見唐雎說信陵君云：「人有德於我，不可忘；我有德於人，不可不忘。」此實為對己對人之要旨。如丙吉之有功不伐，固施恩不望報者；宣帝因宮婢一言，即封吉為博陽侯，亦可謂以德報德，不愧為賢。人不可無天良，宣帝之無德不報，即天良之發現使然。此其所以為中興令主也。且其勵精圖治，迭用循吏，尤得撫字之方。若朱邑，若龔遂，若尹翁歸，若黃霸，若張敞，果皆以治績著名，天下多一良吏，即為國家保全數萬生靈，而推厥由來，則全賴有選用循良之人主，主德清明，循吏輩出，天下自無不治矣。閱此回，益信為政在人之說，亙古不易云。

第八十四回
詢宮婢才識酬恩　擢循吏迭聞報績

第八十五回
兩疏見機辭官歸里　三書迭奏罷兵屯田

　　卻說張敞久守山陽，境內無事，自覺閒暇得很。會聞渤海膠東，人民苦飢，流為盜賊。渤海已派龔遂出守，獨膠東尚無能員，盜風日熾。膠東為景帝子劉寄封土，傳至曾孫劉音，少不更事，音母王氏，專喜遊獵，政務益弛，敞遂上書闕廷，自請往治。宣帝乃遷敞為膠東相，賜金三十斤。敞入朝辭行，面奏宣帝，謂勸善懲惡，必需嚴定賞罰，語甚稱旨。因即辭赴膠東，一經到任，便懸示賞格，購緝盜賊。盜賊如自相捕斬，概免前愆，吏役捕盜有功，俱得升官，言出法隨，雷厲風行，果然盜賊屏息，吏民相安。**與龔遂治狀不同。**敞復諫止王太后遊獵，王太后卻也聽從，深居簡出，不復浪遊。為此種種政績，自然得達主知。

　　可巧京兆尹屢不稱職，遂由宣帝下詔，調敞為京兆尹。敞移住京兆，聞得境內偷盜甚多，為民所苦，就私行察訪，查出盜首數人，統是鮮衣美食，僕馬麗都，鄉民不知為盜首，反稱他是忠厚長者，經敞一一察覺，不動聲色，但遣人分頭召至，屏人與語，把他所犯各案，悉數提出，諸盜皆大驚失色。敞微笑道：「汝等無恐，若能改過自新，把諸竊賊盡行拿交，便可贖罪。」諸盜叩頭道：「願遵明令！不過今日蒙召到來，必為群竊所疑，計唯請明公恩許為吏，方可如約。」敞慨然允諾，悉令補充吏職。諸盜乃擬定一計，告知張敞，敞亦依議，遣令回家。**這番治盜又另是一番作用。**

第八十五回
兩疏見機辭官歸里　三書迭奏罷兵屯田

諸盜既得為吏，在家設宴，遍邀群竊入飲。群竊不知是計，一齊趨賀，列席飲酒，大眾喝得酩酊大醉，方才辭出。那知甫出門外，即被捕役拘住，好似順手牽羊一般，無一漏網。及詣府聽審，群竊還想抵賴，敞瞋目道：「汝等試看背後衣裾，各有記號，尚得抵賴麼？」群竊自顧背後，果皆染著赤色，不知何時被汙，於是皆惶恐伏罪，一一供認。敞按罪輕重，分別加罰，境內少去偷兒數百人，自然閭閻安枕，桴鼓稀鳴。此外治術，略仿趙廣漢成跡。唯廣漢一體從嚴，敞卻嚴中寓寬，因此輿情翕服，有口皆碑。

只是敞生性好動，不尚小節，往往走馬章臺，**長安市名**。輕衣綺扇，自在遊行。有時晨起無事，便為伊妻畫眉，都下傳為豔聞。盛稱張京兆眉嫵風流，豪貴又據為話柄，說他失了體統，列入彈章。**多事**。宣帝召敞入問，敞直答道：「閨房燕好，夫婦私情，比畫眉還要加甚，臣尚不止為婦畫眉呢！」**對答得妙**。宣帝也一笑而罷，敞亦退出。但為了這種瑣事，總覺他舉止輕浮，不應上列公卿，所以敞為京兆尹，差不多有八九年，浮沉宦署，終無遷調音信。敞亦得過且過，但求盡職罷了。

是時太子太傅疏廣與少傅疏受，誼關叔姪，並為太子師傅，時論稱榮。廣號仲翁，受字公子，家居蘭陵，並通經術，叔以博士進階，姪以賢良應選。當時太子奭，年尚幼弱，平恩侯許廣漢為太子外祖父，入請宣帝，擬使弟舜監護太子家事。宣帝聞言未決，召問疏廣，廣面奏道：「太子為國家儲君，關係甚重，陛下應慎擇師友，預為輔翼，不宜專親外家，況太子官屬已備，復使許舜參入監護，是反示天下以私，恐未足養成儲德呢！」宣帝應聲稱善，待廣退出，轉語丞相魏相，相亦服廣先見，自愧未逮。嗣是宣帝益器重疏廣，屢加賞賜。太子入宮朝謁，廣為前導，受為後隨，隨時教正，不使逾法。叔姪在位五年，太子奭年已十二，得通《論語》、《孝經》。廣喟然語受道：「我聞知足不辱，知止不殆，功成身退，

方合天道。今我與汝官至二千石，應該止足，此時不去，必有後悔，何若叔姪同歸故里，終享天年！」受即跪下叩首道：「願從尊命！」廣遂與受聯名上奏，因病乞假。宣帝給假三月，轉瞬期滿，兩人復自稱病篤，乞賜放歸。宣帝不得已准奏，加賜黃金二十斤。太子奭獨贈金五十斤，廣與受受金拜謝，整裝出都。盈廷公卿，並故人邑子，俱至東都門外，設宴餞行。兩疏連番受飲，謝別自去。道旁士女，見送行車馬，約數百輛，兩下裡囑咐珍重，備極殷勤，不禁代為嘆息道：「賢哉二大夫！」及廣受歸至蘭陵，具設酒食，邀集族黨親鄰，連日歡飲。甚至所賜黃金，費去不少，廣尚令賣金供饌，毫不吝惜。約莫過了年餘，子孫等見黃金將盡，未免焦灼，因私託族中父老，勸廣節省。廣太息道：「我豈真是老悖，不念子孫，但我家本有薄產，令子孫勤力耕作，已足自存，若添置產業，非但無益，轉恐有害，子孫若賢，多財亦足灰志；子孫不賢，反致驕奢淫佚，自召危亡。從來蘊利生孽，何苦留此餘金，貽禍子孫！況此金為皇上所賜，無非是惠養老臣，我既拜受回來，樂得與親朋聚飲，共被皇恩，為什麼無端慳吝呢？」**看得穿，說得透。**父老聽了，也覺得無詞可駁，只得轉告疏廣子孫。子孫無法勸阻，沒奈何勤苦謀生。廣與受竟將餘金用罄，先後考終。相傳二疏生時居宅，及歿後墳墓，俱在東海羅滕城。這也不必絮述。

且說二疏去後，衛將軍大司馬張安世，相繼病逝，賜諡曰敬。許、史、王三家子弟，俱因外戚得寵，更迭升官。諫大夫王吉，前曾與龔遂，並受髡刑，**見前文。**嗣由宣帝召入，令司諫職。吉因外戚擅權，將為後患，已有些含忍不住，並且宣帝政躬清暇，也欲仿行武帝故事，幸甘泉，郊泰時，轉赴河東祀后土祠，又聽信方士訛言，添置神廟，費用頗巨。吉乃繕書進諫，請宣帝明選求賢，毋用私戚，去奢尚儉，毋尚淫邪。語語切中時弊，偏宣帝目為迂闊，留中不報。吉即謝病告歸，退居琅琊故里。吉少時

第八十五回
兩疏見機辭官歸里　三書迭奏罷兵屯田

常遊長安，僦屋居住，東鄰有大棗樹，枝葉紛披，垂入吉家。吉妻趁便摘棗，進供吉食，吉還道是購諸市中，隨手取啖。後知是妻室竊取得來，不禁怒起，竟與離婚，將妻攆回。東鄰主人聞得王吉休妻，只為了區區棗兒，惹出這般禍祟，便欲將棗樹砍去，免得傷情。嗣經里人出為排解，勸吉召還妻室，東鄰亦不必砍樹，吉始允從眾議，仍得夫婦完聚。里人因此作歌道：「東家有樹，王陽婦去；東家棗完，去婦復還！」原來吉字子陽，故里人稱為王陽。吉又與同郡人貢禹為友，當吉為諫大夫時，禹亦出任河南令。時人又稱誦道：「王陽在位，貢禹彈冠。」至吉乞休歸里，禹亦謝歸，出處從同，心心相印，真個是好朋友了。**不略名人遺事。**

　　唯宣帝不從吉議，依然迷信鬼神。適益州刺史王襄，舉薦蜀人王褒，說他才具優長，宣帝當即召見，令作〈聖主得賢臣頌〉。褒應命立就，詞華富贍，獨篇末有雍容垂拱，永永萬年，不必眇然絕俗等語。宣帝尚未以為然，但既經召至，暫令待詔金馬門。褒有心干進，變計迎合，續制離宮別館諸歌頌，鋪張揚厲，方博宣帝歡心，擢褒為諫大夫。可巧方士上言，益州有金馬碧雞二寶，為神所司，可以求致。宣帝因問諸王褒，褒含糊對答，未曾詳言。當由宣帝飭人致祭，褒亦樂得奉詔，正好衣錦還鄉。其實金馬碧雞，乃是兩山名號，不過一山似馬，一山似雞，因形留名，並非國寶。唯山上頗多神祠，褒應詔致祭，逐祠拜禱，有什麼金馬出現，碧雞飛翔？褒卻在途中冒了暑氣，竟致一命嗚呼，無從覆命。**想是得罪山神，故令病死。**益州刺史代為報聞，宣帝很加悼惜。只因求寶未獲，反致詞臣道斃，也漸悟是方士謊言。又經京兆尹張敞，奏入一本，極稱方士狡詐，不應親信，宣帝乃遣散方士，不復迷信鬼神了。**還算聰明。**

　　忽由西方傳入警報，乃是先零羌酋楊玉，糾眾叛漢，擊逐漢官義渠安國，入寇西陲。羌人為三苗遺裔，種類甚多，出沒湟水附近，附屬匈奴。

就中要算先零、罕开二部，最為繁盛。自武帝開拓河西四郡，截斷匈奴右臂，不使胡羌交通，並將諸羌驅逐出境，不准再居湟中。及宣帝即位，特派光祿大夫義渠安國，巡視諸羌。安國複姓義渠，也是羌種，因祖父入為漢臣，乃得承襲餘蔭。先零土豪，聞知安國西來，遣使乞求，願漢廷恩准弛禁，令得渡過湟水，游牧荒地。安國竟代為奏聞，後將軍趙充國，籍隸隴西，向知羌人狡詐，一聞此信，當即劾奏安國，奉使不敬，引寇生心。於是宣帝嚴旨駁斥，召還安國，拒絕羌人。先零不肯罷休，聯結諸羌，准備入寇，且繞道通使匈奴，求為援助。趙充國探得祕謀，趁著宣帝召問時候，便謂秋高馬肥，羌必為變，宜派妥員出閱邊兵，預先戒備，並曉諭諸羌，毋墮先零詭謀。宣帝乃命丞相、御史，擇人為使。丞相魏相，擬仍資熟手，再令義渠安國前往，有詔依議，復使安國西行。**一誤何可再誤？** 安國馳至羌中，召集先零土豪三十餘人，責他居心叵測，一體處斬。復調邊兵，殘戮羌首，約得千餘級。先零酋楊玉，本已受漢封為歸義侯，至此見安國無端殘殺，也不禁怒氣上衝，再加部眾從旁激迫，忍無可忍，即日麾眾出發，來擊安國。安國方在浩亹，手下兵不過三千，突被羌人殺入，一時招抵不上，拍馬便奔。羌人乘勢追擊，奪去許多輜重兵械，安國也不遑顧及，只是逃命要緊，一口氣跑至令居，閉城拒守，當即飛章入報，亟請援師。**但知縱火，不能收火。**

宣帝聞信，默思朝中諸將，只有趙充國最識羌情，可惜他年逾七十，未便臨敵，乃特使御史大夫丙吉，往問充國，何人可督兵西征？充國慨然答道：「欲徵西羌，今日當無過老臣！」**可謂老當益壯。** 丙吉返報宣帝，宣帝又遣人問道：「將軍今日出征，應用多少人馬？」充國道：「百聞不如一見，今臣尚在都中，無從遙決，臣願馳至金城，熟窺虜勢，然後報聞。但羌戎小夷，逆天背叛，不久必亡，陛下誠委任老臣，臣自有方略，儘可

第八十五回
兩疏見機辭官歸里　三書迭奏罷兵屯田

勿憂！」這數語傳達宣帝，宣帝含笑應諾。充國即拜命起行，直抵金城，調集兵馬萬騎，指令渡河。又恐為虜騎所遮，待至夜半，先遣三營人馬，銜枚潛渡，立定營寨，再由充國率師復渡。到了天明，已得全軍過河，遙見虜騎數百，前來挑戰。諸將請開營接仗，充國道：「我軍遠來疲倦，不可輕動，況虜騎並皆輕銳，明明是誘我出營。我聞擊虜以殄滅為期，小利切不可貪，當圖大功！」說罷，遂下令軍中，毋得出擊，違令者斬。軍士奉令維謹，自然堅守勿出。充國即密遣偵騎，探得前面四望峽中，並無守虜，乃復靜候天晚，潛師夜進。逾四望峽，徑抵落都山，方命下寨，欣然語諸將道：「我料羌虜已無能為，若使先遣數千人馬，守住四望峽中，我軍寧能飛渡呢？」未幾又拔寨西行，進至西部都尉府，作為行轅，安然住著。每日宴饗將士，但令靜守，不准妄動。羌人連番搦戰，始終不出一兵，直伺羌眾退去，才遣輕騎追躡，捕得生口數名，溫顏慰問。聽他答說，已知羌人互相埋怨，求戰不得，各生貳心，乃即縱使歸去，仍然按兵不發，坐待乖離。

　　從前先零、罕开，本為仇敵，先零意欲叛漢，始遣人與罕开講和。罕开酋長靡當兒，疑信參半，特使弟雕靡來見西部都尉，說是先零將反，都尉暫留雕靡，派人偵察，才閱數日，果得先零反狀。又聞雕靡部下，亦有通同先零，與謀叛事，遂把雕靡拘住，不肯放歸。充國將計就計，索性放出雕靡，當面撫慰道：「汝本無罪，我可放汝回去，但汝須傳告各部，速與叛人斷絕關係，免致滅亡。現今天子有詔，令汝羌人自誅叛黨，誅一大豪，得賞錢四十萬，誅一中豪，得賞錢十五萬，誅一小豪，得賞錢二萬，就是誅一壯丁，亦賞錢三千，誅一女子或老幼，每人賞千錢，且將所捕妻子財物，悉數給與。此機一失，後悔難追，汝宜謹記此詔，宣告毋違！」雕靡唯唯受命，歡躍而去。

會有詔使到來，報稱天子大發兵馬，得六萬人，出屯邊疆，作為聲援。又由酒泉太守辛武賢奏請，願分兵出擊罕开。充國與諸將會議道：「武賢遠道出征，勞師費餉，如何取勝？況先零叛漢，罕开雖與通和，並未明言助逆，現宜暫舍罕开，獨對先零。先零一破，罕开自不戰可服了！」諸將也以為然，遂即送回詔使，上陳計議，宣帝得書，又令公卿集議，群臣俱謂須先破罕开，然後先零勢孤，容易蕩平。宣帝乃命樂成侯許延壽為強弩將軍，辛武賢為破羌將軍，合討罕开。且責充國逗留勿進，飭令從速進兵，遙為援應。充國又上書極陳利害，略言先零為寇，罕开未嘗入犯，今釋有罪，討無辜，起一難，就兩害，實為非計。且先零欲叛，故與罕开結好，今若先擊罕开，先零必發兵往助，交堅黨合，不易蕩平，故臣以為必先平先零，始可收服罕开。宣帝見了此奏，方才省悟，乃報從充國計議。

　　充國因引兵至先零，先零已經懈弛，總道充國但守勿戰，不意漢兵遽至，統皆駭走。充國雖率兵追逐，卻是徐徐進行，並不急趕。部將請諸充國，願從急進。充國道：「這是窮寇，不宜過迫，我若急進，彼無處逃生，必然拚死返鬥，反致不妙。」諸將始無異言。及追至湟水岸旁，先零兵各自奔命，紛紛南渡。船少人多，半被擠溺，再加充國從後趕至，益覺心慌。越慌越慢，越慢越僵，好幾百人，做了刀頭鬼。還有馬牛羊十萬餘頭，車四千餘輛，不能急渡，盡被漢兵奪來。**懲創先零，已經夠了。**充國已經得勝，卻不令兵士休息，反促令大眾，馳入罕开境內，只准耀武，不准侵掠。罕开聞知，相率喜語道：「漢兵果不來擊我了！」**正墮老將計中。**渠帥靡忘，守住罕开邊疆，遣人至充國軍，願聽約束。充國飛書馳奏，道遠未得復詔，那靡忘復自詣軍前，來議和約。充國推誠相待，賜給酒食，囑他還諭部落，毋結先零，自取滅亡。靡忘頓首謝罪，情願遵囑。充國便欲遣歸，將佐等齊聲諫阻，統說是未奉朝旨，不宜輕縱。充國道：「諸君

第八十五回
兩疏見機辭官歸里　三書迭奏罷兵屯田

但貪小利，不顧公忠，我且與諸君道來。」說到此句，詔書已至，准令靡忘悔罪投誠。充國不必再與將校絮談，當即將靡忘放還。不到數日，便得罕开酋長謝過書，全部效順。充國喜如所望，移軍再討先零。適值秋風肅殺，充國冒寒得病，腳腫下痢，雖仍籌畫軍情，不得不報知宣帝。有詔令破羌將軍辛武賢為副，約期冬季進兵。

偏先零羌陸續來降，先後共萬餘人，充國乃複變計主撫，督兵屯田，靜待寇敝，因上屯田奏議，請罷騎兵，但留步兵萬餘人，分屯要害，且耕且守。這奏牘呈入闕廷，朝臣多半反對，說他迂遠難成，宣帝因復詔道：「如將軍計，虜何時得滅？兵何時得解？可即復奏！」充國乃再條陳利病道：

臣聞帝王之兵，以全取勝，是以貴謀而賤戰。蠻夷習俗雖殊，然其欲避害就利，愛親戚，畏死亡，一也。今虜失其美地薦草，**薦草謂稠草。**骨肉離心，人有叛志，而明主班師罷兵，但留萬人屯田。順天時，因地利，以待可勝之虜，雖未即伏辜，決可期月收效。臣謹將不出兵與留田便宜十二事，逐條上陳。步兵九校，吏士萬人，因田致穀，威德並行，一也。排折羌虜，令不得居肥饒之地，勢窮眾渙，必至瓦解，二也。居民得共田作，不失農業，三也。軍馬一月之費，可支田卒一歲，罷騎兵以省大費，四也。至春省甲士卒，循河湟漕穀至臨羌，示羌威武，五也。以閒暇時繕治郵亭，充入金城，六也。兵出，乘危儌倖；不出，令反叛之虜，竄於風寒之地，離霜露疾疫瘃墮之患，坐得必勝之道，七也。無徑阻遠追死傷之害，八也。內不損威武之重，外不令虜得乘間之勢，九也。又無驚動河南大开小开，**皆羌種。**使生他變之憂，十也。治隍陿中道橋，令可至鮮水以制西域，信威千里，從枕席上過師，十一也。大費既省，繇役豫息，以戒不虞，十二也。留屯田得十二便，出兵失十二利，唯明詔採擇！

是書奏入，宣帝又復報充國，問他期月期限，究在何時。且羌人若聞朝廷罷兵，乘虛進襲，屯田兵能否抵禦？必須妥行部署，方可定奪。充國又奏稱先零精兵，不過七八千人，分散飢凍，滅亡在即。待至來春虜馬瘦弱，更不敢率眾寇邊，就使稍有侵掠，亦不足慮。現在北有匈奴，西有烏桓，俱未平服，不能不備。若顧此失彼，兩處無成，於臣不忠，於國無福，請陛下明見賜決，勿誤浮言！這已是第三次奏請罷兵屯田。宣帝每得一奏，必詢諸眾議，第一次贊成充國，十人中不過二三；第二次便有一半贊成了；第三次的贊成，十中得八。宣帝因詰責從前反對的朝臣。群臣無詞可說，只得叩頭服罪。丞相魏相跪奏道：「臣愚昧不習兵事，後將軍規劃有方，定可成功，臣敢為陛下預賀！」**也是個順風敲鑼。**宣帝始決依充國計策，詔令罷兵屯田。小子有詩讚充國道：

尚力何如且尚謀，平羌全仗幄中籌。
屯田半載收功速，元老果然克壯猷。

　　屯田策定，偏尚有人主張進攻。欲知是人為誰，待至下回再表。

　　兩疏請老，後人或稱之，或譏之。稱之者曰：兩疏為太子師傅，默窺太子庸懦，不堪教導，故有不去必悔之言，見幾而作，得明哲保身之道焉。譏之者曰：太子年甫十二，正當養正之時，兩疏既受師傅重任，應合力提攜，弼成君德，方可卸職告歸，奈何以後悔為懼，遽爾捨去。是二說者，各有理由，未可偏非。但君子難進易退，與其素餐受謗，毋寧解組歸田，何必依依戀棧，如蕭望之之終遭陷害乎？若趙充國之控御諸羌，能戰能守，好整以暇，及請罷兵屯田，尤為國家根本之計，老成勝算，非魏相等所可幾及，而宣帝卒專心委任，俾得成功。有是臣不可無是君，充國其亦幸際明良哉！

第八十五回

兩疏見機辭官歸里　三書迭奏罷兵屯田

第八十六回
逞淫謀番婦構釁　識子禍嚴母知幾

　　卻說宣帝復報趙充國，准他罷兵屯田，偏有人出來梗議，仍主進擊。看官道是何人？原來就是強弩將軍許廣漢，與破羌將軍辛武賢。宣帝不忍拂議，雙方並用，遂令兩將軍引兵出擊，與中郎將趙卬會師齊進。卬即充國長子，既奉上命，不得不從，於是三路並發。許廣漢降獲羌人四千餘名，辛武賢斬殺羌人二千餘級，卬亦或殺或降，約得二千餘人。獨充國並不進兵，羌人自願投降，卻有五千餘名。充國因復進奏，略稱先零羌有四萬人，現已大半投誠，再加戰陣死亡，不下萬餘，所遺止四千人，羌帥靡忘，致書前來，情願往取楊玉，不必勞我三軍，請陛下召回各路兵馬，免致暴露云云。宣帝乃令許廣漢等不必進兵。好容易已過殘冬，就是宣帝在位第十年間，宣帝已經改元三次，第五年改號元康，第九年復改號神爵。充國西征，事在神爵元年。至神爵二年五月，充國料知羌人垂盡，不久必滅，索性請將屯兵撤回，奉詔依議，充國遂振旅而還。有充國故人浩星賜，由長安出迎充國，乘間進言道：「朝上大臣，統說由強弩、破羌二將，出擊諸羌，斬獲甚多，羌乃敗亡。唯二三識者，早知羌人勢窮，不戰可服，今將軍班師入覲，應歸功二將，自示謙和，才不至無端遭忌呢！」**論調與王生相同。**充國嘆息道：「我年逾七十，爵位已極，何必再要誇功。唯用兵乃國家大事，應該示法後世，老臣何惜餘生，不為主上明言利害！

第八十六回
逞淫謀番婦構釁　識子禍嚴母知幾

且我若猝死，更有何人再為奏聞！區區微忱，但求無負國家，此外亦不暇顧及了！」**情勢原與龔遂有別。**遂不從浩星賜言，詣闕自陳，直言無隱。時強弩將軍許廣漢，已經旋師，只辛武賢貪功未歸，由宣帝依充國言，飭令武賢還守酒泉，且命充國仍為後將軍。

是年秋季，果然先零酋長楊玉，為下所戕，獻首入關，餘眾四千餘人，由羌人若零弟澤等，分挈歸漢。宣帝封若零弟澤為王，特在金城地方，創立破羌、允衔二縣，安置降羌，並設護羌校尉一職，擬選辛武賢季弟辛湯，前往就任。充國方抱病在家，得知此事，力疾入奏，謂辛湯嗜酒，未可使主蠻夷，不如改用湯兄臨眾，較為得當。宣帝乃使臨眾為護羌校尉。既而臨眾因病免歸，朝臣復舉辛湯繼任，湯使酒任性，屢侮羌人，果致羌人攜貳，如充國言。**事見後文。**

唯辛武賢不得重賞，仍還原任，滿腔鬱憤，欲向充國身上發洩，只苦無計可施。猛然記得趙卬晤談，曾云前車騎將軍張安世，虧得乃父密為保舉，始得重任，這事本無人知曉，正好把卬彈劾，說他洩漏機關，復添入幾句讒言，拜本上聞。宣帝得奏，竟將趙卬禁止入宮。**英主好猜，適中武賢狡計。**卬少年負氣，忿忿的跑入乃父營內，欲去稟白。情急惹禍，致違營中軍律，又被有司劾奏，被逮下獄。卬越加慚憤，拔劍刎頸，斷送餘生。**真是一個急性子。**充國聞卬柱死，未免心酸，當即上書告老，得蒙批准，受賜安車駟馬，及黃金六十斤，免官就第；後至甘露二年，病劇身亡。充國生前，已得封營平侯，至是加諡為壯，爵予世襲，也不枉一生勞勳了。**急流勇退，還算充國知幾，才得考終。**

自從充國征服西羌，匈奴亦聞風生畏，未敢犯邊。又值壺衍鞮單于病死，傳弟虛閭權渠單于，國中亂起，勢且分崩。胡俗素無禮義，父死可妻後母，兄死可妻長嫂，成為習慣，數見不鮮。壺衍鞮單于的妻室，係是顓

渠閼氏，年已半老，猶有淫心，她想夫弟嗣立，自己不妨再醮，仍好做個現成閼氏。那知虛閭權渠，不悅顓渠，別立右大將女為大閼氏，竟將顓渠疏斥。顓渠不得如願，當然怨望，適右賢王屠耆堂入謁新主，為顓渠所窺見。狀貌雄偉，正中私懷，當下設法勾引，將屠耆堂誘入帳中，縱體求歡。屠耆堂不忍卻情，就與她顛倒衣裳，演成一番祕戲圖。嗣是朝出暮入，視同伉儷。可惜屠耆堂不能久住，綢繆了一兩旬，不能不辭歸原鎮，顓渠勢難強留，只好含淚與別。過了多日，才得重會，歡娛數夕，又要分離，累得顓渠連年悲感，有口難言。至宣帝神爵二年，虛閭權渠單于在位已有好幾年了，向例在五月間，匈奴主須大會龍城，禱祀天地鬼神。屠耆堂當然來會，順便與顓渠續歡。及會期已過，祭祀俱了，屠耆堂又要別去，顓渠私下與語道：「今日單于有病，汝且緩歸；倘得機緣，汝便可乘此繼位了！」屠耆堂甚喜。又耽擱了數天，湊巧單于病日重一日，就與顓渠私下密謀，暗暗布置。顓渠弟都隆奇，方為左大且渠，**匈奴官名。**由顓渠囑令預備，伺隙即發。也是屠耆堂運氣亨通，竟得虛閭權渠死耗，當下召入都隆奇，擁立屠耆堂，殺逐前單于弟子近親，別用私黨。都隆奇執政，屠耆堂自號為握衍朐鞮單于，顓渠閼氏，竟名正言順，做了握衍朐鞮的正室了。**僥倖僥倖！**

唯日逐王先賢撣，居守匈奴西陲，素與握衍朐鞮有隙，當然不服彼命，遂遣使至渠犁，通款漢將鄭吉，乞即內附。吉遂發西域兵五萬人，往迎日逐王，送致京師。宣帝封日逐王為歸德侯，留居長安。一面令鄭吉為西域都護，准立幕府，駐節烏壘城，鎮撫西域三十六國，西域始完全歸漢，與匈奴斷絕往來。匈奴單于握衍朐鞮，聞得日逐王降漢，不禁大怒，立把日逐王兩弟，拿下斬首。日逐王姊夫烏禪幕上書乞赦，毫不見從，再加虛閭權渠子稽侯狦，係烏禪幕女夫，不得嗣位，奔依婦翁，烏禪幕遂與

第八十六回
逞淫謀番婦構釁　識子禍嚴母知幾

　　左地貴人，擁立稽侯㹪，號為呼韓邪單于，引兵攻握衍朐鞮。握衍朐鞮淫暴無道，為眾所怨，一聞新單于到來，統皆潰走，弄得握衍朐鞮窮蹙失援，倉皇竄死。**顓渠閼氏未聞下落，不知隨何人去了？**都隆奇走投右賢王，呼韓邪得入故庭，收降散眾，令兄呼屠吾斯為左谷蠡王，使人告右地貴人，教他殺死右賢王。右賢王係握衍朐鞮弟，已與都隆奇商定，別立日逐王薄胥堂為屠耆單于，發兵數萬，東襲呼韓邪單于。呼韓邪單于拒戰敗績，挈眾東奔，屠耆單于據住王庭，使前日逐王先賢撣兄右奧鞬王，與烏籍都尉，分屯東方，防備呼韓邪單于。會值西方呼揭王，來見屠耆，與屠耆左右唯犁當戶，讒構右賢王。屠耆不問真偽，竟把右賢王召入，把他處死。右地貴人，相率抗命，共訟右賢王冤情。屠耆也覺追悔，復誅唯犁當戶。呼揭王恐遭連坐，便即叛去，自立為呼揭單于，右奧鞬王也自立為車犁單于，烏籍都尉復自立為烏籍單于。匈奴一國中，共有單于五人，四分五裂，還有何幸！**同族相爭，勢必至此。**

　　時為漢宣帝五鳳元年，相傳為鳳凰五至，因於神爵五年，改元五鳳。漢廷大臣，聞知匈奴內亂，競請宣帝發兵北討，滅寇復仇。獨御史大夫蕭望之進議道：「春秋時晉士匄侵齊，聞喪即還，君子因他不伐人喪，稱誦至今。前單于慕化向善，曾乞和親，不幸為賊臣所殺，今我朝若出兵加討，豈不是乘亂幸災麼？不如遣使弔問，救患恤災，夷狄也有人心，必且感德遠來，自願臣服。這也是懷柔遠人的美政哩！」宣帝素重望之，因即依議。原來望之表字長倩，系出蘭陵，少事經師後蒼，學習齊詩。後復向夏侯勝問業，博通書禮，當由射策得官，遷為諫大夫。已而出任牧守，調署左馮翊，累有清名，乃召入為大鴻臚。可巧丞相魏相，因病去世，御史大夫丙吉，嗣為丞相，望之進為御史大夫。宣帝因望之湛深經術，格外敬禮，所以言聽計從。當下遣使慰問匈奴，偏匈奴內訌益甚，累得漢使無從

致命，或至中道折回。那屠耆單于，用都隆奇為將，擊敗車犁、烏籍兩單于，兩單于並投呼揭。呼揭願推戴車犁單于，自與烏籍同去單于名號，合拒屠耆單于。屠耆單于率兵四萬騎，親擊車犁，車犁單于又敗。屠耆方乘勝追逐，不料呼韓邪單于乘虛進擊屠耆境內。屠耆慌忙返救，被呼韓邪邀擊一陣，殺得大敗虧輸，惶急自刎。都隆奇挈著屠耆少子姑瞀樓頭，遁入漢關。呼韓邪單于乘勝收降車犁單于，幾得統一匈奴。偏屠耆單于從弟休旬王，收拾餘燼，自立為閏振單于，就是呼韓邪兄左谷蠡王呼屠吾斯，亦自立為郅支骨都侯單于，出兵攻殺閏振，轉擊呼韓邪。呼韓邪連年戰爭，部下已大半死亡，又與郅支接仗數次，雖得力卻郅支，精銳殺傷殆盡。乃從左伊秩訾王計議，引眾南下，向漢請朝，並遣子右賢王銖鏤渠堂入質，求漢援助，再擊郅支，郅支也恐漢助呼韓邪，使子右大將駒於利受，入侍漢廷，請勿援呼韓邪。**可謂為淵驅魚。**

　　時已為宣帝甘露元年了，宣帝至五鳳五年，又改元甘露，大約因甘露下降，方有此舉。自從神爵元年為始，到了甘露元年，中經八載，漢廷內外，卻沒有什麼變端，不過殺死蓋、韓、嚴、楊四人，未免刑罰失當。就中只有河南太守嚴延年，還是殘酷不仁，咎由自取，若司隸校尉蓋寬饒，左馮翊韓延壽，故平通侯楊惲，並無死罪，乃先後被誅，豈非失刑？蓋寬饒字次公，係魏郡人，剛直公清，往往犯顏敢諫，不避權貴。宣帝方好用刑法，又引入宦官弘恭、石顯，令典中書。寬饒即上呈封事，內稱聖道寖微，儒術不行，以刑餘為周、召，以法律為詩書。又引韓氏易傳云：五帝官天下，三王家天下，家以傳子，官以傳賢，譬如四時嬗運，功成當去等語。宣帝方主張專制，利及後嗣，怎能瞧得上這種奏章？一經覽著，當然大怒，便將原奏發下，令有司議罪。執金吾承旨糾彈，說他意欲禪位，大逆不道，唯諫大夫鄭昌，謂寬饒直道而行，多仇少與，還乞原心略跡，曲

第八十六回
逞淫謀番婦構釁　識子禍嚴母知幾

示矜全。宣帝那裡肯從，竟飭拿寬饒下獄。寬饒不肯受辱，才到闕下，即拔出佩刀，揮頸自刎。

　　第二個便是韓延壽。延壽字長公，由燕地徙居杜陵，歷任穎川東海諸郡太守，教民禮義，待下寬弘。至左馮翊蕭望之升任御史大夫，乃將延壽調任左馮翊。延壽出巡屬邑，遇有兄弟訟田，各執一詞，延壽不加批駁，但向兩造面諭道：「我為郡長，不能宣明教化，反使汝兄弟骨肉相爭，我當任咎！」說至此不禁淚下，兩造亦因此慚悔，自願推讓，不敢復爭。**漢民尚有古風，所以聞言知讓**。延壽就任三年，郡中翕然，圄圉空虛，聲譽比蕭望之尤盛，望之未免加忌。適有望之屬吏，至東郡調查案件，復稱延壽在東郡任內，曾虛耗官錢千餘萬，望之即依言劾奏。事為延壽所聞，也將望之為馮翊時虧空廩犧官錢百餘萬，**廩司藏穀，犧司養牲**。作為抵制。且移文殿門，禁止望之入宮。望之當即進奏，說是延壽要挾無狀，乞為申理。宣帝方信任望之，當然不直延壽，雖嘗派官查辦，終因在下希承風旨，只言望之被誣，延壽有罪，甚且查出延壽校閱騎士，車服僭制，驕佚不法等情，**無非援上陵下**。宣帝竟將延壽處死，令至渭城受刑，吏民泣送，充塞途中。延壽有子三人，並為郎吏，統至法場活祭乃父。延壽囑咐道：「汝曹當以我為戒，此後切勿為官！」三子泣遵父命，待父就戮後，買棺殮葬，辭職偕歸。

　　延壽已死，未幾便枉殺楊惲。惲係前丞相楊敞子，曾預告霍氏逆謀，得封平通侯，受官光祿勳。生平疏財仗義，廉潔無私，只有一種壞處，專喜道人過失，不肯含容。嘗與太僕戴長樂有嫌，長樂竟劾惲誹謗不道，宣帝因免惲為庶人。惲失位家居，以財自娛，適有友人孫會宗與書，勸他閉門思過，不宜置產業，通賓客。那知惲覆書不遜，竟把平時孤憤，借書發揮，惹得會宗因好成怨，積下私仇。會值五鳳四年，孟夏日食，忽有匈馬

吏告惲不法，未肯悔過，日食告變，咎在此人。**欲加之罪，何患無辭？**宣帝得書，便命廷尉查辦，當由孫會宗把惲覆函，呈示廷尉，廷尉又轉奏宣帝，宣帝見他語多怨望，遂說惲大逆不道，批令腰斬。惲因言取禍，坐致殺身，倒也罷了，還要把他全家眷屬，充戍酒泉。又將惲在朝親友，悉數免官。京兆尹張敞，亦被株連，尚未免職。敞使屬掾絮舜，查訊要件，絮舜竟不去幹事，但在家中安居，且語家人道：「五日京兆，還想辦什麼案情？」不意有人傳將出去，為敞所聞。敞竟召入絮舜，責他玩法誤公，喝令斬首。舜尚要呼冤，敞拍案道：「汝道我五日京兆麼？我且殺汝再說。」舜始悔出言不謹，無可求免，沒奈何伸頸就刑。當有絮舜家人詣闕鳴冤。宣帝以敞既坐惲黨，復敢濫殺屬吏，情殊可恨，立奪敞官，免為庶人。敞繳還印綬，懼罪亡去。已而京兆不安，吏民懈弛，冀州復有大盜，乃由宣帝特旨，再召敞為冀州刺史。盜賊知敞利害，待敞蒞任，各避往他處去了。

　　看官閱過上文三案，應知蓋、韓、楊三人的冤情。唯嚴延年自被劾去官，逃回故里，**見八十一回**。後來遇赦復出，連任涿郡、河南太守，抑強扶弱，專喜將地方土豪，羅織成罪，一體誅鋤。河南吏民，尤為畏憚，號曰屠伯。延年本東海人氏，家有老母，由延年遣使往迎。甫至洛陽，見道旁囚犯累累，解往河南處決，嚴母不禁大驚。行至都亭，即命停住，不肯入府。延年待久不至，自赴都亭謁母，母閉門拒絕。驚得延年莫名其妙，想必自己有過，不得已長跪門外，請母明示。好多時才見開門，起入行禮，但聽母怒聲呵責道：「汝幸得備位郡守，管轄地方千里，不聞仁愛，專尚刑威，難道為民父母，好這般殘酷麼？」延年聽著，方知母意，連忙叩首謝罪，且請母登車至府，親為御車。至府署中，過了臘節，一經改歲，便欲還家。延年再三挽留，母憤然道：「汝可知人命關天，不容妄殺，今乃濫

第八十六回
逞淫謀番婦構釁　識子禍嚴母知幾

　　刑若此，天道神明，豈肯容汝！我不意到了老年，尚見壯子受誅，我今去了，為汝掃除墓地罷了！」說畢驅車自去。**婦人中有此先見，卻是罕聞。**

　　延年送母出城，返至府舍，自思母太過慮，仍然不肯從寬。那知過了年餘，便遇禍殃。當時黃霸為潁川太守，與延年毗鄰治民。延年素輕視黃霸，偏霸名高出延年，潁川境內，年穀屢豐，霸且奏稱鳳凰戾止，得邀褒賞。延年心愈不服，適河南界發現蝗蟲，由府丞狐義出巡，回報延年。延年問潁川曾否有蝗？義答言無有，延年笑道：「莫非被鳳凰食盡麼？」義又述及司農中丞耿壽昌，常作平倉法，穀賤時增價糴入，穀貴時減價糶出，甚是便民。延年又笑道：「丞相御史，不知出此，何勿避位讓賢，壽昌雖欲利民，也不應擅作新法。」狐義連碰了兩個釘子，默然退出，暗思延年脾氣乖張，將來不免遇害，我已年老，何堪遭戮，想到此處，就筮易決疑，又得了一個凶兆。看來是死多活少，不如入都告發，死且留名；於是悒悒登程，直至長安，劾奏延年十大罪惡，把封章呈遞進去，便服毒自盡。宣帝將原奏發下御史丞，查得狐義自殺確情，當即報聞。再派官至河南察訪，覺得狐義所奏，並非虛誣。結果是依案定罪，讞成了一個怨望誹謗的罪名，誅死延年。嚴母從前歸里，轉告族人，謂延年不久必死，族人尚似信非信，至此始知嚴母先見。嚴母有子五人，皆列高官，延年居長，次子彭祖，官至太子太傅，秩皆二千石，東海號嚴母為萬石嚴嫗。小子有詩讚嚴母道：

　　一門萬石並稱榮，令子都從賢母生。
　　若使長男終率教，渭城何至獨捐生！

　　延年死後，黃霸且得進任御史大夫。欲知霸如何升官，容至下回說明。

女蠱之害人甚矣哉！不特亂家，並且亂國，古今中外一也。觀顓渠閼氏之私通屠耆堂，即致國內分崩，有五單于爭立之禍，而雄踞北方之匈奴，自此衰矣。夫以邁跡自身之漢高，雄才大略之漢武，累次北征，終不能屈服匈奴，乃十萬師摧之而不足，一婦人亂之而有餘，何其酷歟！若夫嚴母之智慧料子，雖不足逭延年之誅，要未始非女中豪傑。且第一延年之殺身，而其餘四子，俱得高官，未聞波及，較諸蓋、韓、楊三家，榮悴不同，亦安知非嚴母之教子有方，失於一子而得於四子耶！然後知敗家者婦人，保家者亦婦人，莫謂哲婦皆傾城也。

第八十六回
逞淫謀番婦構孽　識子禍嚴母知幾

第八十七回
傑閣圖形名標麟史　錦車出使功讓蛾眉

　　卻說御史大夫一缺，本是蕭望之就任。望之自恃才高，常戲謾丞相丙吉，吉已年老，不願與較。望之心尚未足，又奏稱民窮多盜，咎在三公失職，語意是隱斥丙吉。宣帝始知望之忌刻，特使侍中金安上詰問，望之免冠對答，語多支吾。丞相司直繇延壽，**繇音婆。**素來不直望之，乘隙舉發望之私事，望之乃降官太子太傅。黃霸得應召入京，代為御史大夫。才閱一年，丞相博陽侯丙吉，老病纏綿，竟致不起。吉尚寬大，好禮讓，隱惡揚善，待下有恩。常出遇人民械鬥，並不過問，獨見一牛喘息，卻使人問明牛行幾里。或譏吉舍大問小，吉答說道：「民鬥須京兆尹諭禁，不關宰相。若牛喘必因天熱，今時方春和，牛非遠行，何故喘息？三公當燮理陰陽，不可不察。」旁人聽了，都說他能持大體。**我意未然。**

　　及丙吉既歿，霸代為丞相，相道與郡守不同。霸治郡原有政聲，卻非相才，所以一切措施，不及魏丙。一日見有鶡雀飛集相府，**鶡音芬，或作鴢。**雀形似雉，出西羌中，霸生平罕見，疑為神雀，遽欲上書稱瑞。後來聞知由張敞家飛來，方才罷議。但已被大眾得知，作為笑談。**從前所稱鳳凰戾止，想亦如是。**既而霸復薦舉侍中史高，可為太尉，又遭宣帝駁斥，略言太尉一官，罷廢已久，史高係帷幄近臣，朕所深知，何勞丞相薦舉等

第八十七回
傑閣圖形名標麟史　錦車出使功讓蛾眉

語。說得霸羞慚滿面，免冠謝罪，嗣是不敢再請他事。霸為相時，已晉封建成侯，任職五年，幸得考終，諡法與丙吉相同，統是一個定字。唯黃霸的妻室，卻是一個巫家女兒。從前霸為陽夏遊徼，與一相士同車出遊，道旁遇一少女，由相士注視多時，說她後來必貴。霸尚未娶妻，聽了此語，便去探問該女姓氏，浼人說合。女父本來微賤，欣然允許，即將該女嫁霸為妻，誰知隨霸多年，居然得為宰相夫人，並且所生數子，亦得通顯，說也是一段佳話，閒文少表。

且說霸既病歿，廷尉於定國，正遷任御史大夫，復代霸為丞相。時為甘露三年，正值匈奴國呼韓邪單于款塞請朝，宣帝命公卿大夫，會議受朝禮節。丞相以下，俱言宜照諸侯王待遇，位在諸侯王下，獨太子太傅蕭望之，謂應待以客禮，位在諸侯王上。宣帝有意懷柔，特從望之所言，至甘泉宮受朝。自己先郊祀泰時，然後入宮御殿，傳召呼韓邪單于入見，贊謁不名，令得旁坐，厚賜冠帶衣裳弓矢車馬等類。待單于謝恩退出，又由宣帝遣官陪往長平，留他食宿。翌日宣帝親至長平，呼韓邪上前接駕，當有贊禮官傳諭單于免禮，准令番眾列觀。此外如蠻夷降王，亦來迎謁，由長平坂至渭橋，絡繹不絕，喧呼萬歲。呼韓邪留居月餘，方遣令還塞，呼韓邪願居光祿塞下，**係光祿勳徐自為所築之城。**可借受降城為保障，宣帝准如所請，乃命衛尉董忠等，率萬騎護送出境，且令留屯受降城，保衛呼韓邪，一面輸糧接濟。呼韓邪感念漢恩，一意臣服。此外西域各國，聞得匈奴附漢，自然震懾漢威，奉命維謹。就是郅支單于亦恐呼韓邪往侵，遠徙至堅昆居住，去匈奴故庭約七千里。到了歲時遞嬗，也遣使入朝漢廷。九重高拱，萬國來同，後人稱為漢宣中興，便是為此。**提清眉目。**

宣帝因戎狄賓服，憶及功臣，先後提出十一人，令畫工摹擬狀貌，繪諸麒麟閣上。麒麟閣在未央宮中，從前武帝獲麟，特築此閣，當時紀瑞，

後世銘功，無非是休揚烈光的意思。閣上所繪十一人，各書官職姓名，唯第一人獨從尊禮，不聞書名。看官欲知詳細，由小子錄述如下：

大司馬大將軍博陸侯姓霍氏。

衛將軍富平侯張安世。

車騎將軍龍頟侯韓增。**頟音額**。

後將軍營平侯趙充國。

丞相高平侯魏相。

丞相博陽侯丙吉。

御史大夫建平侯杜延年。

宗正陽城侯劉德。

少府梁邱賀。

太子太傅蕭望之。

典屬國蘇武。

照此看來，第一人當是霍光，霍家雖滅，宣帝尚追念舊勳，不忍書名。外此十人，只有蕭望之尚存，本應最後列名，為何獨將蘇武落後呢？武有子蘇元，前坐上官桀同黨，已經誅死，武亦免官。**見前文**。後來宣帝嗣位，仍起武為典屬國，並將武在匈奴時所生一子，許令贖回，拜為郎官。**即通國，見前文**。神爵二年，武已逝世，宣帝因他忠節過人，名聞中外，故意置諸後列，使外人見了圖形，覺得盛名如武，尚不能排列人先，越顯得中國多材，不容輕視了！

先是武帝六男，只有廣陵王胥，尚然存在。胥傲戾無親，嘗思為變，可惜兵力單薄，未敢發作，沒奈何遷延過去。到了五鳳四年，忽被人訐發陰謀，說他囑令女巫，咒詛朝廷。宣帝遣人查訪，果有此事，向胥提究女巫，胥竟把女巫殺死，希圖滅口。那知廷臣已聯名入奏，請將胥明正典

第八十七回
傑閣圖形名標麟史　錦車出使功讓蛾眉

刑。宣帝尚未下詔，胥已先有所聞，自知不能倖免，當即自縊，國除為郡。

　　宣帝立次子欽為淮陽王，三子囂為楚王，四子宇為東平王，雖是援照成例，畢竟是樹恩骨肉，信任私親。還有少子名寬，為戎婕妤所生，年齡尚幼，未便加封。**欽、囂、宇三人生母，見第八十三回，故此處敘及戎婕妤**。這數子中，要算淮陽王欽，最得宣帝歡心，一半由欽母張婕妤，色藝兼優，遂致愛母及子；一半由欽素性聰敏，喜閱經書法律，頗有才幹，比那太子奭的優柔懦弱，迥不相同。宣帝嘗嘆賞道：「淮陽王真是我子呢！」太子奭雅重儒術，見宣帝用法過峻，未免太苛，嘗因入朝時候，乘間進言道：「陛下宜用儒生，毋尚刑法。」宣帝不禁作色道：「漢家自有制度，向來王霸雜行，奈何專用德教呢？且俗儒不達時宜，是古非今，徒亂人意，何足委任？」**雜霸之言，亦豈真足垂示子孫**。太子奭見父發怒，不敢再言，當即俯首趨去。宣帝目視太子，復長嘆道：「亂我家法，必由太子，奈何！奈何！」嗣是頗思易儲，轉想太子奭為許后所生，許后同經患難，又遭毒死；若將太子廢去，免不得薄倖貽譏，因此不忍廢立，儲位如舊。

　　甘露元年，覆命韋玄成為淮陽中尉。玄成係故相扶陽侯韋賢少子。韋賢年老致仕，**見八十二回**。生有四男，長名方山，已經早世，次子名弘，三子名舜，四子就是玄成。弘曾受職太常丞，得罪繫獄。及賢病終，門生博士義倩等，矯託賢命，使季子玄成襲爵。玄成方為大河都尉，還奔父喪，才知有襲爵消息，暗思上有二兄，怎能越次嗣封？於是假作痴癲，為退讓計。偏義倩等已將偽命出奏，宣帝即使丞相御史，傳召玄成，入朝拜爵，玄成仍佯狂不理。那知丞相御史，卻已窺出玄成隱情，竟復奏玄成並未真狂。幸有一侍郎，為玄成故人，恐玄成抗命得罪，亟從旁解說道：「聖主貴重禮讓，應優待玄成，勿使屈志！」宣帝乃知玄成好意，仍使丞相御史，帶引玄成入朝。玄成無法，只好應召詣闕，當由宣帝面加慰諭，迫令

襲爵，玄成不能再讓，方才拜受，尋即詔令玄成為河南太守，並將韋弘釋放，使為泰山都尉。未幾又召玄成入都，拜未央衛尉，調任太常，嗣復坐楊惲黨與，免官歸家；忽又起拜淮陽中尉，乃是宣帝為太子奭起見，特令退讓有禮的韋玄成，輔導淮陽王欽，教他看作榜樣，省得將來窺竊神器，釀成兄弟爭端。這也是防微杜漸，苦心調劑的方法呢。

　　唯淮陽王欽雖然受封，還是留居長安，玄成亦未赴任。宣帝復因欽曉通經術，命與諸儒至石渠閣中，講論五經異同。當時沛人施仇論《易》；齊人周堪，魯人孔霸**即孔子十三世孫。**論《書》；沛人薛廣德論《詩》；梁人戴勝論《禮》；東海人嚴彭祖**即嚴延年弟。**論《公羊傳》；**齊人公羊高傳《春秋》。**汝南人尹更始，與太子太傅蕭望之等，論《穀梁傳》。**魯人穀梁赤亦傳《春秋》學。**折衷取義，匯奏宣帝。宣帝親加裁決，並設諸經博士，令習專書，修明經術，稱盛一時。

　　忽由烏孫國遣到番使，呈上一書，乃是楚公主解憂署名，書中大意，係為年老思鄉，乞賜骸骨，歸葬故土。宣帝看他情詞悱惻，也不覺悽然動容，當即派遣車徒，往迎楚公主解憂。

　　解憂本嫁烏孫王岑陬為妻，尋復改適嗣主翁歸靡，生下三男兩女，已見前文。**見八十一回。**翁歸靡上書漢廷，願立解憂所生子元貴靡為嗣，仍請尚漢公主，親上加親。宣帝不欲絕好，乃令解憂姪女相夫為公主，盛資遣往，特派光祿大夫常惠送行。甫至敦煌，接得翁歸靡死耗，元貴靡不得嗣立，由岑陬子泥靡為王，常惠不得不馳書上奏。一面將相夫留住敦煌，自持節至烏孫，責他不立元貴靡。烏孫大臣，卻是振振有詞，謂前時岑陬遺言，原欲傳國與子，不能另立元貴靡。**亦見八十一回。**常惠亦駁他不過，只好馳回敦煌，請將楚少主送歸。宣帝覆書批准，於是常惠即偕楚少主還都。那泥靡既得立為主，性情橫暴，又將解憂強逼成奸，據為妻室。

第八十七回
傑閣圖形名標麟史　錦車出使功讓蛾眉

解憂已經失節,也顧不得什麼尊卑,連宵繾綣,又結蚌胎,滿月即產一男,取名鴟靡。但解憂究竟將老,泥靡尚屬壯年,一時為情慾所迫,占住後母,漸漸的遷情他女,便與解憂失和。此外一切舉動,統是任意妄為,國人號為狂王。可巧漢使衛司馬魏和意,及衛侯任昌同往烏孫,解憂得與相見,密言狂王粗暴,可以計誅。**問汝何不早死?**魏和意即與任昌商定祕謀,安排筵宴,邀請狂王過飲。狂王毫不推辭,竟來赴宴。飲到半酣,魏和意囑使衛士,劍擊狂王,偏偏一擊不中,被狂王逃出客帳,飛馬竄逸,不復還都。魏和意任昌,馳入都中,託言奉天子命,來誅狂王。番官多恨狂王無道,卻無異言。那知狂王子細沉瘦,為父報仇,召集邊兵,進攻烏孫都城。城名赤谷,四面被圍。虧得西域都護鄭吉,從烏壘城發兵往援,才得將細沉瘦逐去。吉收兵還鎮,據實奏聞。宣帝使中郎將張遵等,持醫藥往治狂王,並賜金幣。拿還魏和意任昌兩人,責他矯詔不臣,按律當斬。狂王不過略受微傷,既由漢使賜藥給金,如法調治,不久即愈,使張遵回朝謝命,自還赤谷城,仍王烏孫。偏又有翁歸靡子烏就屠,在北山號召徒眾,乘隙襲殺狂王,居然自立。

　　烏就屠出自胡婦,非解憂所生,漢廷當然不認為王,即命破羌將軍辛武賢,領兵萬五千人,出屯敦煌,聲討烏就屠,獨西域都護鄭吉,恐武賢出征烏孫,道遠兵勞,勝負難料,不如遣人遊說,令烏就屠自甘讓位,免動兵戈。當下想出了一位巾幗英雄,浼她前去勸導,果然片言立解,遠過行師。這人為誰?乃是解憂身旁一個侍兒,姓馮名嫽,**西域稱為馮夫人,足當彤筆**。她隨解憂至烏孫後,嫁與烏孫右大將為妻,生性聰慧,豐采麗都,本來知書達理。及出西域,僅閱數年,即把西域的語言文字,風俗形勢,統皆通曉。解憂嘗使持漢節,慰諭鄰近諸國,頒行賞賜,諸國都驚為天人,相率敬禮。烏孫右大將,得此才婦,自然恩愛有加。唯右大將與烏

就屠，素相往來，馮夫人當亦識面，所以鄭吉遣使關白，令她往說烏就屠。馮夫人本是漢女，滿口應承，立即至烏就屠居廬，開口與語道：「**昆彌烏孫王號。**今日乘勢崛興，可喜可賀！但喜中不能無憂，賀後不能不弔。」烏就屠驚問道：「莫非有意外禍變麼？」馮夫人道：「漢兵已出至敦煌，想昆彌當亦知悉，昆彌自思，能與漢兵決一勝敗否？」烏就屠躊躇半晌，方答說道：「恐敵不住漢兵。」馮夫人道：「昆彌既自知漢兵難敵，奈何尚欲稱尊，一旦漢兵前來，必遭屠滅，何若見機知退，聽命漢朝，還可藉此保全，不失富貴。」**卻是一個女張良。**烏就屠道：「我亦不敢長作昆彌，但得一個小號，我便向漢歸命了。」馮夫人道：「這想是沒有難處。」說著，即辭別烏就屠，還報西域都護鄭吉。吉便將馮夫人說降烏就屠，詳報朝廷。

宣帝得報，便欲一見馮夫人，召令入都。馮夫人應召東來，好幾日到了闕下。報名朝見，彬彬有禮，舉止大方，再加一張綵花妙舌，見問即答，應對如流。宣帝大喜，面命她作為正使，往諭烏就屠，別遣謁者竺次，與甘延壽，兩人為副，一同登程。**婦人作為朝使，千載一時。**馮夫人拜別宣帝，持節出朝，早有人備著錦車，請她登輿。就是竺次、甘延壽兩人，且向馮夫人參見，聽從指示。馮夫人與談數語，從容上車，向西徑去。竺次、甘延壽，隨後繼進，直抵烏孫。烏就屠尚在北山，未入國都，馮夫人等往傳詔命，叫烏就屠速至赤谷城，往會漢光祿大夫長羅侯常惠。原來宣帝遣還馮夫人時，又命常惠馳赴赤谷城，立元貴靡為烏孫王。所以馮夫人到了北山，常惠亦入赤谷城。至烏就屠往見常惠，惠即宣讀詔書，冊封元貴靡為大昆彌。唯烏就屠也不令向隅，使為小昆彌，烏就屠得如所望，當即樂從。常惠又與他分別轄地，大昆彌得民戶六萬餘，小昆彌得民戶四萬餘，割清界限，免致相爭。

第八十七回
傑閣圖形名標麟史　錦車出使功讓蛾眉

　　越兩年餘，元貴靡便即病逝，子星靡嗣立。楚公主解憂，年將七十，因上書乞歸，得蒙宣帝慨允，派使往迎。解憂挈領孫男女三人，回至京師，入朝宣帝。宣帝見她白髮皤皤，倍加憐惜，特賜她田宅奴婢，俾得養老。過了兩年，解憂病歿，三孫留守墳墓，毋庸細表。

　　唯馮夫人曾隨解憂回國，至解憂歿後，聞得烏孫嗣主星靡，懦弱無能，恐為小昆彌所害，乃覆上書請效，願仍出使烏孫，鎮撫星靡。宣帝准奏，遣百騎護送出塞，後來星靡終得保全，馮夫人已嫁烏孫右大將，想總是功成以後，告老西陲了。**馮夫人之歿，史傳中未曾詳敘，故特從活筆。**小子有詩讚道：

　　錦車出塞送迎忙，專對長才屬女郎。
　　讀史漫誇蘇武節，鬚眉巾幗並流芳。

　　越年有黃龍出現廣漢，因改元黃龍。那知不到年終，宣帝忽然生起病來，欲知病狀如何，待至下回再敘。

　　麟閣圖形，計十一人，若黃霸、於定國、張敞、夏侯勝等，皆不得並列，似乎嚴格以求，寧少毋濫，然如杜延年、劉德、梁邱賀、蕭望之四人，不過粗具豐儀，無甚奇績，亦胡為參預其間，且蘇子卿大節凜然，獨置後列，雖為震懾外人起見，但王者無私，豈徒恃虛驕之威，所能及遠乎？蘇武後，復有馮夫人之錦車持節，慰定烏孫，女界中出此奇英，足傳千古，惜乎重男輕女之風，已成慣習。宣帝能破格任使，獨不令繪其像於麟閣之末，吾猶為馮夫人嘆息曰：「天生若材，何不使易釵而弁也！」

第八十八回
寵閹豎屈死蕭望之　惑讒言再貶周少傅

　　卻說黃龍元年冬月，宣帝寢疾，醫治罔效；到了殘冬時候，已至彌留。詔命侍中樂陵侯史高為大司馬，兼車騎將軍，太子太傅蕭望之，為前將軍，少傅周堪，為光祿大夫，受遺輔政。未幾駕崩，享年四十有三。總計宣帝在位二十五年，改元七次，史稱他綜核名實，信賞必罰，功光祖宗，業垂後嗣，足為中興令主。唯貴外戚，殺名臣，用宦官，釀成子孫亡國的大害，也未免利不勝弊呢！**總束數語，也不可少。**太子奭即日嗣位，是為元帝。尊王皇后為皇太后。越年改易正朔，號為初元元年，奉葬先帝梓宮，尊為杜陵，廟號中宗，上諡法曰孝宣皇帝。立妃王氏為皇后，封后父禁為陽平侯。禁即前繡衣御史王賀子，賀嘗謂救活千人，子孫必興，**見前文。**果然出了一個孫女，正位中宮，得使王氏一門，因此隆盛。**王氏興，劉氏奈何？**

　　唯說起這位王皇后的履歷，卻也比眾不同。後名政君，乃是王禁次女，兄弟有八，姊妹有四。母李氏，生政君時，曾夢月入懷，及政君十餘齡，婉孌淑順，頗得女道。唯父禁不修邊幅，好酒漁色，娶妾甚多。李氏為禁正室，除生女政君外，尚有二男，一名鳳，排行最長，一名崇，排行第四。此外有譚、曼、商、立、根及逢時，共計六子，皆係庶出。李氏性

第八十八回
寵閹豎屈死蕭望之　惑讒言再貶周少傅

多妒忌，屢與王禁反目。禁竟將李氏離婚，李氏改嫁河內人苟賓為妻。禁因政君漸長，許字人家，未婚夫一聘即死。至趙王欲娶政君為姬，才經納幣，又復病亡。禁大為詫異，特邀相士南宮大有，審視政君。大有謂此女必貴，幸勿輕視。**好似王奉先女。真是一對天生婆媳**。禁乃教女讀書鼓琴，政君卻也靈敏，一學便能。年至十八，奉了父命，入侍後宮。會值太子良娣司馬氏，得病垂危，太子奭最愛良娣，百計求治，終無效驗。良娣且語太子道：「妾死非由天命，想是姬妾等陰懷妒忌，咒我至死！」說著，淚下如雨。**恐是推己及人**。太子奭也哽咽不止。未幾良娣即歿，太子奭且悲且憤，遷怒姬妾，不許相見。宣帝因太子年已逾冠，尚未得子，此次為了良娣一人，謝絕姬妾，如何得有子嗣。乃囑王皇后選擇宮女數人，俟太子入朝皇后，隨意賜給，王皇后當然照辦。一俟太子奭入見，便將選就五人，使之旁立，暗令女官問明太子何人合意？太子奭只憶良娣，不願他選，勉強瞧了一眼，隨口答應道：「這五人中卻有一人可取。」女官問是何人？太子又默然不答。可巧有一絳衣女郎，立近太子身旁，女官便以為太子看中此人，當即向皇后稟明，王皇后就使侍中杜輔，掖庭令濁賢，送絳衣女入太子宮。究竟此女為誰？原來就是王政君。政君既入東宮，好多日不見召幸，至太子奭悲懷稍減，偶至內殿，適與政君相遇，見她態度幽嫻，修穡合度，也不禁惹起情魔，是晚即召令侍寢。兩人年貌相當，聯床同夢，自有一番枕蓆風光。說也奇怪，太子前時，本有姬妾十餘人，七八年不生一子，偏是政君得幸，一索生男。甘露三年秋季，太子宮內甲觀畫堂，有呱呱聲傳徹戶外，即由宮人報知宣帝。宣帝大喜，取名為驁，才經彌月，便令乳媼抱入相見。撫摩兒頂，號為太孫。嗣是常置諸左右，不使少離。無如翁孫緣淺，僅閱兩載，宣帝就崩。太子仰承父意，一經即位，就擬立驁為太子。只因子以母貴，乃先將王政君立為皇后。立後踰年，方

命驁為太子，驁年尚不過四歲哩。**西漢之亡，實自此始。**

　　且說元帝既立，分遣諸王就國。淮陽王欽，楚王囂，東平王宇，始自長安啟行，各蒞封土。還有宣帝少子竟，尚未長成，但封為清河王，仍留都中。大司馬史高，職居首輔，毫無才略，所有郡國大事，全憑蕭望之、周堪二人取決。二人又係元帝師傅，元帝亦格外寵信，倚畀獨隆。望之又薦入劉更生為給事中，使與侍中金敞，左右拾遺。敞即金日磾姪安上子，正直敢諫，有伯父風；更生為前宗正劉德子，**即楚元王交玄孫。**敏贍能文，曾為諫大夫，兩人獻可替否，多所裨益。唯史高以外戚輔政，起初還自知材短，甘心退讓。後來有位無權，國柄在蕭、周二人掌握，又得金、劉贊助蕭周，益覺得彼盛我孤，相形見絀，因此漸漸生嫌，別求黨援。可巧宮中有兩個宦官，出納帝命，一是中書令弘恭，一是僕射石顯。**二豎為病，必中膏肓。**自從霍氏族誅，宣帝恐政出權門，特召兩閹侍直，使掌奏牘出入。兩閹小忠小信，固結主心，遂得逐加超擢。**小人蠱君，大都如此。**尚幸宣帝英明，雖然任用兩閹，究竟不使專政。到了元帝嗣阼，英明不及乃父，仍令兩閹蟠踞宮庭，怎能不為所欺？兩閹知元帝易與，便想結納外援，盜弄政柄。適值史高有心結合，樂得通同一氣，表裡為奸。石顯尤為刁狡，時至史第往來，密參謀議，史高唯言是從，遂與蕭望之、周堪等，時有齟齬，望之等察知情隱，亟向元帝進言，請罷中書宦官，上法古時不近刑人的遺訓，元帝留中不報。弘恭、石顯，因此生心，即與史高計畫，擬將劉更生先行調出。巧值宗正缺人，便由史高入奏，請將更生調署。元帝曉得什麼隱情，當即照准。望之暗暗著急，忙蒐羅幾個名儒茂材，舉為諫官。

　　適有會稽人鄭朋，意圖干進，想去巴結望之，乘間上書，告發史高遣人四出，徵索賄賂，且述及許、史兩家子弟，種種放縱情形。元帝得書，

第八十八回
寵閹豎屈死蕭望之　惑讒言再貶周少傅

頒示周堪，堪即謂鄭朋謙直，令他待詔金馬門。朋既得寸進，再致書蕭望之，推為周召管晏，自願投效，望之便延令入見，朋滿口貢諛，說得天花亂墜，冀博望之歡心，望之也為歡顏。待至朋已別去，卻由望之轉了一念，恐朋口是心非，不得不派人偵察，未幾即得回報，果然劣跡多端。於是與朋謝絕，並且通知周堪，不宜薦引此人，堪自然悔悟。只是這揣摩求合的鄭朋，日望升官發財，那知待了多日，毫無影響。再向蕭、周二府請謁，俱被拒斥。朋大為失望，索性變計，轉投許、史門下。許、史兩家，方恨朋切骨，怎肯相容，朋即捏詞相訐道：「前由周堪、劉更生教我為此，今始知大誤，情願效力贖愆。」許、史信以為真，引為爪牙。侍中許章，就將朋登入薦牘，得蒙元帝召入。朋初見元帝，當然不能多言，須臾即出。他偏向許、史子弟揚言道：「我已面劾前將軍，小過有五，大罪有一，不知聖上肯聽從我言否？」許、史子弟，格外心歡。還有一個待詔華龍，也是為周堪所斥，鑽入許、史門徑，與鄭朋合流同汙，輾轉攀援，復得結交弘恭、石顯。恭與顯遂嗾使二人，劾奏蕭望之周堪、劉更生，說他排擠許、史，有意構陷；趁著望之休沐時候，方才呈入。

元帝看罷，即發交恭、顯查問。恭、顯奉命查訊望之，望之勃然道：「外戚在位，驕奢不法，臣欲匡正國家，不敢阿容，此外並無歹意。」恭、顯當即復報，並言望之等私結朋黨，互為稱舉，毀離貴戚，專擅權勢，為臣不忠，請召致廷尉云云。元帝答了一個「可」字，恭、顯立即傳旨，飭拿蕭望之、周堪、劉更生下獄。三人拘繫經旬，元帝尚未察覺。會有事欲詢周堪、劉更生，乃使內侍往召，內侍答稱二人下獄，元帝大驚道：「何人敢使二人拘繫獄中？」弘恭、石顯在側，慌忙跪答道：「前日曾蒙陛下准奏，方敢遵行。」元帝作色道：「汝等但言『召致廷尉』，並未說及下獄，怎得妄拘？」**元帝年將及壯，尚未知「召致廷尉」語意，庸愚可知。**恭、顯乃叩首

謝過。元帝又說道：「速令出獄視事便了！」恭、顯同聲應命，起身趨出，匆匆至大司馬府中，見了史高，密議多時，定出一個方法，由史高承認下去。翌晨即入見元帝道：「陛下即位未久，德化未聞，便將師傅下獄考驗。若非有罪可言，仍使出獄供職，顯見得舉動粗率，反滋眾議。臣意還是將他免官，才不至出爾反爾呢！」元帝聽了，也覺得高言有理，竟詔免蕭望之、周堪、劉更生，但使出獄，免為庶人。鄭朋因此受賞，擢任黃門郎。

才過一月，隴西地震，墮壞城郭廬舍，傷人無數，連太上皇廟亦被震坍。**太上皇廟，即太公廟。**已而太史又奏稱客星出現，侵入昴宿及養舌星，元帝未免驚惶。再閱數旬，復聞有地震警報，乃自悔前時黜逐師傅，觸怒上蒼。因特賜望之爵關內侯，食邑六百戶，朔望朝請，位次將軍。又召周堪、劉更生入朝，擬拜為諫大夫。弘恭、石顯，見三人復得起用，很是著忙，急向元帝面奏，謂不宜再起周、劉，自彰過失，元帝默然不答。恭、顯越覺著急，又說是欲用周、劉，也只可任為中郎，不應升為諫大夫。元帝又為所蒙，但使周堪劉更生為中郎，**忽明忽昧，卻是庸主情態。**嗣又記起蕭望之博通經術，可使為相，有時與左右談及意見。適為弘恭、石顯所聞，惶急的了不得。就是許、史二家，得知這般消息，也覺日夕不安，內外生謀，恨不得致死望之。望之已孤危得很，誰料到事機不順，有一人欲助望之，弄巧成拙，反致兩下遭殃。這人非別，就是劉更生。

更生本與望之友善，只恐望之被小人所嫉，把他構陷，常思上書陳明，因恐同黨嫌疑，特託外親代上封事。內稱地震星變，都為弘恭、石顯等所致，今宜黜去恭、顯，進用蕭望之等，方可返災為祥。這書呈入，即被弘恭、石顯聞知，兩人互相猜測，料是更生所為。便面奏元帝，請將上書人究治，元帝忽又依議，竟令推究上書人，上書人不堪威嚇，供出劉更生主使是實，劉更生復致坐罪，免為庶人。**謀之不臧，更生亦難辭咎。**蕭

第八十八回
寵閹豎屈死蕭望之　惑讒言再貶周少傅

望之聞更生得禍，只恐自己株連，特令子蕭伋上書，訴說前次無辜遭黜，應求伸雪。**多去尋禍**。元帝令群臣會議，群臣阿附權勢，複稱望之不知自省，反教子上書訟冤，失大臣體，應照不敬論罪，捕他下獄。元帝見群臣不直望之，也疑望之有罪，沉吟良久道：「太傅性剛，怎肯就吏？」弘恭、石顯在旁應聲道：「人命至重！望之所坐，不過語言薄罪，何必自戕。」元帝乃准照復奏，令謁者往召望之。石顯藉端作威，出發執金吾車騎，往圍望之府第，望之陡遭此變，便思自盡。獨望之妻從旁勸阻，謂不如靜待後命。適門下生朱雲入省，望之即令他一決。雲係魯人，夙負氣節，竟直答望之，不如自裁。望之仰天長嘆道：「我嘗備位宰相，年過六十，還要再入牢獄，有何面目？原不如速死罷！」便呼朱雲速取鴆來，雲即將鴆酒取進，由望之一口喝盡，毒發即亡。**望之原是枉死，但亦有取死之咎。**

謁者返報元帝，元帝正要進膳，聽得望之死耗，輟食流涕道：「我原知望之不肯就獄，今果如此！殺我賢傅，可惜可恨！」說到此處，又召入恭、顯兩人，責他迫死望之。兩人佯作驚慌，免冠叩頭。累得元帝又發慈悲，不忍加罪，但將兩人喝退。傳詔令望之子伋嗣爵關內侯，每值歲時，遣使致祭望之塋墓。一面擢用周堪為光祿勳，並使堪弟子張猛為給事中。

弘恭、石顯，又欲謀害周堪師弟，一時無從下手，恭即病死。石顯代恭為中書令，擅權如故。他聞望之死後，輿論不平，卻想出一條計策，結交一位經術名家，自蓋前愆。原來元帝即位，嘗徵召王吉、貢禹二人。二人應召入都，吉不幸道死，禹詣闕進見，得拜諫大夫，尋遷光祿大夫。**吉、禹二人免歸，見八十五回。**朝臣因他明經潔行，交相敬禮，顯更知禹束身自愛，與望之情性不同，樂得前去通意，親自往拜。禹不便峻拒，只好虛與周旋。偏顯格外巴結，屢在元帝面前，稱揚禹美。會值御史大夫陳萬年出缺，即薦禹繼任，禹得列公卿，也不免感念顯惠，所以前後上書，

但勸元帝省官減役，慎教明刑。至若宦官外戚的關係，絕口不談。且年已八十有餘，做了幾個月御史大夫，便即病歿，別用長信少府薛廣德繼任。

　　時光易逝，已是初元五年的殘冬，越年改元永光，元帝出郊泰時。禮畢未歸，擬暫留射獵，廣德進諫道：「關東連歲遇災，人民困苦，流離四方。陛下乃居聽絲竹，出娛遊畋，臣意以為不可！況士卒暴露，從官勞倦，還請陛下即日返宮，思與民同憂樂，天下幸甚！」元帝總算聽從，立命回蹕。是年秋天，元帝又往祭宗廟，向便門出發，欲乘樓船。廣德忙攔住乘輿，免冠跪叩道：「陛下宜過橋，不宜乘船！」元帝命左右傳諭道：「大夫可戴冠。」廣德道：「陛下若不聽臣，臣當自刎，把頸血染汙車輪，陛下恐難入廟了。」元帝莫名其妙，面有慍色。旁有光祿大夫張猛，亟上前解說道：「臣聞主聖臣直，乘船危，就橋安，聖主不乘危，御史大夫言可從。」元帝方才省悟，顧語左右道：「曉人應該如此。」遂令廣德起來，命駕過橋，往返皆安，廣德直聲，著聞朝廷。**可惜是注意小節。**

　　偏自元帝嗣阼，水旱連年，言官多歸咎大臣，車騎將軍史高，丞相於定國，與薛廣德同時辭職。元帝各賜車馬金帛，准令還家，三人並得壽終。**史高亦甘引退，還算不是奸邪。**元帝因三人退職，召用韋玄成為御史大夫，未幾即擢為丞相，襲父爵為扶陽侯。玄成父子，俱以儒生拜相，閭里稱榮。他本是魯國鄒人，鄒魯有歌謠云：「遺子黃金滿籯，不如一經。」玄成為相，守正持重，不及乃父，唯文采比父為勝，且遇事遜讓，不與權幸爭權，所以進任宰輔，安固不搖。御史大夫一缺，即授了右扶風鄭弘，弘亦和平靜默，與人無忤。獨光祿勳周堪，及弟子張猛，剛正不阿，常為石顯所忌。劉更生時已失官，又恐堪等遭害，隱忍不住，復繕成奏章一篇，呈入闕廷，奏牘約有數千言，歷舉經傳中災異變遷，作為儆戒，大旨是要元帝黜邪崇正，趨吉避凶。**出口興戎，何如不言！**石顯見了此書，

129

第八十八回
寵閹豎屈死蕭望之　惑讒言再貶周少傅

　　明知是指斥自己,越想越恨。轉思劉更生毫無權位,不必怕他,現在且將周堪師弟除去,再作計較。於是約同許、史子弟,待釁即動。會值夏令天寒,日青無光,顯與許、史子弟,內外進讒,並言周堪、張猛,擅權用事,致遭天變。元帝方信任周堪,不肯聽信。誰知滿朝公卿,又接連呈入奏章,爭劾堪、猛二人,弄得元帝心中失主,將信將疑。**始終為庸柔所誤。**

　　長安令楊興,具有小材,得蒙寵幸,有時入見元帝,嘗稱堪忠直可用。元帝以為興必助堪,乃召興入問道:「朝臣多說光祿勳過失,究屬何因?」興生性刁猾,聽了此問,還道元帝已欲黜堪,即應聲道:「光祿勳周堪,不但朝廷難容,就使退居鄉里,亦未必見容眾口。臣見前次朝臣劾奏周堪,謂與劉更生等謀毀骨肉,罪應加誅。臣以為陛下前日,育德青宮,堪曾做過少傅,故獨謂不宜誅堪,為國家養恩,並非真推重堪德呢!」**利口喋喋。**元帝喟然道:「汝說亦是。但彼無大罪,如何加誅,今果應作何處置?」興答說道:「臣意可賜爵關內侯,食邑三百戶,勿使預政,是陛下得恩全師傅,望慰朝廷。一舉兩得,無如此計。」元帝略略點頭,待興辭退,暗想興亦斥堪,莫非堪真溺職不成。正在懷疑得很,忽又由城門校尉諸葛豐拜本進來,也是糾劾周堪、張猛,內說二人貞信不立,無以服人。元帝不禁懊恨起來,竟親寫詔書,傳諭御史道:

　　城門校尉豐,前與光祿勳堪、光祿大夫猛在朝之時,數稱言堪、猛之美,今反糾劾堪、猛,實自相矛盾。豐前為司隸校尉,不順四時修法度,專作苛暴以獲虛威。朕不忍下吏,以為城門校尉。乃內不省諸己,而反怨堪、猛以求報舉,告按無證之辭,暴揚難言之罪,譸譽恣意,不顧前言,不信之大也。朕憐豐耆老,不忍加刑,其免為庶人!

　　看官閱此詔書,應疑諸葛豐所為,也與楊興相似。其實豐卻另有原因,激成過舉。元帝初年,豐由侍御史進任司隸校尉,秉性剛嚴,不避豪

貴，且遵照漢朝故例，得持節捕逐奸邪，糾舉不法。長安吏民，見他有威可畏，編成短歌道：「間何闊，逢諸葛。」時有侍中許章，自恃外戚，結黨橫行，有門下客為豐所獲，案情牽連許章身上，豐遂欲奏參許章。湊巧途中與許章相遇，便欲捕章下獄，舉節與語道：「可即停車！」章坐在車中，心虛情急，忙叫車伕速至宮門，車伕自然加鞭急趨，豐追趕不及，被章馳入宮門，進見元帝，只說豐擅欲捕臣。元帝正欲召豐問明，適值豐封章上奏，歷數章罪，元帝總覺豐專擅無禮，不直豐言，命收回豐所持節，降豐為城門校尉。豐很是氣憤，滿望周堪、張猛，替他伸冤，好幾日不見音信。再貽書二人，自陳冤抑，又不見答。於是恨上加恨，還道周堪、張猛，也是投井下石，因此平時常稱譽堪、猛，至此反列入彈章。**實是老悖**。一朝小忿，自誤誤人，元帝既削奪豐官，索性將周堪、張猛，也左遷出去，堪為河東太守，猛為槐裡令。小子有詩嘆道：

濁世難容直道行，明夷端的利艱貞。

小卿**周堪字**。也號通經士，進退徬徨太自輕。

堪猛既貶，石顯權焰益張，免不得黨同伐異，戮及無辜。欲知顯陷害何人，俟至下回說明。

蕭望之、周堪、劉更生三人，皆以經術著名，而於生平涵養之功，實無一得。望之失之傲，堪失之貪，更生則失之躁者也。丙吉為一時賢相，年高望重，望之且侮慢之，何有於史高，然其取死之咎，即在於此。周堪於望之死後，即宜引退，乃猶戀棧不去，並薦弟子張猛為給事中，植援固寵之譏，百口奚辭。劉更生則好為危論，非徒無益而又害之。夫不可與言而與之言，是謂失言，智者不為也。更生學有餘而識不足，殆亦意氣用事之累歟？若元帝之優柔寡斷，徒受制於宦官外戚而已。虎父生犬子，吾於漢宣、元亦云。

第八十八回
寵閹豎屈死蕭望之　惑讒言再貶周少傅

第八十九回
馮婕妤挺身當猛獸　朱子元仗義救良朋

　　卻說石顯專權，怙惡橫行。當時有個待詔賈捐之，為前長沙太傅賈誼曾孫，屢言石顯過惡，因此待詔有年，未得受官。永光元年，珠崖郡叛亂不靖，朝廷發兵往討，歷久無功。郡在南粵海內，島嶼紛歧。自從武帝平定南越，編為郡縣，居民叛服無常，屢勞征伐。元帝因連年未定，擬大舉南征，為蕩平計，賈捐之獨上書諫阻道：「臣聞秦勞師遠攻，外強中乾，終致內潰。武帝秣馬厲兵，從事四夷，役賦繁重，盜賊四起。前事可鑑，不宜蹈轍。現今關東饑荒，百姓多賣妻鬻子，法不能禁，這乃是社稷深憂。若珠崖道遠，素居化外，不妨棄置。願陛下專顧根本，撫卹關東為是。」**不務殖民遠地，但以棄置為宜，亦非良策**。元帝將原書頒示群臣，群臣多半贊成，遂下詔罷珠崖郡，不復過問。

　　捐之言雖見用，仍然不得一官，鬱郁久居，不堪久待。聞得長安令楊興，新邀主眷，正好託他介紹，代為吹噓。當下投刺請謁，互相往來，興見捐之口才敏捷，文采風流，且是賈長沙後人，自然格外契合。彼此締交多日，適值京兆尹出缺，捐之乘間語興，呼興表字道：「君蘭雅擅吏才，正好升任京兆尹，若使我得見主上，必然竭力保薦。」興亦呼捐之表字道：「君房下筆，言語妙天下，倘使君房得為尚書令，應比五鹿充宗，好

第八十九回
馮婕妤挺身當猛獸　朱子元仗義救良朋

得多了。」原來五鹿充宗，係頓丘地方的經生，與顯為友，顯曾引為尚書令，故興特藉著充宗，稱美捐之。捐之聞言大笑道：「果使我得代充宗，君蘭得為京兆尹。我想京兆係郡國首選，尚書關天下根本，有我兩人，求賢佐治，還怕天下不太平麼！」**大言不慚**。興答說道：「我兩人若要進見，卻也不難，但教打通中書令關節，便可得志了。」捐之不禁愕然道：「中書令石顯麼！此人奸橫得很，我甚不願與他結歡。」興微哂道：「慢著！顯方貴寵，非得彼歡心，我等無從超擢。今且依我計議，暫投彼黨，這也是枉尺直尋的辦法呢！」捐之求官情急，不得已屈志相從，興即與商定，聯名保薦石顯，請賜爵關內侯。並召用顯兄弟為卿曹，再由捐之自出一奏，舉興為京兆尹。兩奏先後進去，誰知早被石顯聞知，先將賈、楊二人密謀，奏達元帝。元帝尚有疑意，待二人奏入，果如顯言，乃即飭逮二人下獄，使后父王禁與顯究治。禁與顯複稱賈、楊隱懷詐偽，更相薦譽，欲得大位，罔上不道，應即加嚴刑，有詔坐捐之死罪，興減死一等，髡為城旦。可憐捐之熱中富貴，反落得身首異處，興雖免死，丟去了長安令，做了一個刑徒，求福得禍，何苦為此？**可為鑽營奔競者鑑**。

越年日食地震，變異相尋。東海郡經生匡衡，方入為給事中，元帝問以地震日食的原因，衡答言天人相感，下作上應，陛下能祗畏天戒，哀憫元元，省靡麗，考制發，近中正，遠巧佞，崇至仁，匡失俗，自然大化可成，休徵即至云云。元帝因衡奏對稱旨，擢為光祿大夫，已而地又震，日又食，自永光二年至四年，迭遭警變。元帝因記起周堪、張猛，被貶在外，實是啣冤，乃責問群臣道：「汝等前言天變相仍，咎在堪、猛，今堪、猛外謫數年，何故天變較甚，試問將更咎何人？」群臣無詞可答，只好叩首謝罪。元帝因復徵拜堪為光祿大夫，領尚書事；猛為大中大夫，兼給事中。堪猛再入朝受職，總道元帝悔悟，此次總可吐氣揚眉，那知朝上

尚書，先有四人，統是石顯私黨。一個就是五鹿充宗，官拜少府，兼尚書令，第二個是中書僕射牢梁，第三、第四叫做伊嘉、陳順，並皆典領尚書。堪與四人位置相同，口眾我寡，怎能敵得過四奸？再加元帝連年多病，深居簡出，堪有要事陳請，反要石顯代為奏聞，累得堪不勝鬱憤，有口難言。俗語說得好，憂能傷人，況堪已垂老，如何禁受得起？一日忽然病喑，噤不成聲，未幾即歿。張猛失了師援，越覺孤危，遂被石顯讒構，傳詔逮繫。猛不肯受辱，竟在宮車門前，拔劍自刎。**石顯未去，師弟何苦復來，顯是自己尋死。**劉更生聞知堪、猛死亡，倍增傷感，特仿楚屈原《離騷經》體，撰成《疾讒救危及世頌》凡八篇，聊寄悲懷；還幸自己命不該絕，未被害死，也好算是蒙泉剝果了。

且說元帝後宮，除王皇后外，要算馮、傅兩婕妤，最為寵幸。傅婕妤係河南溫縣人，早年喪父，母又改嫁，婕妤流離入都，得事上官太后，善伺意旨，進為才人。上官太后賜給元帝，元帝即位，拜為婕妤。憑著那柔顏麗質，趨承左右，深得主歡，就是宮中女役，亦因她待遇有恩，並皆感激，常飲酒酹地，代祝延釐。好幾年生下一女一男，女為平都公主；男名康，永光三年，封為濟陽王，傅婕妤得進號昭儀。元帝對她母子兩人，非常憐愛，甚至皇后太子，亦所未及。光祿大夫匡衡，曾上書規諫，勸元帝辨明嫡庶，不應得新忘故，移卑逾尊。元帝因令衡為太子太傅，但寵愛傅昭儀母子，仍然如故。傅昭儀外，便是馮婕妤最為得寵。馮婕妤的家世，與傅昭儀貴賤不同，乃父就是光祿大夫馮奉世。奉世曾討平莎車，只因矯詔的嫌疑，未得封侯。**見八十三回。**元帝初年，始遷官光祿勳。既而隴西羌人，為了護羌校尉辛湯，嗜酒性殘，激怒羌眾，復致造反。元帝因奉世夙諳兵法，特使為右將軍，領兵出擊。丞相韋玄成，御史大夫鄭弘等，主張屯戍，只肯發兵萬人，奉世謂宜出兵六萬，方可平羌。元帝初意尚如丞

第八十九回
馮婕妤挺身當猛獸　朱子元仗義救良朋

相御史所言，令率萬二千人西行，及奉世到了隴西，繪呈地形，再申前議，元帝乃使太常任千秋為奮威將軍，領兵六萬，前往策應。奉世既得大隊人馬，果然一鼓破羌，斬首數千級，餘羌並皆遁去，隴西復平。奉世班師覆命，得受爵關內侯，調任左將軍。子野王為左馮翊，父子並登顯階，望重一時。馮婕妤係奉世長女，由元帝納入後宮，生子名興，得拜婕妤，受寵與傅昭儀相似。

永光六年，改元建昭。好容易到了冬令，元帝病體已痊，滿懷高興，挈著後宮妃嬪，親至長楊宮校獵，文武百官，一律從行。既至獵場，元帝在場外高坐，左有傅昭儀，右有馮婕妤，此外如六宮美人，不可勝述。文官遠遠站立，武官多去獵射，約莫有三五時辰，捕得許多飛禽走獸，俱至御前報功。元帝大悅，傳諭嘉獎。到了午後，還是餘興未盡，更至虎圈前面，看視鬥獸，傅昭儀、馮婕妤等當然隨著。那虎圈中的各種野獸，本來是各歸各柵，不相連合，一經彙集，種類不同，立即咆哮跳躍，互相蠻觸。正在爪牙雜沓，迷眩眾目的時候，忽有一個野熊，躍出虎圈，竟向御座前奔來。御座外面，有檻攔住，熊把前兩爪攀住檻上，意欲縱身跳入。嚇得御座旁邊的妃嬪媵嬙，魂魄飛揚，爭相後面竄逸。傅昭儀亦逃命要緊，飛動金蓮，亂曳翠裾，半傾半跌的跑往他處。只有馮婕妤並不慌忙，反且挺身向前，當熊立住。**卻是奇突！**元帝不覺大驚，正要呼她奔避，卻值武士趨近，各持兵器，把熊格死。馮婕妤花容如舊，徐步引退，元帝顧問道：「猛獸前來，人皆驚避，汝為何反向前立住？」馮婕妤答道：「妾聞猛獸攫人，得人便止。意恐熊至御座，侵犯陛下，故情願拚生當熊，免得陛下受驚。」元帝聽了，讚嘆不已。此時傅昭儀等已經返身趨集，聽著馮婕妤的答議，多半驚服。只有傅昭儀不免懷慚，由愧生妒，遂與馮婕妤有嫌。**婦女性情往往如此。**馮婕妤怎能知曉，侍輦還宮。元帝就拜馮婕妤為

昭儀，封婕妤子興為信都王。昭儀名位，乃是元帝新設，比皇后僅差一級，前只有一傅昭儀，至此復有馮昭儀，位均勢敵，差不多如避面尹邢，兩不相下了。**尹、邢為武帝時婕妤，事見前文。**

中書令石顯，見馮昭儀方經得寵，馮奉世父子又並列公卿，便擬倚勢獻諛。特將野王弟馮逡，代為揄揚，薦入帷幄。逡已為謁者，由元帝即日召見，欲將他擢為侍中。偏逡見了元帝，極言石顯專權誤國，觸動元帝怒意，斥令退去，反將他降為郎官。石顯聞知，當然快意，但與馮氏亦從此有仇，把從前援引的意思，變作排擠。

當時有一郎官京房，通經致用，屢蒙召問。房本與五鹿充宗，同為頓丘人氏，又同學《易經》，唯充宗師事梁邱賀，房師事焦延壽，師說不同，講解互異。且充宗阿附石顯，尤為房所嫉視，嘗欲乘間進言，鋤去邪黨。一日由元帝召語經學，旁及史事，房遂問元帝道：「周朝的幽、厲兩王，陛下可知他危亡的原因否？」元帝道：「任用奸佞，所以危亡。」房又問道：「幽、厲何故好用奸佞？」元帝道：「他誤視奸佞為賢人，因此任用。」房複道：「如今何故知他不賢？」元帝道：「若非不賢，何至危亂？」房便進說道：「照此看來，用賢必治，用不賢便亂。幽、厲何不別求賢人，乃專任不賢，自甘危亂呢？」元帝笑道：「亂世人主，往往用人不明。否則自古到今，有什麼危亡主子哩？」房說道：「齊桓公與秦二世，也嘗譏笑幽、厲，偏一用豎刁，一信趙高，終致國家大亂，彼何不將幽、厲為戒，早自覺悟呢？」**已是明斥石顯。**元帝道：「這非明主不能見及，齊、桓秦二世，原不得算做明君。」房見元帝尚是泛談，未曾曉悟。當即免冠叩首道：「春秋二百四十年間，迭書災異，原是垂戒將來。今陛下嗣位數年，天變人異，與春秋相似，究竟今日為治為亂？」元帝道：「今日也是極亂呢！」房直說道：「現在果任用何人？」元帝道：「我想現今任事諸人，當

第八十九回
馮婕妤挺身當猛獸　朱子元仗義救良朋

不致如亂世的不賢。」房又道：「後世視今，也如今世視古，還求陛下三思！」元帝沉吟半晌道：「今日有何人足以致亂？」房答道：「陛下聖明，應自知曉。」元帝道：「我實不知，已知何為複用。」房欲說不敢，不說又不忍，只得說是陛下平日最所親信，與參祕議的近臣，不可不察。元帝方接口道：「我知道了！」房乃起身退出，滿望元帝從此省悟，驅逐石顯諸人。那知石顯等毫不搖動，反將房徙為魏郡太守。房自知為石顯等所忌，隱懷憂懼，但乞請毋屬刺史，仍得乘傳奏事，元帝倒也允許，房只得出都自去。

才閱月餘，便由都中發出緹騎，逮房下獄。案情為房婦翁張博所牽連，因致得罪。博係淮陽王劉欽舅，**欽即元帝庶兄**。嘗從房學《易》，以女妻房。房每經召對，退必與博具述本末。博儇巧無行，便將宮中隱情，轉報淮陽王欽，且言朝無賢臣，災異屢見，天子已有意求賢，請王自求入朝，輔助主上等語。欽竟為所惑，為博代償債負二百萬，博又報書敦促，詐言已賄託石顯，從中說妥，費去黃金五百斤，欽復如數齎給。不料為石顯所聞，當即訐發，博兄弟三人，並皆繫獄，連京房亦被株連，繫入都中定罪，案情為翁婿通謀，誹謗政治，詿誤諸侯王，狡猾不道，一併棄市。房原姓李氏，推易得數，改姓為京。前從焦延壽學《易》，延壽嘗謂京生雖傳我道，後必亡身，及是果驗。御史大夫鄭弘，與房友善，房前為元帝述幽、厲事，曾出告鄭弘，弘亦深表贊成。所以房棄市後，弘連坐免官，黜為庶人，進任匡衡為御史大夫。唯淮陽王欽，不過傳詔詰責，由欽上表謝罪，幸得無恙。

接連又興起一場冤獄，也是石顯一手做成。坐罪的是御史中丞陳咸，與槐里令朱雲。咸字子康，為前御史大夫陳萬年子。萬年好交結權貴，獨咸與乃父不同，十八歲入補郎官，便是抗直敢言。萬年恐他招禍，往往夜

半與語，教他寬厚和平。咸在床前立著，聽了多時，全與己意不合，但又不便反抗，索性置若罔聞，朦朧睡去。一個打盹，把頭觸著屏風，竟致震響，萬年不禁怒起，起床取杖，意欲撻咸。咸方驚醒跪叩道：「兒已備聆嚴訓，無非教兒諂媚罷了！」**原是一言可蔽**。這語說出，累得萬年無詞可駁，也只得將咸喝退，上床就寢，不復與言。未幾萬年病死，咸剛直如前，元帝卻重他材能，累遷至御史中丞。還有蕭望之門生朱雲，與咸氣誼相投，結為好友，兩人有時晤談，輒詆斥石顯諸人，不遺餘力。可巧顯黨五鹿充宗，開會講經，仗著權閹勢力，無人敢抗，獨朱雲攝衣趨入，與充宗互相辯論，駁得充宗垂頭喪氣，悵然退去。都人士有歌謠云：「五鹿嶽嶽，朱雲折其角。」嗣是雲名遂盛，連元帝也有所聞，特別召見，拜為博士，旋出任杜陵令，輾轉調充槐里令。雲因石顯用事，丞相韋玄成等依阿取容，不如先劾玄成，然後再彈石顯，於是拜本進去，具言韋玄成怯懦無能，不勝相位。看官試想，區區縣令，怎能扳得倒當朝宰相，徒被玄成聞知，結下冤仇。會雲因事殺人，被人告訐，謂雲妄殺無辜，元帝因問韋玄成。玄成正怨恨朱雲，便答言雲政多暴，毫無善狀。湊巧陳咸在旁，得聞此言，不由的替雲著急，慌忙還家，寫成一封密書，通報朱雲。雲當然驚惶，覆書託咸，代為設法，咸即替雲擬就奏稿，寄將過去，教雲依稿繕成，即日呈進，請交御史中丞查辦。**計實未善**。雲如言辦理，偏被五鹿充宗看見奏章，欲報前日被駁的羞辱，當即告知石顯，批交丞相究治。陳咸見計畫不成，又復通告朱雲，雲便逃入都門，與咸面商救急的計策。**越弄越錯**。丞相韋玄成，派吏查訊朱雲，不見下落，再差人探聽消息，知雲在陳咸家中，當下劾咸漏洩禁中言語，並且隱匿罪人，應一併捕治，下獄論罪。

元帝准奏，飭廷尉拘捕二人，二人無從奔避，盡被拿住，入獄拷訊。咸不肯直供，受了好幾次搒掠，困憊不堪，自思受傷已重，死在眼前，忍

第八十九回
馮婕妤挺身當猛獸　朱子元仗義救良朋

不住呻吟悲楚。忽有獄卒走報，謂有醫生入視，咸即令召入，舉目一瞧，並不是什麼良醫，乃是好友朱博。當下視同骨肉，即欲向他訴苦，博忙舉手示意，佯與診視病狀，使獄卒往取茶水，然後問明咸犯罪略情，至獄卒將茶水取至，當即截住私談，珍重而別。博字子元，杜陵人氏，慷慨好義，樂與人交，歷任縣吏郡曹，復為京兆府督郵。自聞咸得罪下獄，即移名改姓，潛至廷尉府中，探聽消息。一面買囑獄卒，假稱醫生，親向獄中詢問明白，然後求見廷尉，為咸作證，言咸冤屈受誣。廷尉不信，笞博數百，博終咬定前詞，極口呼冤。好在韋玄成得了一病，纏綿床褥，也願放寬咸案，咸才得免死，髡為城旦。朱雲也得出獄，削職為民。但非朱博熱心救友，恐尚未易解決，這才可稱得患難至交呢！小子有詩讚道：

> 臨危才見舊交情，仗義施仁且熱誠。
> 誰似朱君高氣節，救人獄底得全生。

越年，韋玄成病死，後任丞相，當然有人接替。欲知姓名，試看下回便知。

馮婕妤之當熊，綽有父風，彼雖一娉婷弱質，獨能奮身不顧，拚死直前，殆與乃父之襲取莎車，同一識力。彼傅昭儀輩，寧能得此。然傅昭儀因是銜嫌，而馮婕妤卒為所傾，天胡不弔。反使妒功忌能者之得逞其奸，是正足令人太息矣！不寧唯是，天下之為主效忠者，往往為小人所構陷。試觀元帝一朝，二豎擅權，正人義士，多被摧鋤，除賈捐之死不足惜外，何一非埋冤地下。陳咸之不死，賴有良朋，否則石顯、韋玄成，朋比相傾，幾何不流血市曹也。宣聖有言，女子與小人為難養，誠哉其然！

第九十回
斬郅支陳湯立奇功　嫁匈奴王嬙留遺恨

卻說韋玄成死後，御史大夫匡衡，循例升任，另用繁延壽為御史大夫。匡衡雖尚正直，但見石顯權勢鞏固，也不敢與他反對，只得順風敲鑼，做一個好好先生。石顯有姊，欲與郎中甘延壽為妻，偏延壽看輕石顯，不願與婚，婉言謝絕。**卻有特識**。顯便即啣恨。建昭三年，甘延壽為西域都護騎都尉，與副校尉陳湯，同出西域，襲斬郅支單于，傳首長安。朝臣多為甘、陳請封，獨石顯聯同匡衡，合詞勸阻，輿論遂不直匡衡。

究竟甘、陳二人，何故襲斬郅支？說來卻有一種原因。郅支單于徙居堅昆，怨漢擁護呼韓邪，不肯助己，拘辱漢使江迺始等，遣使求還侍子駒於利受。**見八十六、八十七回**。元帝許令回國，特遣衛司馬谷吉送往，吉被郅支殺死。郅支自知負漢，又聞呼韓邪漸強，恐遭襲擊。正想再徙他處，適康居國遣使迎郅支，欲令合兵，共取烏孫，郅支樂得應允，便引兵西往康居。康居王將己女嫁與郅支，郅支也將己女嫁與康居王，**互相翁婿，也是罕聞**。彼此結為婚姻，聯兵往攻烏孫。直至赤谷城下，**赤谷城為烏孫都，見前文**。掠得許多人畜，方才還師。烏孫不敢追擊，且將西近康居的地方，棄作荒地，所有舊時居民，一律東徙，免得遭殃。郅支恃勝生驕，即蔑視康居，凌虐康居王女。康居王女不肯服氣，惹動郅支怒意，竟

第九十回
斬郅支陳湯立奇功　嫁匈奴王嬙留遺恨

拔刀將她砍死。自至都賴水濱，役民築城，民或少怠，便截斬手足，投入水中。二年餘才得畢工，郅支入城居住，據險自固；屢遣使分往大宛諸國，徵求歲貢。大宛國怕他強暴，不敢不依。漢廷尚以為谷吉未死，派使探問，才知吉被殺死。再使人索還屍骸，郅支不與，反將漢使羈住，佯求西域都護，自言僻居困厄，情願歸附大漢，遣子入侍。其實是設詞相誑，意在緩兵。**凶狡已極！**西域都護鄭吉，已老病歸休，元帝乃特簡甘延壽、陳湯兩人，出鎮烏壘城。

延壽字君況，北地郁鬱人。湯字子公，山陽瑕邱人。延壽素善騎射，向以武力著名；湯卻是文士出身，不拘小節，專好奇謀。既與延壽同至西域，所過山川城邑，無不注意。當下與延壽商議道：「夷狄畏服大國，本性使然。前時西域，嘗服屬匈奴。今郅支單于遷移至此，自恃國威，侵陵烏孫、大宛，並為康居畫策，謀吞二國。若烏孫、大宛，果被併吞，勢必北攻伊列，西取安息，南擊月氏，不出數年，西域諸國，且盡為所有了！且郅支驃悍善戰，此時不圖，必為西域大患，最好是先發制人，盡發屯田吏士，驅從烏孫部眾，直指彼城。彼守備未堅，容易攻入，乘此斬郅支首，上獻朝廷，豈不是千載一時的大功麼？」延壽也以為然，唯欲先奏後行。湯又勸阻道：「朝廷公卿，怎知遠謀？如欲奏聞，必不見從。」延壽終以為不便專擅，未肯遽行。正思上書奏請，忽然得病，只好擱置一旁，從事醫治。

約過了好幾日，病治少瘥，忽聞外面人聲馬嘶，陸續不絕，忍不住跳落床下，向外查問，但見陳湯檢閱兵馬，前後來列，差不多有數萬人，便喝聲道：「眾兵到此，意欲何為！」湯毫不斂縮，反按劍相叱道：「大眾齊集，往討郅支，豎子尚敢阻眾麼！」**敢作敢言。**說得延壽瞠目伸舌，不敢異議。及詢明實情，才知湯乘著己病，矯制調來。那時箭在弦上，不得不發，只得與湯部勒兵士，分作六隊，即日起行。三隊從南道逾蔥嶺，由大

宛繞往康居，延壽與湯自率三隊，從北道過烏孫國都，入康居境。行至闐池西面，適值康居副王抱闐，領數千騎，侵赤谷城，攜得人畜回來，被湯麾兵截殺一陣，奪還人口四百七十人，交付烏孫大昆彌，牲畜留給軍食。再西行入康居界，訪聞康居貴人屠墨，與郅支不協，因使人召他至軍，曉示禍福，屠墨自願乞和。湯即與歃血為盟，遣令還撫部眾，毋得抗漢，一面沿途揭示，不犯秋毫。途中復得屠墨從子開牟，使為嚮導，直向郅支居城出發。距城約三十里，扎定營盤。

可巧郅支差人到來，詰問漢兵何故到此？陳湯出應道：「汝單于上書歸漢，願遣侍子，故我朝特發兵相迎，因恐驚動左右，未便遽至城下，請單于送交妻孥，我等即當東歸。」**將計就計**。使人返報郅支，郅支本為緩兵起見，設詞誑漢。不意弄假成真，惹引漢兵入境，難道真個割捨妻子，送交漢營？當下再遣使誘約，但言行裝未備，須寬限時期。湯只准寬限三兩日，限滿又去催促，郅支只管延宕。兩下裡使節往來，約有數次，湯忽然作色，怒對來使道：「我等為單于遠來，勞兵糜餉，今到此多日，未見一名王貴人，來報實信，為何單于慢客至此？我等糧食將盡，人馬睏乏，再若延挨，勢且不得生還，敢請單于速定籌畫，毋得誤我！」**仍是以假應假**。來使自依言回報，郅支雖亦知漢將詐謀，唯遠來糧少，想是真情，但教謹守不理，漢兵無糧，不去何待？當下號令人馬，分頭拒守。城上懸著五彩旗幟，令數百人戴盔披甲，登陴序立。再用壯士百餘人，夾門立陣，門下使遊騎百餘，往來巡邏。

布置甫定，見漢兵已鼓譟前來，百餘遊騎，卻也不管好歹，就縱馬來突漢兵，漢兵早已防著，張弓迭射，箭如雨注，得將胡騎射退。漢兵從後追擊，遙見城上胡兵，拍手相招道：「能鬥即來！」漢兵毫不怯懼，紛紛薄城，用箭仰射，飛上城頭。城上守兵，退落城下；城門內外的壯士，亦

第九十回
斬郅支陳湯立奇功　嫁匈奴王嬙留遺恨

　　皆斂入，把門關住。漢兵四面圍城。城有兩重，外用木城，內用土城，木城有隙，裡面胡兵，射箭出來，傷斃漢兵數人。延壽與湯，憤不可遏，命兵士縱火燒城，木城遇火，立即延燃。胡兵抵禦不住，多半逃入內城，只有數百銳騎，出外攔阻，統被漢兵射死。漢兵前擁刀牌，後持弩戟，一齊撲入木城，掃盡胡兵，然後再攻土城。郅支單于見漢兵勢盛，意欲出走，轉思漢兵經過康居，未聞開仗，定是康居挾嫌助漢，任令通道，且漢兵陣內，夾入西域各國兵馬，眼見西域諸王，亦皆為漢效力，就使得脫重圍，也是無路可奔。因此決計死守，兵馬不足，連宮人亦驅登城樓，自己全身披掛，上城指揮。大小閼氏，約數十人，有幾個頗能射箭，也彎著強弓，俯射漢兵。漢兵用楯為蔽，覷著空隙，還射上去，弓弦迭響，射倒大小閼氏數人。**可謂直中紅心**。有一箭不偏不倚，正中郅支鼻上，郅支忍痛不住，退入城中。宮人越覺膽怯，自然隨下。

　　漢兵方思緣梯登城，突聞康居發兵萬餘，來救郅支，**王女已經被殺，想是郅支女得寵康居，故以德報怨**。延壽與湯，不得不暫緩撲城。時又天暮，且守住營寨，防備康居兵衝突。陳湯復想出一法，暗遣裨將帶領偏師，悄悄的抄至康居兵後，舉火為號，以便夾擊。裨將奉命，乘夜行兵，無人窺悉。康居兵但顧前面，與城中人遙相呼應，喊聲四震，奮突漢營。漢營堅壁勿動，待至逼近，方用硬箭射去，濟以長槍大戟，迎頭痛刺，任他康居兵如何強悍，也覺無孔可鑽，一夜間馳突數次，俱被擊卻。看看天色微明，康居兵已皆疲倦，不意漢營中鼓聲忽起，領兵殺出。康居兵急忙退後，回頭一望，更不得了，但見火光四迸，煙焰中擁出許多漢兵，截住去路。嚇得康居兵進退失據，被漢兵夾擊一陣，好與斫瓜切菜相似，萬餘騎死了八九千，單剩得一二千人，抱頭竄去。延壽與湯，既殺敗康居兵馬，乘勢攻撲內城，四面架梯，冒險乘陣，頓將內城搗破。郅支挈同男女

百餘人，逃入宮中，漢兵縱火焚宮，闔宮大駭。郅支硬著頭皮，拚命出戰，怎禁得漢兵擁入，團團圍住，一著失手，便被斫倒。軍侯杜勳搶前一步，梟了郅支首級，攜去報功。諸將士陸續入宮，殺斃閼氏、太子、名王以下千五百人，生擒番目百四十五人，收降胡兵千餘人，搜得漢使節二柄，並前時谷吉所齎詔書。此外金帛牲畜等件，悉數搬取，由甘延壽、陳湯兩主將，酌量分給，除賞賜部眾，遍及各國隨徵兵士，全體騰歡。

先是延壽與湯，矯詔發兵，已經上書自劾，至陣斬郅支，復將首級獻入長安，請懸諸藁街，威示蠻夷。藁街係長安市名，蠻夷使館，盡在此處，故有是請。石顯聞得延壽功成，大為拂意，先使丞相匡衡奏請，時當春令，應掩骸埋胔，不宜懸示虜首。偏車騎將軍許嘉，右將軍王商，謂春秋夾谷一會，齊優戲侮魯君，孔子即令將優施處斬，盛夏施刑，首足兩分，異門取出。今郅支逆命，幸得受誅，正宜懸示十日，方可埋葬。有詔從兩將軍議。匡衡見不從己奏，再與石顯密商，同劾甘延壽、陳湯，矯制興兵，功難抵罪；且陳湯私取財物，應即查辦。元帝乃令司隸校尉，飛飭塞上官吏，按驗陳湯吏士。湯上書自訟，略言臣與吏士，共誅郅支，萬里還朝，應有使臣迎勞道路。今聞司隸校尉，反令地方官按驗，是為郅支報仇，令臣不解。元帝得書，乃收回成命，令沿途縣吏，具備酒食，供給西征回來的軍士；及全師凱旋，論功行賞。石、顯匡衡，復先後上奏，謂延壽、湯擅自興兵，幸得不誅，若復加爵土，將來有人出使，各欲乘危僥倖，生事蠻夷，此風斷不可開，免得國家貽患等語。元帝以甘、陳有功，意欲加封，只因石顯、匡衡，是內外重臣，卻也未便違議，躊躇累日，歷久未決。此時劉更生已改名為向，請封甘、陳兩人，大致說是：

郅支單于，囚殺使者，傷威毀重，群臣皆閔焉。陛下赫然欲誅之意，未嘗有忘。西域都護延壽，副校尉湯，承聖旨，倚神靈，總百蠻之君，集

第九十回
斬郅支陳湯立奇功　嫁匈奴王嬙留遺恨

　　城郭之兵，出百死，入絕域，遂陷康居，屠重城，斬郅支之首，掃谷吉之恥，勳莫大焉！臣聞論大功者，不錄小過，舉大美者，不疵細瑕。宜以時除過勿治，尊寵爵位，以勸有功，則國家幸甚！

　　這書呈入，元帝有詞可借，方封延壽為義成侯，官長水校尉；賜湯爵關內侯，官射聲校尉。一面告祠郊廟，大赦天下，群臣置酒上壽，慶賞了好幾天。有故建平侯杜延年子杜欽，乘機上書，追述馮奉世前破莎車功績，與甘、陳相同，亦宜補封侯爵，不沒功臣。**前也為馮昭儀獻諛。**元帝因奉世已歿，且破滅莎車，乃是先帝時事，不便重翻舊案，因將欽議擱起不提。會御史大夫繁延壽又歿，朝臣多舉薦大鴻臚馮野王，稱他行能第一。野王係奉世子，由左馮翊入任大鴻臚。石顯既與馮氏有嫌，自然仇視野王，當即入語元帝道：「現在九卿中，原無過野王，可惜野王係馮昭儀親兄，臣恐天下後世，還疑陛下偏私，專用後宮親屬呢！」**巧言如簧，令人不覺。**元帝聞言，不禁點首，遂別任太子少傅張譚，為御史大夫。**奉世不得追封，當亦由石顯作梗。**

　　石顯專以狡黠取寵，此次排擠野王，令元帝自然中計，他尚恐為人所斥，特向元帝密奏道：「宮中有所徵發，不論早晚，若夜間宮門早閉，不及呈入，請陛下准令開門。」元帝不知有詐，便即照允。顯既邀允准，往往責夜出取物件，故意延挨，待至宮門已閉，即傳詔開門，幾成慣例。果然有人劾奏石顯矯詔開門，元帝付諸一笑，將原書取示石顯，顯忙跪下泣陳道：「陛下過寵小臣，特加重任，群下無不忌嫉，爭謀陷害，幸賴陛下聖明，不予嚴譴。此後願仍歸舊職，專備後宮掃除，免得他人側目，臣死亦無遺恨了！」元帝聽說，總道顯所言非誣，格外垂憐，好言撫慰，並給厚賞。後來遇有劾顯諸奏，概置不理，顯越得專寵，毫無忌憚。牢梁、五鹿充宗等，倚顯為援，固寵希榮。都人交口作歌道：「牢耶，石耶！五鹿

客耶！印何纍纍！綬何若若！」歌雖如此，傳不到元帝耳中，所以元帝一朝，石顯等安然無恙。事且慢表。

　　且說建昭五年以後，復改元竟寧。竟寧元年，呼韓邪單于自請入朝，奏詔批准，遂自塞外啟行，直抵長安。他因郅支受誅，且喜且懼，所以此次朝見，面乞和親，願為漢婿，元帝也欲羈縻呼韓邪，慨然允諾。待至呼韓邪退朝，暗想前代曾有和親故事，輒取宗室子女，充作公主，出嫁單于。今呼韓邪已經投降，迥非昔比，但將後宮女子，未曾召幸，隨便選擇一人，嫁與呼韓邪，便可了事。主見已定，即命左右取入宮女圖，展覽一周，任意提起御筆，點選一人，命有司代辦妝奩，揀選吉日，將御筆點出的宮女，送交呼韓邪客邸，賜與完婚。待至吉期已屆，那宮女裝束停當，至御座前辭行。元帝不瞧猶可，瞧了一眼，竟是一個芳容絕代的麗姝，雲鬢低翠，粉頰緋紅，體態身材，無不合度，最可憐的是兩道黛眉，淺顰微蹙，似乎有含著嗔怨的模樣。及見她柳腰輕折，拜倒座下，輕輕的囀著嬌喉道：「臣女王嬙見駕。」**芳名由她自呼，轉覺得旖旎動人。**元帝忍不住問道：「汝從何時入宮？」王嬙具述年月。元帝一想，該女入宮有年，為何並未見過？可惜如此美貌，反讓與外夷享受，真正錯極。本欲將她留住，又恐失信外人，且被臣民訾議，謗我好色，愈覺不妙。沒奈何鎮定心神，囑咐數語，待她起身出去，拂袖入宮。再去查閱宮女圖，十分中僅得兩三分，還是草草描成，毫無生氣。嗣又把已經召幸的宮人，比較一番，覺得畫工精美，比本人要勝過幾分，不由的大怒道：「可恨畫工，故意毀損麗容。若非作弊，定有他因！」當即傳飭有司，查究畫工為誰？有司遵將長安畫工，一律傳訊，當場查出，乃是杜陵人毛延壽，曾繪王嬙面貌，索賄不獲，故意把花容玉貌，繪做泥塑木雕一般。案既審定，延壽欺君不道，讞成死刑。唯王嬙身世，應該略敘。

第九十回
斬郅支陳湯立奇功　嫁匈奴王嬙留遺恨

嬙字昭君，係南郡秭歸人王穰女，當時被選入宮，例須先經畫工摹繪，然後呈上御覽，准備召幸。延壽本著名畫家，寫生最肖。只是生性貪鄙，屢向宮女索賄，宮女巴不得入宮見寵，大都傾囊相贈，延壽就從筆底上添出豐韻，能使易醜為妍。只有王昭君貌本天成，不煩藻採，她又生性奇傲，未肯無故費錢，因此毛延壽有心毀損，特將她易妍為醜，借洩私忿。元帝但憑畫圖選幸，怎知宮中有如此美人？到了昭君見面，才覺追悔，因將毛延壽處斬。延壽原是該死，只昭君自悲命薄，嫁了一個老番王，無可奈何，由他取樂。呼韓邪單于當然心歡，並向元帝上書，願代為保塞，免得中國勞師。廷臣皆以為可行，唯郎中侯應，熟習邊事，力言北塞邊防，萬不可撤。反覆指陳利害，說得元帝憬然省悟，遂令車騎將軍許嘉，傳諭呼韓邪單于，略言中國邊防，並非專御外患，實恐盜賊出塞，寇掠外人，單于雖懷好意，但尚有窒礙，不能遽從。呼韓邪單于乃願罷前議，入朝辭行。帶了王嬙出塞，號為寧胡閼氏。歲餘生下一男，叫做伊屠牙斯。後來呼韓邪單于病死，長子雕陶莫皋嗣立，號為復株絫同累。若鞮單于，見昭君華色未衰，復占為妻室。一介女流，怎能反抗，況且胡俗得妻後母，乃是向來老例，昭君也只好降尊從俗，得過且過。旅復生了二女，長女為須卜居次，次女為當於居次。**須卜、當於皆夫家氏族，居次注見前**。昭君竟老死塞外，墓上草色獨青，與他處黃草不同，當時呼為青塚。後人因她紅粉飄零，遠入夷狄，特為譜入樂府，名〈昭君怨〉。或說她跨馬出塞，馬上自彈琵琶，創成此調，如泣如訴，後來不從胡禮，服毒自盡。這都是為色生憐，憑空臆造，證諸史傳，便可知是虛誣了。小子有詩嘆道：

婁敬和親號罪魁，宮妝辱沒劇堪哀。
如何番虜投誠日，尚使紅顏出塞來？

元帝既遣歸呼韓邪，尚是紀念王昭君，愁緒無聊，懨懨成疾，便要從

此歸天了。欲知詳情，下文再當細表。

　　郅支單于殺辱漢使，理應聲罪致討，上伸國威。元帝不使甘延壽、陳湯進討郅支，其庸弱已可見一斑。湯為副校尉，名位不逮甘延壽，獨能奮威雪恥，襲斬郅支，雖曰矯制，功莫大焉。況律以《春秋》之義，更覺無罪可言。匡衡號為經儒，乃甘媚權閹，妒功忌能，讀聖賢書，顧如是乎？郅支既死，呼韓邪二次請朝，此時匈奴衰弱，何必再襲婁敬和親之下計？直言拒絕，亦屬無傷，仍給以宮女王嬙，徒使絕代麗姝，終淪異域，嗟何及歟！或謂元帝不貪女色，示信外夷，猶有君人之度，詎知王道不外人情，一夫不獲，時予之辜，何忍摧殘紅粉，辱沒蠻夷！如果見色不貪，儘可使之出嫁才郎，諧成嘉偶。天子且不能庇一美人，謂非庸弱得乎？「一去紫臺連朔漠，獨留青塚向黃昏。」讀杜少陵詩，竊為之感慨不置云。

第九十回
斬郅支陳湯立奇功　嫁匈奴王嬙留遺恨

第九十一回
賴直諫太子得承基　寵正宮詞臣同抗議

卻說元帝寢疾,逐日加劇,屢因尚書入省,問及景帝立膠東王故事,**即漢武帝**。尚書等並知帝意,應對時多半支吾。原來元帝有三男,最鍾愛的是定陶王康,**係傅昭儀所出,見前文**。初封濟陽,徙封山陽及定陶,康有技能,尤嫻音律,與元帝才藝相同。元帝能自制樂譜,創成新聲,嘗在殿下襯著鼙鼓,自用銅丸連擲鼓上,聲皆中節,與在鼓旁直擊相同,他人都不能及。獨康亦擅此技,有乃父風,元帝讚不絕口,常與左右談及。駙馬都尉史丹,係前大司馬史高長子,隨駕出入,日侍左右,聞元帝稱美定陶王,便向前直陳道:「陛下嘗謂定陶王多材,臣愚以為材具稱長,莫如聰敏好學的皇太子;若徒以絲竹鼓鼙為能,是黃門鼓吹郎陳惠、李微,高出匡衡,何妨使為丞相哩!」元帝聽了,也不禁失笑。

已而中山王竟,得病遽殤。竟係元帝少弟,元帝初元二年,方授王封,年幼未能就國,留居都中,與太子驁同學,頗相親愛。中山王歿,元帝挈著太子,同往弔喪,撫棺流涕,悲不自禁,獨太子驁並無戚容,元帝怒說道:「天下有臨喪不哀,可以仰承宗廟,為民父母麼?」說著,旁顧左右,見史丹在側,便詰問道:「汝言太子多材,今果何如!」丹忙中有智,即免冠叩謝道:「臣見陛下悲哀過甚,因戒太子不再涕泣,免增陛下

第九十一回
賴直諫太子得承基　寵正宮詞臣同抗議

感傷，臣罪當死！」**既為太子辯護，又為自己表忠，好一個伶俐口才。**元帝被他瞞過，怒氣自平。到了元帝寢疾的時候，定陶王康與生母傅昭儀，朝夕入侍。傅昭儀狡黠過人，憑著那靈心慧舌，閱動元帝，改易太子，好把親子補充儲位。元帝頗為所惑，因欲援膠東王故例，諷示尚書。史丹又有所聞，探得傅昭儀母子，不在寢宮，竟大膽趨入，跪伏青蒲上面，儘管叩頭。青蒲是青色畫地，接近御床，向例只有皇后可登青蒲。史丹急不暇顧，又自恃為元帝近臣，不妨犯規強諫。元帝聞他叩頭有聲，開眼瞧著，見是史丹，乃驚問何因。丹涕泣陳詞道：「太子位居嫡長，冊立有年，天下莫不歸心，今乃道路流言，傳說太子不免動搖，如陛下果有此意，滿朝公卿，必然死爭，臣願先自請死，為群臣倡！」**保全嫡嗣，不失守經之義。**元帝素信丹言，且知太子不應輕易，才喟然長嘆道：「我本無此意，常念皇后勤慎，先帝又素愛太子，我怎好有違？現在我病日加重，恐將不起，願汝等善輔太子，毋違我意！」丹乃唏噓起立，退出寢門。

又過數日，元帝駕崩，享年四十有二，在位十有六年，凡改元四次。太子驁安然即位，是謂成帝。當時太皇太后上官氏早歿，皇太后王氏尚存，因尊皇太后王氏為太皇太后，母后王氏為皇太后，封母舅陽平侯王鳳為大司馬、大將軍，領尚書事。**是王氏攬權之始。**奉葬先帝梓宮於渭陵，廟號孝元皇帝。越年改元建始，卻有一件黜奸大計，足快人心。原來成帝居喪，朝政俱委任王鳳，鳳素聞石顯奸刁，因即奏請成帝，徙顯為長信太僕，奪去重權。丞相匡衡，御史大夫張譚，前曾阿附石顯，此次見顯失勢，竟劾顯種種罪惡，並及顯黨五鹿充宗等人。於是褫免顯官，勒令回籍。顯怏怏就道，病死途中。**得全首領，大是幸事。**少府五鹿充宗被謫為玄菟太守，御史中丞伊嘉也貶為雁門都尉，牢梁、陳順，一併罷免，輿論稱快。又有歌謠傳聞道：「伊徙雁，鹿徙菟，去牢與陳實無價！」

唯匡衡、張譚，既將石顯等劾去，總道前愆可蓋，從此無憂，誰知惱動了一位直臣王尊，竟奏入一本，直言丞相御史，前知石顯奸惡，並未糾彈，反與黨合。今顯罪已露，乃取巧彈奸，失大臣體，應該論罪！**是極。**成帝看了此奏，也知衡、譚有過，但甫經即位，未便遽斥三公，因將原奏擱置不理。衡得知此信，慌忙上書謝罪，乞請骸骨，繳上丞相、樂安侯印綬，成帝下詔慰留，仍將印綬賜還，並貶王尊為高陵令，顧全匡衡面子。衡始照舊行事。但朝臣多是尊非衡，為尊扼腕。尊係涿郡高陽人，幼年喪父，依伯叔為生，伯叔家況亦貧，囑使牧羊，尊且牧且讀，得通文字。嗣充郡中小吏，遷補書佐，郡守嘉他才能，特為保薦，尊遂以直言充選，擢為虢縣令。輾轉遷調，受任益州刺史。蒞郡以後，嘗出巡屬邑，行至邛崍山，山前有九折阪，不易往來。從前王陽嘗出刺益州，**王陽即王吉。**至九折阪前，慨然長嘆道：「我承先人遺體，須當全受全歸，為何屢經出險呢？」當下辭官自去，及尊過九折阪，記起王陽遺事，獨使車伕疾驅向前，且行且語道：「這不是王陽的畏途麼？王陽為孝子，王尊為忠臣，各行其志便了。」尊在任二年，又奉調為東平相。東平王劉宇，係元帝兄弟，少年驕縱，不奉法度。元帝知尊忠直敢為，特將他遷調過去。尊犯顏進諫，不畏豪威，宇好微行，尊即囑令廄長，不准為宇駕馬。宇亦無可如何，唯心中很是不悅。一日尊入庭謁宇，宇雖與有嫌，不得不延令就坐。尊亦窺透宇意，向宇進說道：「尊奉詔來相大王，故人皆為尊作吊，尊聞大王素有勇名，也覺自危，今就職有日，不見大王勇威，不過自恃貴寵，才知大王無勇，如尊方算得真勇呢！」**突兀得很。**宇聽了尊言，不禁變色，意欲把尊格殺，又恐得罪朝廷，眉頭一皺，計上心來，因復強顏與語道：「相君既自稱有勇，腰下佩刀，定非常器，何妨與我一看？」尊注視宇面，屢次色變，料他不懷好意，但呼宇左右侍臣道：「汝可為我拔刀，呈

153

第九十一回
賴直諫太子得承基　寵正宮詞臣同抗議

示大王！」說著，兩手高舉，聽令侍臣拔刀，一面正色語宇道：「大王畢竟無勇，乃欲設計陷尊，說尊拔刀向王，架誣罪名麼？」真是急智。宇被尊說破隱情，暗暗懷慚，又久聞尊有直聲，更致屈服。乃命左右特具酒席，邀令與宴，盡歡而散。無如宇母公孫婕妤，平生只有此子，很是寵愛，此時得為東平太后，見尊監視甚嚴，令子抱屈，不由的懊怒異常，**婦人溺愛，煞是可恨！**當即上書朝廷，劾尊倨傲不臣，妾母子事事受制，恐遭逼死等語。元帝覽奏，見她情詞迫切，不得不令尊免官。及成帝即位，大司馬、大將軍王鳳，素慕尊名，因召為軍中司馬，奏補司隸校尉。偏後因劾奏匡衡、張譚，仍然坐貶。尊到官數月，不願久任，即託病告歸。

　　王鳳也知尊負屈，究因事關丞相，未便左袒，只好聽尊乞休，徐圖召用。唯成帝待遇母黨，格外從優，既使大將軍王鳳秉政，復封母舅王崇為安成侯，王譚、王商、王立、王根、王逢時，皆賜爵關內侯。鳳與崇俱係太后同母弟，故鳳先封侯，崇亦繼封，各得食邑萬戶。王譚以下，統是太后庶弟，所以受封較輕。但數人並無功勳，只為了母后兄弟，都受侯封，爵賞未免太濫，廷臣俱不敢多言。可巧夏四月間，黃霧四塞，咫尺不辨，成帝也覺得奇異，有詔問公卿大夫，各談休咎，毋得隱諱。諫大夫楊興，及博士駟勝等，並說是陰盛侵陽，故有此變。從前高祖立約，非功臣不得封侯，今太后諸弟，無功並侯，為歷朝外戚所未有，應加裁損等語。大將軍王鳳，得見此奏，當即上書辭職。偏成帝不肯照准，優詔挽留。是年六月，有青蠅飛集未央宮殿，繞滿廷臣坐次；八月間又有兩月相承，晨現東方；九月間夜現流星，長四五丈，委曲如蛇形，貫入紫宮。種種災異，內外多歸咎王氏，獨成帝因母推恩，倚畀如故。還有太后母李氏，已與太后父王禁離婚，改嫁苟氏，**見前文。**生下一子，取名為參。太后既貴，使王鳳等迎還生母，且欲援田蚡故例，封苟參為列侯，**不知大體，無非是庸婦**

淺見。還是成帝稍有見識，謂田蚡受封，實非正當，苟參不應加封，但尚拜參為侍中水衡都尉。此外王氏子弟，除七侯外，無論長幼，悉授官祿，這真叫做因私廢公，無益有害了！

且說成帝嗣祚，年方弱冠，正是戒色時候，偏成帝生性好色，在東宮時已喜獵豔圖歡。元帝因母后被毒，不得永年，特選車騎將軍平恩侯許嘉女兒，為太子妃。許女秀外慧中，博通史事，並善書法，又與成帝年貌相當，惹得成帝意動神搖，好像得了仙女一般，鎮日裡相親相愛，相偎相倚，說不盡的千般恩愛，萬種溫存。**反跌下文**。元帝令中常侍與黃門郎，前去探問兩口兒情意，統回報是歡洽異常，頓使元帝欣慰，顧語左右道：「汝等可酌酒賀我！」左右忙奉觴上壽，齊呼萬歲。過了年餘，許妃生下一男，闔宮慶賀。那知蘭徵方驗，玉質遽凋，徒落得一泡幻影，轉眼成空。到了成帝登臺，眼見這位專寵的許妃，應立為后。唯皇太后王氏，因許妃生兒不育，此外儲宮裡面，亦未聞有女生男，於是特傳詔旨，採選良家女子，入備後宮。前御史大夫杜延年子欽，方為大將軍武庫令，進白大將軍王鳳道：「古禮一娶九女，無非為承祖廣嗣起見，今主上春秋方富，未有嫡嗣，將軍何不上採古制，慎擇淑女，早備嬪嬙？從來后妃貞淑，必有良嗣，若及今不圖，待至儲貳無人，另求少艾，將來爭寵奪嫡，禍變且百出了！願將軍深思熟慮，毋貽後憂！」王鳳聞言，也以為然，乃入告王太后。偏王太后拘守漢制，不願法古，鳳亦未便固爭，只好遵循故事罷了。建始二年三月，冊立許妃為皇后，專寵如故。

是年夏季大旱，越年秋令，又復霪雨連旬，直至四十餘日，尚未放晴。長安人民，忽哄傳大水將至，紛紛奔避，你爭先，我恐後，老幼婦女，自相蹴踏，甚至傷亡多人。這消息傳入宮中，成帝慌忙升殿，召入群臣，商議避水方法。王鳳道：「如果水勢氾濫，陛下可奉兩宮太后，乘船

第九十一回
賴直諫太子得承基　寵正宮詞臣同抗議

暫避，所有宮中后妃，隨駕舟行，當可無憂，都中吏民，令他登城避水便了。」語尚未畢，左將軍王商接入道：**此王商與鳳弟同名異人，履歷詳後。**「古時國家無道，水尚不冒城郭，今政治和平，不聞兵革，上下相安，大水為何暴至？這必是民間訛言，斷不可信。若再令百姓登城，豈不是更滋擾亂麼！」**長安地勢甚高，原不至為水所湮，但必謂政治和平，愈啟成帝驕淫，商亦未免失言。**成帝方稍稍放心。商飭吏卒巡視城中，令民毋得妄動，約莫有三五時辰，民情少定，待至日暮，並沒有大水到來，才知全城驚動，實為訛言所誤。成帝因此重商，屢言商有定識，鳳未免慚恨，自悔失言。

　　說起王商履歷，乃是宣帝母舅樂昌侯王武子，**王武見前文。**武歿後襲爵為侯，居喪甚哀，且自願推財相讓，分給異母兄弟。廷臣因他孝義可風，交章薦舉，得進任侍中中郎將。元帝時已遷官右將軍，成帝復調任左將軍，敬禮有加。不過成帝雖優待王商，究竟是疏不間親，未及王鳳的親信。就是車騎將軍平恩侯許嘉，本兼有兩重親誼，且又輔政有年，**嘉係孝宣許皇后從弟，過繼平恩侯許廣漢，且係成帝后父，故云兩重親誼。**偏成帝恐他牽制王鳳，特將他大司馬車騎將軍的印綬，下詔收回。託言將軍家重身尊，不宜再累吏職，特賜黃金二百斤，以特進侯就第。**漢制凡列侯有功德者，賜號特進，位在三公以下。**嘉家居歲餘，便即逝世，予諡曰恭。唯許后寵尚未衰，後宮雖有婕妤數人，罕得進見。許后不再生男，只產了一個女兒，又致夭逝。太后與王鳳等，屢憂成帝無子，成帝卻不以為意，每日退朝，只在中宮食宿，與許后恩好甚深。許后雖非妒婦，但必欲令成帝愛情，移到妃嬪身上，亦所不願，因此朝朝獻媚，夜夜承歡。

　　建始三年十二月朔，日食如鉤，夜間又地震起來，未央宮亦為搖動。成帝亦為不安，翌日下詔，令舉直言敢諫之士，問及時政闕失。杜欽及太

常丞谷永，同時奏對，並言後宮女寵太專，有礙繼嗣。成帝明知他指斥許后，置諸不理。丞相匡衡，曾上疏規諷成帝，請戒妃匹，慎容儀，崇經術，遠技能，未見成帝聽從。及災異迭見，復屢乞讓位，成帝卻優詔不許。會衡子昌為越騎校尉，酒醉殺人，坐罪下獄。越騎官屬，與昌弟密謀，擬劫昌出獄，不幸謀洩，為有司所訐奏，有詔從嚴查辦。衡聞信大驚，徒跣入朝，免冠謝罪。成帝尚留餘地，諭令照常冠履，衡謝恩趨退。不意司隸校尉王駿等，又劾奏衡封邑逾界，擅盜田地，罪該不道，應罷官定罪。衡坐是褫職，免為庶人，餘罪免致究治，還算是成帝的特恩。左將軍王商得代衡職，拜為丞相；少府尹忠為御史大夫。建始四年正月，亳邑隕石有四，肥累隕石有二，成帝命罷中書宦官，特置尚書員五人。**漢制尚書有四，至此更增一人。**四月孟夏，天覆雨雪，詔令直言極諫諸士，詣白虎殿對策。太常丞谷永奏對道：

方今四夷賓服，皆為臣妾，北無獫狁冒頓之患，南無趙佗呂嘉之難，三陲晏然，靡有兵革，諸侯大者乃食數縣，不得有為，無吳、楚燕梁之勢，百官盤互，親疏相錯，骨肉大臣，有申伯之忠，無重合**馬何羅弟通封重合侯。**安陽**上官桀。**博陸**霍禹。**之亂，三者無毛髮之辜，乃欲以政事過差，咎及內外大臣，皆聱說欺天者也。竊恐陛下舍昭昭之白過，忽天地之明戒，聽闇昧之聱說，歸咎於無辜，倚異乎政事，重失天心，不可之大者也。陛下即位，委任遵舊，未有過政，元年正月，白氣起東方，四月黃霧四塞，覆冒京師，申以大水，著以震蝕，各有占應，相為表裡，百官庶士，無所歸依，陛下獨不怪與？白氣起東方，賤人將興之表也。黃霧冒京師，王道微絕之應也。夫賤人當起，而京師道微，二者甚醜，陛下誠深察愚臣之言，致懼天地之異，長思宗廟之計，改往返過，抗湛溺之意，解偏駁之憂，奮乾綱之威，平天覆之施，使列妾得人人更進，猶尚未足也，急

第九十一回
賴直諫太子得承基　寵正宮詞臣同抗議

復益納宜子婦人，毋擇好醜，毋論年齒，廣求於微賤之間，祈天眷佑，慰釋皇太后之憂慍，解謝上帝之譴怒，則繼嗣蕃滋，災異永息矣。疏賤之臣，至敢直陳天意，斥譏帷幄之私，欲離間貴后盛妾，自知忤心逆耳，難免湯鑊之誅，然臣苟不言，誰為言之？願陛下頒示腹心大臣，腹心大臣以為非天意，臣當伏妄言之罪；若以為誠天意也，奈何忘國大本，背天意而從人欲？唯陛下審察熟念，厚為宗廟計，則國家幸甚！

　　看官閱到此文，應知谷永意中，全然幫著王鳳。鳳攬權用事，兄弟等並登顯爵，已有人議論紛紛，統說天變屢見，實由王氏勢盛所致。唯一班對策人士，都未敢明言指斥，不過模模糊糊，說了幾句籠統話兒，便算塞責。谷永更趨炎附勢，力為王氏洗刷，反嫁禍到許后身上，真是乖刁得很。此外還有武庫令杜欽，也與谷永同一論調，果然揣摩得中，兩人並列高第。永為首選，欽居第二，永得升官光祿大夫。**明明是王鳳主選**。永字子雲，籍隸長安，就是前衛司馬谷吉子。吉出使匈奴，為郅支單于所殺，事見前文。欽字子夏，一目患盲，在家飽學，無心出仕。王鳳聞他材名，羅致幕下，同時有郎官杜鄴，也字子夏，學成登仕，時人因兩杜齊名，不便區別，特號欽為盲杜子夏。欽恨人說病，獨改制小冠，遊行都市，於是都人改稱杜鄴為大冠杜子夏，杜欽為小冠杜子夏。欽感王鳳提拔，阿附王鳳，還有可說；永由陽城侯劉慶忌薦入，**慶忌係故宗正劉德孫，襲封陽城侯**。也欲倚勢求榮，比盲杜且不如了！小子有詩嘆道：

大廷對策貴攄誠，豈為權豪獨徇情？
誰料書生充走狗，學成兩字是逢迎。

　　王氏未去，弭災無術，俄而淫霖下降，黃河決口，百姓又吃苦不堪了。欲知河患如何得平，且看下回再表。

元帝三男，唯太子驁為王太后所出，以嫡長論，應立為嗣，有何疑義？況儲位固已蚤定乎？元帝為傅昭儀所惑，幾致易儲，史丹一再諫諍，義所當然。或謂太子驁若不得立，則王氏之禍，可以不興，此說似是而實非。元帝不立驁，即立康，康好聲色，必致淫荒，傅昭儀亦非易與者，觀哀帝時之傅太后，可見一斑。天下事但當憑理做去，禍福安能逆料乎？彼許女之為太子妃，非以色進，太子驁和好無間，亦屬伉儷常情，厥後太子即位，許氏為后，樂而不淫，寧致釀災？乃變異迭聞，史不絕書，如果為戾氣所感召，則王氏應難辭咎。杜欽、谷永，不導王鳳以謙抑之德，反斥許后之寵愛太專。離間帝、后，構成嫌隙，禍水入而火德衰，罪由欽、永兩人，寧特阿附權戚也哉！

第九十一回
賴直諫太子得承基　寵正宮詞臣同抗議

第九十二回
識番情指日解圍　違婦言上書惹禍

　　卻說黃河為害，非自漢始，歷代以來，常憂潰決，至漢朝開國後，也潰決了好幾次。文帝時河決酸棗，東潰金堤，武帝時河徙頓丘，又決濮陽，元封二年，曾發卒數萬人，塞瓠子河，築宣房宮，後來館陶縣又報河決，分為屯氏河，東北入海，不再堵塞。至元帝永光五年，屯氏河淤塞不通，河流泛濫，所有清河郡屬靈縣鳴犢口，變作汪洋。時馮昭儀兄馮逡，方為清河都尉，請疏通屯氏河，分殺水力。元帝曾令丞相御史會議，猜想用費，不免過巨，竟致因循不行。建昭四年秋月，大雨十餘日，河果複決館陶及東郡金堤，淹沒四郡三十二縣，田間水深三丈，隳壞官亭廬室四萬餘所。各郡守飛書上報，御史大夫尹忠尚說是所誤有限，無甚大礙。成帝下詔切責，斥忠不知憂民，將加嚴譴。忠素來迂闊，見了這道嚴詔，惶急自盡。成帝亟遣大司農非調，調撥錢穀，賑濟災民，一面截留河南漕船五百艘，徙民避水。既而天晴水涸，民復舊居，乃擬堵塞決口，為忞後計。犍為人王延世，素習河工，由杜欽保薦上去，命為河堤使者，監工築堤。延世巡視河濱，估量決口，飭用竹篾為絡，長四丈，大九圍，中貯小石，由兩船夾載而下，再用泥石為障，費時三十六日，堤得告成。可巧臘盡春來，成帝乘機改元，號為河平。**塞一決口，何必改元？** 進延世為光祿大夫，賜爵關內侯。

161

第九十二回
識番情指日解圍　違婦言上書惹禍

忽由西域都尉段會宗，馳書上奏，報稱烏孫小昆彌安犁靡，叛命來攻，請急發兵援應等語。究竟小昆彌何故叛漢，應由小子補敘略情。先是元貴靡為大昆彌，烏就屠為小昆彌，畫境自守，彼此相安。元貴靡死，子星靡代為大昆彌，虧得馮夫人持節往撫，星靡雖弱，幸得保全。**事見前文**。後來傳子雌㗚靡，被小昆彌末振將遣人刺死。末振將係烏就屠孫，恐被大昆彌併吞，故先行下手，私逞狡謀。漢廷得信，立遣中郎將段會宗，出使烏孫，冊立雌㗚靡季父伊秩靡為大昆彌，再議發兵往討末振將。兵尚未行，伊秩靡已暗使翎侯難棲，誘殺末振將，送歸段會宗，使得覆命。成帝以末振將雖死，子嗣尚存，終為後患，再令段會宗為西域都尉，囑發戊巳校尉及各國兵馬，會討末振將子嗣。**戊巳校尉係守邊官名**。會宗銜命復往，調了數處人馬，行至烏孫境內，聞得小昆彌嗣立有人，乃是末振將兄子安犁靡，再探知末振將子番邱，雖未得嗣立，仍為貴官。自思率兵進攻，安犁靡與番邱必然合拒，徒費兵力，不如誘誅番邱，免得多勞。計畫已定，遂留住部兵，只率三十騎急進，遣人往召番邱。番邱問明去使，只有騎兵三十，料不足患，便即帶了數人，來見會宗。會宗喝令左右，縛住番邱，令他跪聽詔書，內言末振將骨肉尋仇，擅殺漢公主子孫，應該誅夷；番邱為末振將子，不能逃罪。讀到此處，即拔劍出鞘，把番邱揮作兩段。番邱從人，不敢入救，慌忙返報小昆彌。小昆彌安犁靡當然動怒，率兵數千騎來攻會宗。

會宗退至行營，尚恐孤軍深入，或致失利，因亟馳書請援。成帝亟召王鳳入議，鳳記起一人，便即薦舉。是人為誰？就是前射聲校尉陳湯。湯與甘延壽立功西域，僅得賜爵關內侯，已覺得賞不副功。延壽由長水校尉，遷任護軍都尉，當即病歿，唯湯尚無恙。及成帝嗣立，丞相匡衡復劾湯盜取康居財物，不宜處位，湯坐是免官。康居曾遣子入侍，湯又上言康

居侍子，非真王子，嗣經有司查驗，複稱王子是實，湯語涉虛誣，下獄論死。還是太常丞谷永替他奏免，才得貸罪出獄。唯關內侯的爵賞，因此被奪，降為士伍，淪落有年。王鳳因湯熟諳外事，請成帝召問方略。成帝即宣湯入朝。湯前徵郅支，兩臂受溼，不能屈伸，當由成帝特別加恩，諭令免拜。湯謝恩侍立，成帝便將會宗原奏，取出示湯。湯既看罷，繳呈案上，當面推辭道：「朝中將相九卿，並屬賢才，小臣老病，不足參議！」**也是憤懣之詞**。成帝道：「現在國家有急，召君入商，君可勿辭！」湯方答說道：「依臣愚料，可保無憂。」成帝問為何因？湯申說道：「胡人雖悍，兵械未利，大約鬚髯人三名，方可當我一人。今會宗西行，非無兵馬，何至不能抵禦烏孫？況遠道發兵，救亦無及，臣料會宗意見，並非必欲救急，實願大舉報仇，乃有此奏。請陛下勿憂！」成帝道：「據汝說來，會宗必不致被圍，就使被他圍住，也容易解散了。」湯屈指算罷道：「不出五日，當有吉音。」**全憑經驗得來，故能料事如神**。成帝聽說，喜逐顏開，命王鳳暫停發兵，湯亦辭退。

　　果然過了四日，接到會宗軍報，小昆彌已經退去。原來小昆彌安犁靡，進攻會宗，會宗也不慌忙，出營與語道：「小昆彌聽著！我奉朝廷命令，來討末振將，末振將雖死，伊子番邱，應該坐罪，與汝卻是無干。汝今敢來圍我，就使我被汝殺死，亦不過九牛亡一毛，漢必大發兵討汝。從前宛王與郅支，懸首藁街，想汝應早聞知，何必自循覆轍哩！」安犁靡聽了，也覺驚慌，但尚不肯遽服，設詞答辯道：「末振將辜負漢朝，漢欲加罪番邱，何不預先告我？」會宗道：「我若預告昆彌，倘被聞風逃避，恐昆彌亦將坐罪；況昆彌與番邱，誼關骨肉，必欲捕交番邱，當亦不忍，所以我不便預告，免使昆彌為難。昆彌尚不知諒我苦衷麼？」**說得宛轉**。安犁靡無詞可駁，不得已號泣退回。

第九十二回
識番情指日解圍　違婦言上書惹禍

　　會宗一面具奏，一面攜著番邱首級，回朝覆命。成帝賜爵關內侯，並黃金百斤。王鳳因湯明足察幾，格外器重，特奏為從事中郎，引入幕府，參決軍謀。後來湯復因受贓得罪，免為庶人，病死長安。唯會宗再使西域，鎮撫數年，壽已七十有五，不及告歸，竟在烏孫國中逝世。西域諸國，並為發喪立祠，可見得會宗平日，威愛兼施，故得此報。**了過陳湯、段會宗，省得後文重提。**

　　還有一位直臣王尊，辭官家居，王鳳又薦他賢能，召入為諫大夫，署京輔都尉，行京兆尹事。是時終南山有劇盜儻宗，糾眾四掠，大為民害，校尉傅剛，奉命往剿，年餘不能蕩平。王鳳因將尊推薦，囑使捕盜。尊蒞任後，盜皆奔避，地方肅清，尊得實授京兆尹，在任三載，威信大行。獨豪貴以為不便，嗾使御史大夫張忠，出頭彈劾，說尊暴虐未改，不宜備位九卿，尊遂致坐免，吏民爭為呼冤。湖縣三老公乘興上書，力為尊代白無辜，乃復起尊為徐州刺史，尋遷東郡太守。東郡地近黃河，全仗金堤捍衛。尊至東郡，不過數月，忽聞河水盛漲，衝突金堤，急忙跨馬往視，到了堤邊，見水勢很是湍急，奔騰澎湃，險些兒搖動金堤，當下督令民夫，搬運土石，准備堵塞。那知流水無情，所有土石擲下，盡被狂流捲去，反將堤身衝成幾個窟窿。尊看危堤難保，急切也無法可施，只有恭率吏民，虔禱河神。先命左右宰殺白馬，投入河中，自己高捧圭璧，恭恭敬敬的立在堤上，使巫代讀祝文，情願拚身填堤，保全一方民命。待祝文焚罷，祭禮告成，索性叫左右搭起篷帳，就堤住宿，聽天由命。吏民數十萬人，爭向尊前叩頭，請他回署，尊終不肯去，兀坐不動。俄而水勢越大，浪迭如山，離堤面不過兩三尺，堤上泥土，紛紛墮落，眼見得危在頃刻，無從挽回。吏民各顧生命，陸續逃散，只尊仍然坐著，寸步不離。身旁有一主簿，不敢勸尊他去，獨垂頭涕泣，拚死相從。**卻是一個義吏。**那水勢卻

也奇怪，騰躍數回，好似怕著王尊一般，迴流自去。嗣是漸漸平靜，堤得保全。**可謂至誠感神**。吏民聞水平堤立，複次第回來，尊又指示堤隙，飭令修堵，竟得無恙。白馬三老朱英等，為民代表，奏稱太守王尊，身當水衝，不避艱險，終得河平浪退，返危為安。詔令有司復勘，果如所奏，乃加尊秩中二千石，賜金二百斤。既而尊病歿任所，吏民爭為立祠，歲時致祭，這也好算是漢朝循吏了。**應該讚美**。

河平二年正月，沛郡鐵官冶無故失性，鐵竟上飛。到了夏天，楚國雨雹，形大如釜，毀壞田廬。成帝猶未覺悟，且盡封諸舅為列侯，王譚為平阿侯，王商為成都侯，王立為紅陽侯，王根為曲陽侯，王逢時為高平侯。五人同日受封，世因號為五侯。總計王禁八子，唯曼早世，餘七子並沐侯封。漢代外戚，此為最盛。前宗正劉向，起為光祿大夫，成帝詔求遺書，令向校勘。向見王氏權位太盛，意欲借書進諫，乃因《尚書·洪範》，推演古今符瑞災異，歷詳占驗，號為「洪範五行論」，呈入宮中。成帝亦知向寓有深意，但終不能抑損王氏，杜漸防微。丞相王商，雖然也是外戚，但與大將軍王鳳相較，勢力大不相同。鳳與商又有宿嫌，恨不得將王商除去。

會值呼韓邪病死，子復株累若鞮單于繼立，特遣右皋林王伊邪莫演，入貢方物。伊邪莫演自稱願降，不願回國，朝臣多言不妨受降。唯谷永、杜欽二人，謂單于稱臣，無有貳心，今不應受彼逋逃，致生間隙，成帝乃遣還伊邪莫演。復株累若鞮單于探聞此信，雖未將伊邪莫演免職，但心中卻感念漢德，因於河平四年，親自入朝。成帝御殿召見，單于拜謁如儀。成帝與他問答數語，便命左右導他出朝。單于既出朝門，適遇丞相王商，也即趨前行禮。商身長八尺有餘，狀貌魁梧，儀容端肅，既與單于相揖，免不得慰勞一番。單于仰面視商，見他有威可畏，不由的倒退數步，立即

第九十二回
識番情指日解圍　違婦言上書惹禍

辭出。當有人告知成帝，成帝嘆道：「這才不愧為漢相了！」為此一語，被大將軍王鳳聞悉，越加生忌。

冤家有孽，剛值琅琊郡內，連出災異十餘事，商派屬吏前往查辦。琅琊太守楊彤，**音融**。與王鳳為兒女親家。鳳恐彤被參落職，忙向商說情道：「災異乃是天事，非人力所得挽回，彤尚有吏才，幸勿按問！」商竟不從，奏劾彤守郡不職，致干天譴，乞即罷官。成帝留中不報。王鳳恨商不留情面，反且出來糾彈，遂欲乘隙構陷，藉端報復。一時無過可尋，只說他閨門不謹，使私人耿定上書訐發。成帝閱書，暗思事關曖昧，並無確證，不如擱置不提。偏王鳳進去力爭，定要徹底查究，成帝乃將原書發出，令司隸校尉查辦。商得知消息，也覺著忙，記起前時王太后曾欲選納己女，充備後宮，當日因女有痼疾，不便允許，現在女病已癒，不若納入，作為內援。可巧後宮侍女李平，新拜婕妤，方得上寵，正好託她進言，代為說合。於是密囑內侍致意李婕妤，那知求榮反辱，越弄越糟。**明人也走暗路，怎得不敗！**會值暮春日食，大中大夫張匡，上言咎在近臣，乞求召對。成帝使左將軍史丹問匡，匡言商曾奸父婢，並與女弟淫亂，前耿定上書告訐，俱係實情。現方奉詔查辦，商敢私懷怨恨，請託後宮，意圖納女，謀植內援，居心實不可問。臣恐黃歇、呂不韋故事，復見今日，亟宜將商免官，窮法究治，庶足上次天變，下塞人謀，乞將軍代奏毋遲！史丹即將匡言轉達成帝，成帝素器重王商，料知匡言未確，下詔勿問。王鳳又入宮固爭，方由成帝派遣侍臣，往收丞相印綬。**成帝庸柔，酷肖乃父。**商將印綬繳出，悔憤交併，惹得肝脈僨張，連吐狂血，不到三日，一命嗚呼。朝廷予諡曰戾。所有王商子弟，曾在朝中為官，悉數左遷。一班趨附王鳳的走狗，還要詣闕狂吠，奪商世封。成帝總算有些主見，不肯照議，仍許商長子安嗣爵樂安侯，一面超拜張禹為丞相。

禹字子文，河內軹縣人氏，以明經著名。成帝為太子時，曾向禹受學《論語》，所以特加寵遇，賜爵關內侯，授官光祿大夫給事中，令與王鳳並領尚書事。禹見鳳專權秉政，內不自安，因屢次稱病，上章乞休。成帝亦屢次慰留，賜金遺膳，優禮相待，累得禹不敢再請，只得遷延度日。及王商免職，竟受封安昌侯，擢為丞相。禹固辭不獲，勉強就職，但也不過屢進屢退，隨聲附和，保全自己的老命罷了。**一語斷煞**。

　　越年改元陽朔，定陶王劉康入朝。成帝友於兄弟，留令伴駕，朝夕在側，甚見親重。王鳳恐他入與政權，從旁牽制，因援引故例，請遣定陶王回國。偏成帝體貼親心，自思先帝在日，常欲立定陶王為太子，事不果行，定陶王卻並不介意，居藩供職，現在皇子未生，他日兄終弟及，亦無不可，因此將他留住。就是王鳳援例相請，也只好置諸不理。那知過了兩月，又遇日蝕，鳳復乘勢上書，謂日食由陰盛所致，定陶王久留京師，有違正道，故遭天戒，宜亟令歸國云云。**但知責人，不知責己**。成帝不得已遣康東歸，康涕泣辭去，鳳才得快意。獨有一個京兆尹王章，直陳封事，將日食事歸罪王鳳。成帝閱罷，頗為感動，因復召章入對。章竟侃侃直陳，大略說是：

　　臣聞天道聰明，佑善而災惡，以瑞異為符效。今陛下以未有繼嗣，引近定陶王，所以承宗廟，重社稷，上順天心，下安百姓，此正善事，當有禎祥；而災異迭見者，為大臣專政故也。今聞大將軍鳳，狠歸日食之咎於定陶王，遣令歸國，欲使天子孤立於上，專擅朝事，以便其私，安得為忠臣？且鳳誣罔不忠，非一事也。前丞相商，守正不阿，為鳳所害，身以憂死，眾庶愍之。且聞鳳有小婦弟張美人，嘗已適人，託以為宜子，納之後宮，以私其妻弟。此三者皆大事，陛下所自見，足以知其餘。鳳不可令久典事，宜退使就第，選忠賢以代之，則乾德當陽，休祥至而百福駢臻矣！

第九十二回
識番情指日解圍　違婦言上書惹禍

　　成帝見章說得有理，欣然語章道：「非京兆尹直言，朕尚未聞國家大計。現有何人忠賢，可為朕輔？」章答說道：「莫如琅琊太守馮野王。」成帝點首，章乃趨退。這一席話，傳到王鳳耳中，鳳頓時大怒，痛罵王章負義忘恩，意欲乘章入朝，與他拚命。還是盲杜足智多謀，亟勸鳳暫從容忍，附耳說了數語，鳳始消融怒氣，依言做去。原來王章字仲卿，籍隸泰山郡鉅平縣，宣帝時已為諫大夫。元帝初年，遷官左曹中郎將，詆斥中書令石顯，為顯所陷，竟致免官。成帝復起章為諫大夫，調任司隸校尉。王鳳欲籠絡名臣，特舉為京兆尹。章少時家貧，遊學長安，只有一妻相隨，偶然患病，困臥牛衣中。**編亂麻為衣，覆蔽牛身。**自恐將死，與妻訣別，眼中淚流個不住，那妻不禁發怒道：「仲卿，汝太無志氣！滿朝公卿，何人比汝為優？疾病乃人生常事，為什麼涕泣不休，作此鄙態哩！」**章妻卻有丈夫氣。**章被她一激，精神陡振，病亦漸癒。及受職京兆尹，雖由王鳳推薦，心中實不服王鳳。待至王商罷相，定陶王遣歸，益覺忍無可忍，遂繕成奏牘，函封待呈。章妻瞧著，連忙勸阻道：「人當知足，獨不念牛衣涕泣時麼？」章已義憤填胸，不可復抑，竟搖首作答道：「這非兒女子所能知曉，汝勿阻我！」越日便即呈入。又越二日，奉詔入對，接連又入朝數次。不意禍變猝來，驟令下獄，反覺得閨中少婦，尚有先見哩。小子有詩嘆道：

　　牛衣困泣本堪憐，已得榮身好息肩。
　　何若見幾先引去，與妻偕隱樂林泉！

　　欲知王章如何下獄，容待下回敘明。

　　本回所敘各節，俱與王鳳相干連。鳳之行誼，謂為權臣也可，謂為奸臣猶未可也。陳湯被劾失官，而鳳獨能舉之。烏孫一役，不煩兵而自定，

湯之智慧料敵,即鳳之明能舉賢也。湯以外又舉王尊,捕盜障河,不愧民譽,亦未始非由鳳之知人。獨於王商、王章兩人,有意構陷,未免失德。但兩王之死,不得謂全出無辜,談彼短而恃己長,為王商一生之大玷,繼以納女一事,更足貽人口實。大丈夫當磊磊落落,遵道而行,顧效兒女子之所為,其能不貽譏當世,受人媒蘗乎!王章泣困牛衣,其志何鄙?及上書劾鳳,其氣何暴?彼既不願附鳳,則鳳之薦為京兆尹,何勿慨然辭去,自潔其身?既已受職,則當視鳳為知己,貽書規鳳,亦無不可;鳳若不從,去之尚未晚也。乃率爾糾彈,沽直適以召禍。名為讀書有素,反不及一婦人之智,哀哉!

第九十二回
識番情指日解圍　違婦言上書惹禍

第九十三回
懲諸舅推恩赦罪　嬖二美奪嫡宣淫

　　卻說王鳳深恨王章，聽了杜欽計策上書辭職，暗中卻向太后處乞憐。太后終日流涕，不肯進食，累得成帝左右為難，只得優詔慰鳳，仍令視事。王太后尚未肯罷休，定欲加罪王章，成帝乃使尚書出頭，劾章黨附馮野王，並言張美人受御至尊，非所宜言。彈章朝入，緹騎暮出，立將章逮繫下獄。廷尉仰承鳳旨，讞成大逆，章知不可免，在獄自盡。章妻及子女八人，連坐下獄，與章隔舍居住。有女年甫十二，夜起慟哭道：「前數夕間，獄吏檢點囚人，我聞他歷數至九，今夜只呼八人，定是我父性剛，先已去世了！」翌日問明獄吏，果係王章已死。當由廷尉奏報成帝，命將王章家屬，充戍嶺南合浦地方，家產籍沒充公。合浦出產明珠，章妻子採珠為業，倒積蓄了許多錢財，後來遇赦回里，卻還得安享餘年。**畢竟章妻多智**。馮野王在琅琊任內，聞得王章薦己得罪，自恐受累，當即上書稱病。成帝准予告假。假滿三月，野王仍請續假，又蒙批准，遂帶同妻子歸家就醫。王鳳卻嗾令御史中丞，劾野王擅敢歸家，罪坐不敬，遂致免官。會御史大夫張忠病逝，鳳又引入從弟王音為御史大夫，於是王氏益盛。王鳳兄弟，唯崇先逝，此外譚、商、立、根、逢時五侯，門第赫奕，爭競奢華，四方賂遺，陸續不絕，門下食客甚多，互為延譽。獨光祿大夫劉向，上書極諫道：

第九十三回
懲諸舅推恩赦罪　嬖二美奪嫡宣淫

　　臣聞人君莫不欲安，然而常危；莫不欲存，然而常亡，失御臣之術也。夫大臣操權柄，持國政，鮮有不為害者。故《書》曰：臣之有作威作福，害於而家，凶於而國。孔子曰：祿去公室而政逮大夫，危凶之兆也。今王氏一姓，乘朱輪華轂者二十三人，青紫貂蟬，充盈幄內。大將軍秉事用權，五侯驕奢僭盛，依東宮之尊，**王太后時居東宮**。假甥舅之親，以為威重，尚書九卿，州牧郡守，皆出其門，稱譽者登進，忤恨者誅傷，排擯宗室，孤弱公族，未有如王氏者也。夫事勢不兩大，王氏與劉氏不並立，如下有泰山之安，則上有累卵之危。陛下為人子孫，守持宗廟，而今國祚移於外親，縱不為身，奈宗廟何？婦人內夫家而外父母家，今若此，亦非皇太后之福也。明者造福於無形，銷患於未然，宜發明詔，吐德音，援近宗室，疏遠外戚，則劉氏得以長安，王氏亦能永保，所以褒睦內外之姓，子子孫孫無疆之計也。如不行此策，田氏齊。復見於今，六卿晉。必起於漢，為後嗣憂，昭昭甚明。唯陛下留意垂察！

　　這書呈入，成帝也知向忠誠，當下召向入見，對向長嘆道：「君且勿言，容我深思便了！」向乃趨退，成帝終遲疑不決。蹉跎過了一年，王鳳忽然得病，勢甚危急，成帝親往問疾，執手垂涕道：「君若不諱，當使平阿侯嗣位。」鳳在床上叩首道：「臣弟譚雖係至親，但行為奢僭，不如御史大夫音，平生謹飭，臣敢誓死相保。」成帝點首應允，又安慰了數語，當即回宮。看官欲知王鳳保舉從弟，不薦親弟，實因譚平時驕倨，未肯重鳳，獨音百依百順，與鳳名為弟兄，好似父子一般，所以鳳舍譚舉音。未幾鳳即謝世，成帝依鳳遺言，命音起代鳳職，加封安陽侯。另使譚位列特進，**注見前文**。領城門兵。譚不得當國，未免與音有嫌。但音卻小心供職，與鳳不同。成帝得自由用人，擢少府王駿為京兆尹。駿即前諫大夫王吉子，夙擅吏才。及為京兆尹，地方稱治，與從前趙廣漢、張敞、王尊、王章，並

有能名。都人常號尊、章、駿為三王,且並為稱譽道:「前有趙張,後有三王。」

成帝因畿輔無驚,四方平靖,樂得賞花醉酒,安享太平。起初許后專寵,唯在中宮取樂,廷臣還歸咎許后身上,說她恃寵生妒,無逮下恩。其實是許后方在盛年,色藝俱優,故獨邀主眷。至成帝即位十餘年,許后年近三十,花容漸漸瘦損了,雲鬢漸漸稀落了,成帝素性好色,見她面目已非,自然生厭。**色衰愛弛,不特許后為然。**於是移情妃妾,別寵一個班婕妤。班婕妤係越騎校尉班況女,生得聰明伶俐,秀色可餐。成帝嘗遊後庭,欲與同輦,班婕妤推讓道:「妾觀古時圖畫,聖帝賢王,皆有名臣在側,不聞婦女同遊,傳至三代末主,方有嬖妾。今陛下欲與妾同輦,幾與三代末主相似,妾不敢奉命!」成帝聽說,卻也稱善,不使同輦。王太后聞婕妤言,也為心喜,極口稱讚道:「古有樊姬,今有班婕妤!」**樊姬係楚莊王夫人,諫止莊王畋遊,見劉向《列女傳》。**班婕妤承寵有年,生男不育。適有侍女李平,年已及笄,豐姿綽約,也為成帝所愛,班婕妤遂使她薦寢,得蒙寵幸,亦封婕妤,賜姓曰衛。此外還有張美人,就是王鳳所進。成帝普施雨露,始終不獲誕一麟兒,**秀而不實,徒喚奈何!**也覺得對著名花,索然無味。巧有一個侍中張放,乃是故富平侯張安世玄孫,世襲侯爵,曾娶許后女弟為妻,貌似好女,媚態動人。成帝引與寢處,愛過嬪嬙,**龍陽君寧能生子?越覺得白費精神。**遂使他為中郎將,監長樂宮屯兵,得置幕府,儀比將軍。放知成帝性好佚遊,乘勢慫恿,導引微行。成帝就去一試,先囑期門郎在外候著,自己輕衣小帽,與放出宮,乘小車,跨快馬,帶同期門郎等,往來市巷,東眺西矚,自在逍遙。從前成帝一出一入,都由王鳳管束,不便輕動。此時鳳已早死,王音但求無過,管什麼天子微行?**莫謂阿鳳無益。**成帝一次出外,非常暢適,當然不肯罷休。每

第九十三回
懲諸舅推恩赦罪　嬖二美奪嫡宣淫

遇暇日，必與放同行，近遊都市，遠歷郊野，鬥雞走狗，隨意尋歡，所有甘泉、長楊、五柞諸宮，無不備歷。放不必避忌，成帝卻詭稱為富平侯家人。**皇帝原是乏味，不如侯門奴卒。**

是年復改易年號，號為鴻嘉元年。丞相張禹老病乞休，罷歸就第，許令朔望朝請，賞賜甚厚，用御史大夫薛宣為相，封高陽侯。宣字贛君，東海郯人，累任守令，遷官左馮翊。光祿大夫谷永，稱宣經術文雅，能斷國事，成帝因即召為少府，擢任御史大夫。至是且代禹為相，待後再表。越年三月，博士行大射禮，有飛雉來集庭中，登堂呼轂，嗣又飛繞未央宮承明殿，兼及將軍、丞相、御史等府。車騎將軍王音，才因物異上書，諫阻成帝微行。成帝遊興方濃，怎肯中止？仍然照常行動。一日經過一座花園，見園中聳出高臺，臺下有山，好與宮中白虎殿相似，禁不住詫異起來。當即指問從吏道：「這是何家花園？」從吏答稱曲陽侯王根。成帝忿然作色，立命回宮，召入車騎將軍王音，嚴詞詰責道：「我前至成都侯第，見他穿城引水，注入宅中，行船張蓋，四面帷蔽，已覺得奢侈逾制，不合臣禮。今曲陽侯又迭山築臺，規仿白虎殿，越不近情理了。如此過去，成何體統！」說得音啞口無言，只好免冠謝罪。成帝拂袖入內，音即起身趨出，歸語王商、王根。商、根亦嚇得發怔，意欲自加黥劓，至太后處謝罪。但黥面劓鼻，又覺耐不住痛，且是大失面子，將來如何見人，正在躊躇未定的時候，又有人入報導：「司隸校尉及京兆尹，並由尚書傳詔詰問，責他阿縱五侯，不知舉發，現俱入宮謝罪去了。」商與根越加著急，嗣復有人齎入策書，付與王音。音展閱一周，內有最要數語道：「外家日強，宮廷日弱，不得不按律施行。將軍可召集列侯，令待府舍！」音也覺失色，詳問朝使，並知成帝更下詔尚書，令查文帝誅薄昭故事，尤覺得瞪目伸舌，形色倉皇。商與根且抖個不住，待至朝使去後，還是音較有主

意，先遣使人入請太后，乞為轉圜。一面邀同王商、王立、王根，同去請罪，聽候發落。音席藁待罪，商、立、根皆身負斧鑕，俯伏闕下。約有一兩個時辰，竟由內廷傳出詔旨，准照議親條例，赦罪勿誅。**原來是銀樣鑞槍頭**。四人方叩頭謝恩，歡躍而歸。

　　成帝既將王氏諸舅，懲戒一番，又復照常微行。偶至陽阿公主家，**陽阿公主想是成帝姊妹，史傳未詳**。與同宴飲。公主召集歌女數人，臨席侑酒。就中有一個女郎，歌聲嬌脆，舞態輕盈，惹動成帝一雙色眼，仔細端詳，真個是妖冶絕倫，見所未見。待至宴畢起身，便向公主乞此歌姬，一同入宮，公主自然應允。成帝大喜，挈回宮中。帝澤如春，妾情如水，芙蓉帳裡，款擺柔腰，翡翠衾中，騰挪玉體，妙在迴旋應節，縱送任情，直令成帝喜極欲狂，驚為奇遇，歡娛夜短，曙色映幃，好夢迴春，披衣並起。露出美人本色，弱不勝嬌，溜來秋水微眸，目能傳語。成帝越看越愛，越愛越憐，當即親書綸旨，拜為婕妤。看官欲問她芳名，就是古今聞名的趙飛燕！**畫龍點睛**。相傳飛燕原姓馮氏，母係江都王孫女姑蘇郡主，曾嫁中尉趙曼，暗地與舍人馮大力子萬金私通，孿生二女。分娩時不便留養，棄諸郊外，三日不死，方始收歸。**天生尤物，豈肯輕死！**長名宜主，次名合德。及年至數齡，趙曼病逝，二女俱送歸馮家。又過了好幾年，萬金又死，馮氏中落，二女無家可依，流寓長安，投入陽阿公主家內，學習歌舞。宜主身材嬝娜，態度蹁躚，時人看她狀似燕子，因號飛燕。合德肌膚瑩澤，出水不濡，與乃姊肥瘠不同，但也是個絕世嬌娃，湊成兩美。飛燕既入宮專寵，合德尚在陽阿公主家中。當時後宮有一女官，叫做樊嬺，乃是飛燕的中表姊妹，成帝因她是飛燕親戚，另眼相看，樊嬺遂獻示殷勤，竟將合德美貌，上達御前。成帝忙命舍人呂延福，用著百寶鳳輿，往迎合德。合德卻裝腔做勢，謂必須奉有姊命，方敢入宮。延福還宮覆命，

第九十三回
懲諸舅推恩赦罪　嬖二美奪嫡宣淫

　　成帝曲為體貼，料知合德隱情，恐遭姊妒，乃與樊嫕計議，先賜飛燕許多珍奇，特騰出一所別宮，鋪設得非常華麗，名為遠條館，居住飛燕，買動飛燕歡心，然後使樊嫕乘間進言，託稱皇嗣未生，正好將合德進御，為日後計。飛燕依了嫕言，便使宮人召入合德。合德巧為梳裹，打扮得齊齊整整，入朝至尊。成帝睜開龍目，注視紅妝，但見她鬢若層雲，眉若遠山，臉若朝霞，肌若晚雪，端的是胡天胡帝，差不多疑幻疑仙。待至合德襝衽下拜，自陳姓氏，只覺得一片鶯簧，已把那成帝神魂攝引了去，幾不辨為何言何語。就是左右侍御，也不禁目蕩心迷，失聲讚美。只有披香博士淖方成，立在成帝背後，輕輕唾道地：「這是禍水，將來定要滅火了！」**獨具隻眼**。成帝勉強按神，低聲呼起，合德方才起來。即由成帝指令宮人，擁入後宮，自己亦隨了進去。好容易等到天晚，即替合德卸裝，輕輕的攜入繡幃，著體便酥，勝過重裀甗甗，含苞漸潤，快同灌頂醍醐。比諸乃姊歡會時，更別有一種風味，因賜號為溫柔鄉。**描寫趙家姊妹歡情，各合身分，不同泛填**。嘗嘆語道：「我當終老是鄉，不願效武帝求白雲鄉了。」

　　合德入宮數日，也即拜為婕妤。兩姊妹輪流侍寢，連夕承歡，此外後宮粉黛，俱不值成帝一顧，只好自悲命薄，暗地傷心。獨有正位中宮的許皇后，從前與成帝何等親暱，此時孤幃冷落，心實不甘。有姊名謁，曾為平安侯王章妻室，**王章係宣帝王皇后兄，王舜子**。暇時入宮見後，后與談及心事，謁亦替她憂愁。暗中代延巫祝，設壇祈禳。**婦人迷信，最足壞事**。不幸為內侍所聞，報達趙家姊妹。趙婕妤飛燕，正想恃寵奪嫡，得了這個消息，立刻告發，竟把咒詛宮廷的罪名，坐在許后身上，並牽連及班婕妤。成帝已經含怒，再加王太后主張嚴辦，立將許謁拿究，問成死罪，即日加誅，並收回許后印綬，廢處昭臺宮。一面傳訊班婕妤，班婕妤從容說道：「妾聞生死有命，富貴在天，修正尚未得福，為邪還有何望？若使

鬼神有知，豈肯聽信讒說？萬一無知，咒詛何益，妾非但不敢為，也是不屑為呢！」**樂得坦白**。成帝聽說，頗為感動，遂命班婕妤退處後宮，不必再究。班婕妤雖得免罪，自思趙氏姊妹，從中讒構，將來難免被誣，不如想個自全方法，還可保身。當下思忖一番，憑著慧心妙腕，繕成一篇奏章，自請至長信宮供奉太后，遣宮人呈上成帝。成帝准如所請，班婕妤即移居長信宮，廝混度日。平居無事，吟詩作賦，消遣光陰，憫蕃華之不滋，借秋扇以自比，也未免留有餘哀哩。**畢竟紅顏多薄命。**

且說許后既廢，當然輪著趙飛燕，入主中宮。成帝即欲擇日冊立，偏王太后因她出身微賤，尚有異言。成帝未便擅行，只得尋出一個說客，先向太后前討情。可巧有個衛尉淳于長，乃是太后姊子，又生成一張利嘴，正好囑充此任。果然數次關白，得蒙太后允許，乃改鴻嘉五年為永始元年，先封飛燕義父趙臨為成陽侯，褒示恩寵，然後冊后。趙臨係陽阿公主家令，飛燕入公主家，曾因趙臨同姓，拜為義父，所以無功受賞，得蒙榮封。**真好運氣**。偏有諫大夫劉輔，上書抗議道：

臣聞天之所與，必先賜以符瑞，天之所違，必先降以災變，此自然之占驗也。昔武王周公，承順天地，以饗魚鳥之瑞，然猶君臣祗懼，動色相戒。況於季世，不蒙繼嗣之福，屢受威怒之異者乎？雖夙夜自責，改過易行，妙選有德之世，考卜窈窕之女，以承宗廟，順神祇，子孫之祥，猶恐晚暮。今乃觸情縱慾，傾於卑賤之女，欲以母天下，惑莫大焉！俚語曰：腐木不可以為柱，人婢不可以為主。天人之所不平，必有禍而無福，市途皆共知之，朝廷乃莫敢一言，臣竊傷心！不敢不冒死上聞！

這篇奏議，明是大忤上意，成帝即令侍御史收捕劉輔，繫入掖庭祕獄，朝夕待死。還虧大將軍辛慶忌，右將軍廉褒，光祿勳師丹，大中大夫谷永，聯名保救，方將輔徙繫詔獄，減死一等，釋為鬼薪。自是無人敢

第九十三回
懲諸舅推恩赦罪　嬖二美奪嫡宣淫

諫，遂立婕妤趙飛燕為皇后，進趙合德為昭儀。一對姊妹花，同時並寵，花朝擁，月夜偎，風流天子，嘗盡溫柔滋味，快樂何如！

成帝特命在太液池中，造一大舟，自挈飛燕登舟遊詠，囑令歌舞。又使侍郎馮無方吹笙，親執文犀簪輕擊玉杯，作為節奏。舟至中流，大風忽至，吹得飛燕裙帶飄揚，險些兒將身飛去。成帝急令馮無方救護飛燕，無方將笙放下，兩手握住飛燕雙履。飛燕本愛馮無方，由他緊握，索性凌風狂舞，且舞且歌。俄而風勢少定，舞亦漸停，後人謂飛燕能作掌上舞，便是出此。舞罷興闌，回棹攏岸，成帝與飛燕攜手入宮，厚賜馮無方金帛，並許他出入中宮，取悅飛燕。**情願做元緒公。**

飛燕本來淫蕩，免不得有曖昧情事，成帝好像盲聾一般，由她胡行。飛燕得隴望蜀，復見侍郎慶安世，年輕貌美，雅善彈琴，便借琴歌為名，請成帝許令出入，成帝也即照允。飛燕遂與慶安世眉挑目逗，伺著成帝經宿妹處，就留住慶安世，同效於飛。嗣且因連年不育，妄思借種，查有多子的侍郎宮奴，往往誘與寢狎，逐日迎新。又恐為成帝所聞，另闢密室一間，託言供神禱子，無論何人，不得擅入。其實是密藏少年，恣意肆淫，好好一朵嬌花，勾引狂蜂浪蝶，聽令摧殘，那裡還能夠生子呢！小子有詩嘆道：

寡慾生男語不誣，縱淫安得望生珠？
綠巾奉戴君王首，畢竟延陵是下愚。**延陵係成帝葬處，見下文。**

飛燕這般淫蕩，合德究屬如何，且看下回續表。

觀五侯之奢侈，與兩趙婕妤之淫恣，可見得成帝之昏，不可救藥，然未始非王太后一人釀成。成帝尚知劉向之忠意欲抑損外家，及見王商、王根之奢侈逾制，且欲按律加罪，非王太后之隱為袒護，則當商、根等待罪

之時，亦何至遽行赦免乎？彼飛燕姊妹之入宮，雖由成帝好色，親為選取；然微行之初，太后胡不預戒？不微行，則兩趙無從選入，禍水自消。至於兩趙承寵，陰謀奪嫡，訐許皇后詛咒之罪，就使查有實據，而不能不廢許后，則繼位中宮者，當莫如班婕妤。太后已知班婕妤之賢，乃猶為淳于長所惑，舍班立趙，濁亂宮闈，何其懵懵若此！彼成帝尚知有母，其如母德之不明何也！

第九十三回
懲諸舅推恩赦罪　嬖二美奪嫡宣淫

第九十四回
智班伯借圖進諫　猛朱雲折檻留旌

　　卻說合德既受封昭儀，成帝命居昭陽宮，中庭純用朱塗，殿上遍施髹漆，黃金為檻，白玉為階，壁間橫木，嵌入藍田璧玉，飾以明珠翠羽。此外一切構造，無不玲瓏巧妙，光怪陸離。所陳幾案帷幔等類，都是世間罕有的珍奇，最奢麗的是百寶床，九龍帳，象牙簟，綠熊席，薰染異香，沾身不散。更兼合德芳體，豐若有餘，柔若無骨，怪不得成帝昏迷，戀戀這溫柔鄉，情願醉生夢死。合德生性，與乃姊大略相似，不過新承帝寵，自然稍加斂束，但將成帝籠絡得住，叫他夜夜到來，便算得計。飛燕日思借種，遠條館中藏著男妾數十名，恣意歡娛，巴不得成帝不到，就使成帝臨幸，也不過虛與周旋，勉強承應。成帝覺得飛燕柔情，不及合德，所以昭陽宮裡，御駕常臨，遠條館中，反致疏遠。一夕成帝與合德敘情，偶談及乃姊飛燕，有不滿意。合德已知飛燕祕事，只恐成帝發覺，連忙解說道：「妾姊素性好剛，容易招怨，保不住有他人讒構，誣陷妾姊。倘或陛下過聽，趙氏將無遺種了！」說至此，泫然泣下。**好一腔手足情誼。**成帝慌忙取出羅巾，替合德拭淚，並用好言勸慰，誓不至誤信蜚言。有幾個莽撞人物，得知飛燕姦情，出來告訐，都被處斬。飛燕遂得公然淫縱，毫無忌憚。

第九十四回
智班伯借圖進諫　猛朱雲折檻留旌

　　後來由合德與述前言，飛燕頗感她迴護，特薦一個宮奴燕赤鳳，表明謝忱。赤鳳身長多力，體輕善躍，能超過幾重樓閣，飛燕引與交歡，非常暢適，因此不忍獨樂，使得分嘗一臠。合德領略好意，趁著成帝至遠條館時，便約赤鳳歡會，果然滿身舒暢，比眾不同。嗣是赤鳳往來兩宮，專替成帝效勞，只是遠條館與昭陽宮相隔太遠，合德恐赤鳳往來，未免不便，遂乞成帝另築一室，與遠條館相連。成帝自然樂從，飭工趕造，數月告成，名為少嬪館。合德便即移住，於是兩處消息靈通，赤鳳蹤跡，隨成帝為轉移。後來成帝因趙氏姊妹，寵幸有年，並不得一男半女，也不能不別有所屬，隨意召幸宮人，冀得生男。**為下文趙氏得罪伏筆。**遠條、少嬪兩館中，俱不見成帝蹤跡，赤鳳雖然有力，究沒有分身法，惹得兩姊妹含酸吃醋，幾至失和。還是樊嬺力為調停，勸合德向姊謝罪，才復相協中荓醜事，也得暫免張揚。**欲要人不知，除非己莫為。**光祿大夫劉向，因採取詩書所載賢妃貞女，淫婦嬖妾，序次為《列女傳》八篇，又輯傳記行事，著《新序說苑》五十篇，奏呈成帝。且上書屢言得失，臚陳諸戒，無非請成帝輕色重德，修身齊家。成帝非不稱善，但知善不用，也是枉然。

　　還有一件用人失當，種下了亡國禍根，險些兒把劉氏子孫，凌夷殆盡，漢朝的大好江山，竟淪沒了一十八年。看官欲知何人為祟？就是那王太后從子王莽！**大書特書。**莽係王曼次子，曼早死不得封侯，長子亦遭短命。莽字巨君，事母維謹，待遇寡嫂，亦皆體心貼意，曲表殷勤。至若侍奉伯叔，交結朋友，禮貌更極周到，毫無惰容，又向沛人陳參，受習禮經，勤學好問，衣服如寒士相同。當時五侯子弟，競為侈靡，席豐履厚，乘堅策肥，獨莽不挾富貴，好為恭儉，居然像個孝悌忠信的人傑，博取盛名。伯父王鳳病危，莽日夕侍疾，衣不解帶，藥必先嘗，引得鳳非常憐愛。待到彌留時候，尚面託太后及帝，極口稱賢。成帝因拜莽為黃門郎，遷官射聲

校尉。叔父王商,也稱莽恭儉有禮,情願將自己食邑,分給與莽。就是朝右名臣,亦皆交章舉薦,成帝乃進封莽為新都侯,授官光祿大夫侍中。莽越加謙抑,折節下交,所得俸祿,往往贍給賓客,家無餘財,因此名高諸父,聞望日隆。成帝優待外家,有加無已,王譚死後,即令王商入代譚職。已而王音又歿,復進商為大司馬衛將軍,使商弟立領城門兵。商因成帝耽戀酒色,淫荒無度,也引為己憂,嘗入見王太后,請為面戒成帝。太后卻也訓告數次,商亦從旁微諫。無如成帝流連忘返,終不少悛。永始二年二月,星隕如雨,復遭日食,適值谷永為涼州刺史,入朝白事,成帝使尚書問永意見,商即乘便囑永,叫他具疏切諫,永有恃無恐,遂將成帝過失,一一揭出,力請除舊更新。成帝大怒,立命侍御史收永下獄,商已預有所聞,亟使永出都回任。永匆匆就道,侍御史飭人往追,已經不及,也即覆命。成帝怒亦漸平,不復窮究,但仍然淫佚如前。侍中班伯,乃是班婕妤胞弟,因病請假,假滿病癒,入宮進謁,可巧成帝與張放等宴飲禁中,引酒滿觴,任意笑謔。班伯拜謁已畢,也不多言,唯注視座右屏風,目不轉瞬。成帝呼令共宴,班伯口中雖然應命,兩眼仍注視屏風上的畫圖。成帝還道屏風上有甚怪象,忙即旁顧,但見屏上並無別物,只有繪著一幅古蹟,乃是〈商紂與妲己夜飲圖〉。**原來為此**。當下瞧透班伯微意,故意問道:「此圖何為示戒?」班伯才對著成帝道:「沉湎於酒,微子所以告去,式號式嘑,〈大雅〉所以示儆。詩書所言淫亂原因,無非因酒惹禍哩!」**借畫進規,不愧為班婕妤之弟**。成帝始喟然嘆息道:「我久不見班生,今日復得聞直言了!」張放等方恨班伯多嘴,不料成帝嘆為直言,只好託詞更衣,怏怏趨出。成帝也就令撤席,一番酒興竟被班伯打斷,不消多說。

會成帝入朝王太后,太后向他流涕道:「皇帝近日顏色瘦黑,也應自知

第九十四回
智班伯借圖進諫　猛朱雲折檻留旌

保養，不宜沉湎酒色。班侍中秉性忠直，須從優待遇，使輔帝德。富平侯可遣令就國，慎勿再留！」成帝聽了，只好應聲而退。到了自己宮中，還不肯將張放遣去。丞相薛宣，御史大夫翟方進，俱由王商授意，聯名奏劾張放，成帝不得已將放左遷，貶為北地都尉。過了數月，復召為侍中。王商復白王太后，太后怒責成帝，成帝無法，再出放為天水屬國都尉。放臨行時，與成帝相顧泣別。俟放去後，常賜璽書勞問。後來放歸侍母疾，至母病癒，調任河東都尉；未幾又召為侍中。**真是情愛纏綿**。那時丞相薛宣，已經奪職，翟方進升任丞相，再劾放不應召用。成帝上憚太后，下怕相臣，因賜放錢五百萬，遣令就國。放感念帝恩，終日不忘，及成帝駕崩，連日哭泣，毀瘠而死。**可惜是個龍陽君，若變做女子身，倒是為主殉節，也可流芳百世了**。這是後語不提。

　　唯丞相薛宣，何故免官，事由太皇太后王氏，得病告崩，喪事辦得草率，不盡如儀，成帝坐罪薛宣，免為庶人。連翟方進亦有處分，貶為執金吾。廷臣都為方進解免，爭言方進公潔持法，請託不行，於是成帝復擢方進為相，封高陵侯。方進字子威，汝南上蔡人，以明經得官，性情褊狹，好修恩怨。既為丞相，如給事中陳咸，衛尉逄信，後將軍朱博，鉅鹿太守孫閎等，迭被劾去。咸憂恚成疾，竟致暴亡，但統是與方進有嫌，致遭排擊。唯奏彈紅陽侯王立，說他奸邪亂政，還算是不畏權貴，放膽敢言。至御史大夫一缺，委任了光祿勳孔光。光字子夏，係孔子十四世孫。父名霸，曾師事夏侯勝，選為博士。宣帝時進任大中大夫，補充太子詹事，元帝賜霸關內侯，號褒成君。光為霸少子，年未二十，已舉為議郎，累遷至光祿勳，典領樞機十餘年，遵守法度，踵行故事，從未聞獨出己見，爭論大廷。所有宮中行事，雖對兄弟妻子，亦不輕談。有人向光問及，謂長樂宮內溫室中，栽種何樹？光默然不應，另用他語作答。看似持重慎密，實

在是藉此保身，取容當世罷了！**斷定孔光**。故南昌尉梅福，雖然辭職家居，卻是心存君國，遇有朝使過境，往往託寄封事，成帝復置諸不理。至是覆上書直諫，略云：

士者國之重器，得士則重，失士則輕。臣聞齊桓之時，有以九九見者，**九九係算術，如今《九章》之類**。桓公不逆，今臣所言，非特九九也。自陽朔以來，群臣皆承順上指，莫有執正，故京兆尹王章，面引廷爭，戮及妻子，**凡受罪被辱皆稱為戮，非專主刑殺也**。折直士之節，結諫臣之舌，天下以言為戒，最國家之大患也。往者不可及，來者猶可追，方今君命犯而主威奪，外戚之權，日以益隆，陛下不見其形，願察其景。建始以來，日食地震，三倍春秋，水災無與比數，陰盛陽微，金鐵為飛，此何景也？親戚之道，全之為上，今乃尊寵其位，授以魁柄，勢陵於君，權隆於上，然後防之，亦無及已！

這書呈入，也似石沉大海一般，並不見報。福自是讀書養性，杜門不出，及王莽專政，越見得主柄下移，勢且傾漢，遂拋妻撇子，一去不還。時人疑為仙去，後有人在會稽道上見他為吳市門卒，呼語不應。問諸旁人，代述姓名，並非梅福兩字，才知他是移名改姓，自甘淪落了。**錄述梅福言行，無非闡發幽光**。永始四年孟秋，日復食，越年改號元延，元旦天陰，日再食，孟夏無雲聞雷，有流星隨著日光，向東南行，四面如雨，自晡及昏，方才不見。到了新秋，星孛東井，天變迭現，成帝也覺驚心，不得不遍諮群臣，使他詳陳得失。劉向正調任中壘校尉，**掌北軍壘門，故稱中壘**。應詔陳言，始終是歸咎外戚。谷永方調任北地太守，也應詔入對，始終是歸咎後宮。**兩人宗旨不同**。這兩件緊要大事，成帝目中，早已看過數次，都是不能照辦，只好遷延度日。

會值大司馬衛將軍王商病死，依次挨補，應使王立繼任。立在南郡墾

第九十四回
智班伯借圖進諫　猛朱雲折檻留旌

田數百頃，賣與縣官，取值至一萬萬以上，為丞相司直孫寶所發，成帝乃舍立不用，超遷王根為大司馬驃騎將軍。根與故安昌侯張禹，素不相容。成帝獨待禹甚優，前後賞賜無算，遇有國家大事，必遣使諮問。禹亦倚老賣老，求福得福，置田多至四百頃，前廳輿馬，後庭絲竹，尚是貪心不足，還要尋塊葬地，為身後計。適有平陵旁肥牛亭地，最為合意，**平陵為昭帝陵，見前文**。便上書乞請，求恩撥賜。成帝便欲允許，獨王根入朝諫阻，謂肥牛亭與平陵毗連，乃是寢廟衣冠，出入要道，理難撥給，只好另賜別地云云。成帝不從，竟將肥牛亭地賜給張禹。根越加妒恨，屢次說禹短處。偏成帝暗暗忌根，每經根毀禹一次，必遣使向禹問遺。且因劉向等屢斥王氏，也欲與禹商決，親往禹家面談。既到禹家，值禹抱病在床，不便開口，唯至床前下拜，問候病情。禹在床上叩謝，使少子進謁成帝，拜罷便站立一旁。成帝溫言慰問，禹唏噓道：「老臣衰朽，死不足惜，膝下四男一女，三子俱蒙恩得官，一女遠嫁張掖太守蕭咸，老臣平日愛女，比諸男為甚，只恐老臣臨死，不得一見女面，所以未免懷思呢！」成帝道：「這有何難！我當調回蕭咸，就近為官便了。」禹不能起身，使少子代為拜謝。成帝諭他免禮，少子乃起。禹尚欲替少子求官，礙難出口，唯兩眼注視少子，作沉吟狀。成帝已經窺透，面授禹少子為黃門郎給事中。禹心中只此兩事，並得所請，自然喜歡。**老年貪得**。既令少子謝恩，復欲強起自拜，成帝忙叫他不必多禮，起身回宮；立調蕭咸為弘農太守。待至禹疾已瘳，復親臨禹家，禹亟出門迎謁，延入內堂。由成帝問及安否，禹把仰叩天眷的套話，隨口答訖。成帝屏去左右，就袖中取出奏牘數篇，交禹檢視。禹展覽一周，統是劾奏王氏專政，不由的滿腹躊躇。自思年老子弱，何苦與王氏結冤，且前日為了葬地一事，更與王根有嫌，不若替他迴護，以怨報德，使他知感為是。乃即答說道：「春秋二百四十年間，日食三十

餘次，地震五次，或主諸侯相殺，或主夷狄內侵，實在天道微渺，人未易知。孔子聖人，且不語神怪，賢如子貢，猶不得聞性與天道，何況是淺見鄙儒！陛下能勤修政事，自足上迓天庥。現在新學小生，妄言惑人，願陛下切勿輕信哩！」說著，即將奏牘呈還成帝。成帝願安承教，辭別而去，王氏因此無恙。禹樂得賣情，不免告知親友，當有人傳到王根耳邊，根果被籠絡，易仇為親，忙去謝禹，相得甚歡。此外王氏子弟，亦往來禹家，聯為至好。

　　獨有故槐里令朱雲，前坐陳咸黨與，罰為城旦，役滿還家。聞得張禹祖護王氏，朋比為奸，又不禁激動忠忱，憤然詣闕，求見成帝。可巧成帝臨朝，公卿等站立兩旁，雲行過拜跪禮，便朗聲說道：「滿朝公卿，濟濟盈廷，上不能匡主，下不能澤民，無非是尸位素餐，毫不中用！孔子所謂鄙夫事君，患得患失，無所不至，臣願乞賜上方斬馬劍，斷佞臣一人頭，儆戒群臣！」**聲可震殿**。成帝聽他語言莽撞，已滋不悅，當即喝聲問道：「佞臣為誰？」雲直答道：「安昌侯張禹！」**好膽量**。成帝大怒道：「小臣居下訕上，廷辱師傅，還當了得！」說著，復顧左右道：「此人罪在不赦，應即拿下！」御史奉命，即將雲扯出殿外。雲攀住殿檻，不肯遽行，御史偏要把他拖去，彼此用力過猛，竟將殿檻折斷。雲大呼道：「臣得從龍逄、比干，同遊地下，也是甘心！但不知聖朝成為何朝？」說到此句，已由御史牽去。群臣為雲所譏，都含怒意，獨左將軍辛慶忌，尚帶俠氣，忙免冠至御座前，解去印綬，叩頭力諫道：「小臣朱雲，素來狂直，著名當世，言果合理，原不宜誅；就使妄言，也乞陛下大度包容，臣敢拚死力爭！」成帝怒尚未解，不肯照允，直至慶忌碰頭出血，淋落座前，也不覺回心轉意，命將朱雲赦免。雲始得放歸。後來有司修治殿檻，成帝卻面囑道：「不必易新，但從壞處修補，令得留旌直臣！」**成帝非全然糊塗，可惜輔導之**

第九十四回
智班伯借圖進諫　猛朱雲折檻留旌

人。雲返家後，不復出仕，常乘牛車閒遊，到處歡迎，年至七十餘，在家壽終。

　　元延三年春月，岷山崩，土石墮落江中，水道被壅，三日不流。劉向聞報，私下嘆息道：「從前周岐山崩，三川告竭，幽王遂亡，岐山係周朝龍興地，故主亡周；今漢家起自蜀郡，蜀地山崩川竭，便是亡漢的預兆！況前年星孛東井，從參及辰，辰為大火，本主漢德，乃被怪星闖入，顯見是亂亡不遠了！」

　　成帝燕樂如常，還道是內外無事，儘可安心度日，不過年逾四十，未得一男，卻也不免加憂。趙家姊妹，又是嫉妒得很，自己好納男妾，獨不許成帝私迎宮人，或得生男。成帝鬼鬼祟祟，偷召宮婢曹曉女曹宮，交歡了兩三次，得結珠胎，生下一男。成帝聞知，暗暗心歡，特派宮女六人，服侍曹宮。不意被趙合德察覺，矯制收宮下掖庭獄，迫令自盡，所生嬰兒，也即處死，連六婢都不肯放鬆，勒斃了事。**悍婦心腸，毒過蛇蠍。**成帝怕著合德，不敢救護，坐看曹宮母子等畢命歸陰。

　　還有一個許美人，住居上林涿沐館中，每年必召入復室，臨幸數次，也得產下一男。成帝使中黃門靳嚴，帶同醫生、乳媼，送入涿沐館，叫許美人靜心調養。又恐為合德所聞，躊躇多日，計不如自行告知，求她留些情面，免遭毒手。當下至少嬪館中，先與合德溫存一番，引開合德歡顏，方將許美人生男一事，約略說出。話尚未終，即見合德豎起柳眉，易喜為怒，起座指成帝道：「常騙我言從中宮來，如果在中宮，許美人何從生男？好好！就去立許美人為皇后罷！」一面說，一面哭，並且用手搗胸，把頭觸柱，鬧得一塌糊塗。侍婢將她扶臥床上，她又從床上滾下，口口聲聲，說要回去。**無非撒潑。**成帝呆如木偶，好多時才開言道：「好意告汝，為何這般難言，令我不解！」合德只是哭鬧，並未答言。時已天暮，宮人搬

入夜膳，合德不肯就食，成帝也只好坐待，免不得用言勸解。合德帶哭帶語道：「陛下何故不食？陛下常誓約不負，今將何說？」成帝道：「我原是依著前約，不立許氏，使天下無出趙氏上，汝儘可放心了！」合德方才止哭，又經侍婢從旁力勸，勉強就座，略略吃了幾顆飯粒。成帝也胡亂進餐，稍得療飢，便令撤去。是夕留宿少嬪館中，枕蓆上面，不知如何調停。嗣是每夕與合德同寢，約閱三五天，竟詔令中黃門靳嚴，向許美人索交嬰孩，用葦編篋，裝兒入少嬪館中，由成帝與合德私下展視，不令人看，好一歇竟將葦篋上封緘，囑令侍婢取出，發交掖庭獄丞籍武，使他埋葬僻處，休使人知。武乃在獄樓下掘坎埋兒，看官不必細問，就可知這個死兒，是被合德辣手加害了。先是都下曾有童謠云：「燕飛來，啄皇孫！」至是果驗。小子有詩嘆道：

燕燕雙飛入漢宮，皇孫啄盡血風紅。
古今不少危亡禍，半自蛾眉誤主聰。

合德連斃兩兒，成帝遂致絕嗣，不得不擇人繼承。欲知何人過繼，待至下回說明。

成帝之世，非無正士，如班伯，如朱雲，亦庸中佼佼者流，惜乎其皆非親近之臣也。班伯疏而不親，朱雲卑而不近，片言進諫，幸則若班伯之見從，為益無多；不幸則若朱雲之觸怒，險遭不測，非辛慶忌之流血力爭，幾何而不為王仲卿乎！王氏首秉樞機，第知怙勢，張禹望隆師傅，但務阿諛，再加飛燕姊妹之驕淫悍妒，啄盡皇孫，人事如此，不亡何待，遑論天道哉！故吾謂西漢之亡，不待哀、平，成帝固已早啟之矣。

第九十四回
智班伯借圖進諫　猛朱雲折檻留旌

第九十五回
洩機謀鴆死許后　爭座位怒斥中官

　　卻說元延四年春正月，中山王劉興，及定陶王劉欣，同時入朝。興係成帝少弟，為馮昭儀所出，由信都移封中山，欣即定陶王劉康嗣子。康中年病歿，正妻張氏無出，唯妾丁姬生子名欣，由祖母傅昭儀撫養成人，得襲父爵。傅昭儀早為王太后，向有智略，聞得成帝無嗣，想把自己孫兒，承繼過去，因此乘欣入朝，隨令同行，並使傅相、中尉，一律相從。中山王興，只帶了太傅一人。兩人入謁成帝，成帝見欣少年俊逸，卻也生歡，特藉端發問道：「汝何故帶同許多官吏？」欣從容答道：「諸侯王入朝，依法得使二千石隨行，臣想傅相中尉，秩皆二千石，故使同來。」成帝又問道：「汝平日所習何經？」欣答稱習《詩》。成帝隨意掇《詩》數章，令他背誦，欣記得爛熟，歷誦無遺。又能講解大義，亦無差謬。成帝連聲稱善，嗣又顧問劉興道：「汝為何只帶太傅一人？」興竟不能答。成帝又問他曾習何經？興答稱《尚書》。及成帝令他背誦數篇，他卻斷斷續續的答了數語，一半已經忘記。**馮昭儀頗有幹才，如何生此豚兒？** 成帝暗想興年已三十有餘，為何這般呆笨，反不如十六七歲的少年？因即揮令退去。欣亦隨同趨出。成帝回入宮中，可巧欣祖母傅昭儀，亦來相見，成帝慰問路途辛苦，且稱她孫兒英敏，讚不絕口。傅昭儀謙遜一番，並言挈欣入朝，一是湊便問安，二是恐欣失儀，隨時教導。成帝也謝她厚意，留住宮中。傅

第九十五回
洩機謀鴆死許后　爭座位怒斥中官

昭儀已謁過王太后，又至趙皇后、趙昭儀處，問訊一周。且囑孫兒劉欣入宮遍謁，並使他往候大司馬王根，隨處周旋，面面俱到。最動人的金帛珍玩，隨身帶來，半贈兩趙姊妹，半賂王根。俗語說得好，錢可通靈，趙氏姊妹，雖然錦衣玉食，但得了許多珍寶，也覺動心。就是王根亦貪得無厭，格外感情。於是互相庇護，共稱劉欣多材，足為帝嗣。成帝非無此意，但尚望兩趙生男，免得旁繼。乃只為欣行了冠禮，遣還定陶；傅昭儀自然隨歸。趙家姊妹，殷勤餞別，席間由傅昭儀婉言請託，自在意中。至劉欣母子東返，劉興早已遣歸了。

好容易又是一年，趙氏姊妹仍然不育，交相慫恿，勸立定陶王欣為太子。王根亦上書申請，成帝乃決意立欣，改元綏和，使執金吾任宏，署大鴻臚，持節召欣入京。欣祖母傅昭儀，及欣母丁姬，俱送欣至都。御史大夫孔光，獨上書請立中山王，**想是由王立等囑託**。成帝不從，貶光為廷尉，但加封中山王興食邑三萬戶，興舅諫大夫馮參為宜鄉侯，免致興有怨言。同日立欣為皇太子，入居東宮。又思欣已過繼，不便承祀共王劉康，**康歿後，予諡曰共，共讀如恭**。乃另立楚孝王孫劉景為定陶王，使奉共王康祀。傅昭儀與丁姬，留寓定陶邸中，不得隨欣入宮，未免怏怏。傅昭儀遂入求王太后，許得與太子相見。王太后商諸成帝，成帝說道：「太子入承大統，不應再顧私親。」王太后道：「太子幼時，全靠傅昭儀抱養，好似乳母一般；若令她得見太子，想亦無妨。」**實是違禮**。成帝難違母意，准令傅昭儀入見太子。唯丁姬不在此例，只好向隅，待後再說。

唯孔光既經遭貶，改任京兆尹何武為御史大夫。武字君公，蜀郡郫縣人，向來守法盡公，頗有政聲。及為御史大夫，上言世事煩瑣，宰相才不及古，卻令他職兼三公，未免廢弛，應仿古制建三公官。成帝以王根本為大司馬，仍令守職，唯罷去驃騎將軍官銜。即命何武為大司空，封氾鄉

侯，罷去御史大夫官銜，俸祿皆如丞相，與丞相併稱三公。

　　已而王根病免，一時乏人接替，暫從緩議。偏侍中王莽，謀代根位，只恐被淳于長奪去，遂與王根說及，謂長見叔父病免，常有喜色，自言必可代任，且有種種不端情事，備細告知。根當然動怒，使莽入白王太后。長本王太后外甥，前次飛燕立后，賴長出力疏通，感念不置，嘗勸成帝封長侯爵，成帝因封長為定陵侯。長迭得內援，勢傾朝野，成帝時有賞賜，再加諸侯王歲時饋送，積資億萬，廣蓄嬌妻美妾，恣行淫樂。適有龍頟侯韓寶妻許孊，為廢后許氏胞姊，喪夫寡居，姿色未衰，長借弔問為名，一再勾引。婦人多半勢利，見長尊榮無比，情願委身事長，甘做小妻，**卑汙已極**。長竟納孊為妾，孊尚不知羞恥，堂堂皇皇的探視胞妹，直陳不諱。胞妹係廢后許氏，方徙居長定宮，寂寞無聊，還想再承雨露，求為婕妤。**姊妹情性相同，都是無恥**。因取出從前私蓄，交孊轉送淳于長，託長至成帝前說情，力為挽回。長明知此事難言，只因見財起義，不忍割捨，乃想出一法，詭言將乘間入請，立為左皇后，使孊如言轉告。廢后許氏總道長不去騙她，日夕盼望，有時召孊入問，浼她催促。長反覺惹厭，故意使孊入慰。接連致書與孊，內容語意，多半挪揄許后，說她求歡太急，何不降尊就卑！**也想娶為小妻麼？真是壞蛋**。許后有所需求，只好含羞忍氣。不意有人傳出，竟被王莽得知。莽向王根報明，無非為著此事，就是入白王太后，也是一五一十，詳陳無隱。**恐還要加添數語**。惹得太后怒起，使莽轉告成帝。成帝心尚愛長，不欲治罪，但遣令就國。長吃了一驚，自思無法轉圜，不得已收拾行裝，準備登程。忽來了王立長子王融，問他索求車馬，意以為長既遠行，勢難把車騎盡行帶去，不如留贈自己，卻好現成使用。長與融本是中表弟兄，見面時卻也應允。但尚想留住都中，屏人與談，要他轉求乃父，代為斡旋，並取出許多珍寶，送與王融。融一力擔

第九十五回
洩機謀鴆死許后　爭座位怒斥中官

承，就將珍寶攜回家中，向父告知。立前時不得輔政，疑由長暗中進讒，常在成帝面前，揭長過惡。此次見了珍寶，竟致得意忘言，忙入宮去見成帝，為長訴冤。成帝不禁起疑，默然不答，待立趨出，竟命有司徹底查究。有司明查暗訪，察出王融私受長賂，便要派吏拿融。立方才悔恨，怨融自去惹禍，累及家門。融無詞可說，自知闖了大禍，不如自盡，當即服毒畢命。**貪夫結果**。吏役到了融家，見融已死，便去回報，有司當即復奏，成帝越想越疑，索性捕長下獄，一再審訊，把長姦淫貪詐的詳情，和盤托出，罪坐大逆，瘐死獄中。**自作自受**。妻子移徙合浦，母歸故里。**許嫌不知下落，想亦充戍合浦去了**。成帝復使廷尉孔光，持鴆至長定宮，賜廢后許氏自盡。可憐許后在位十四年，聽了兩個阿姊的邪言，既失位置，復喪性命。雖是自貽伊戚，也覺可悲可憫呢！**抑揚得當**。紅陽侯王立，勒令就國。

王莽發奸有功，且由王根薦令代位，遂拜為大司馬。莽得秉國鈞，欲使名譽高出諸父，特聘請遠近名士，作為幕僚，所得賞賜，悉數分給賓佐，自己格外從儉，菲食惡衣，與平民相同。會莽母有疾，公卿列侯，各遣夫人探問，大都是綺羅蔽體，珠翠盈頭。莽妻王氏，乃是故相宜春侯王訢曾孫女，**同姓不婚，莽既好名，何獨不知守禮**。急忙出門相迎，衣不曳地，裙僅蔽膝。各女賓還道她是僕婦，及密問左右，才知她是大司馬伕人，都不禁詫異起來。莽妻接待女賓，分外周到，唯所供點心，不過尋常數色。待大眾問過太夫人，陸續辭歸，各言大司馬家儉約過人。莽得聞眾言，私心暗喜，毋庸多表。**全是矯詐**。

且說綏和二年仲春，熒惑守心，丞相議曹李尋，上書丞相，說是災禍將至，君侯難免當災，應即與闔府官屬，商議趨吉避凶的良策。丞相翟方進，覽書惶惑，不知所為。果然不到數日，便有郎官賁麗，奏請天象告

變，急須移禍大臣。**是翟方進的催命鬼**。成帝聽著，立召方進入朝，責他為相有年，不能燮理陰陽，致有種種災異，宜善自為計，毋待朕言。方進免冠叩謝，惶然趨出，回至相府，也知不免一死，但尚望有生路可尋，未肯遽自引決。誰知過了一宵，又由朝使齎入策書，嚴加責備，且賜他上尊酒十石，養牛一頭，叫他自裁。方進接到牛酒，想著漢家故例，牛酒賜給相臣，就是賜死的別名。沒奈何硬著頭皮，取出鴆酒一杯，忍心吞服，須臾毒發，便即倒斃。**冤哉枉也**。成帝還託言丞相暴亡，厚加賻恤，特賜乘輿祕器，並且親往弔喪，掩耳盜鈴，煞是可笑！

　　唯方進既死，丞相出缺，成帝選擇廷臣，還是廷尉孔光，居官恭謹，可使為相。因先擢為左將軍，再命有司擬定策文，鑄成侯印，指日封拜孔光。是時梁王立**係梁王揖七世孫**。楚王衍**宣帝孫，即楚王囂子**。入朝，已由成帝召見數次，預備翌旦辭行。成帝午後無事，便至少嬪館餐宿，夜間不知為何歡娛，到了天色大明，趙昭儀合德先起，成帝也即起坐，才把襪帶繫就，忽然撲倒床上，不言不語，竟爾歸陰。合德尚不知何因，連呼不應，用手微按，已無氣息，不由的神色慌張，急命內侍宣召御醫。等到醫官入視，已是脈絕身僵，還有什麼回生妙方？那時只好報知太后，及內外要人。太后急忙趨視，親撫帝體，肌冷如冰，當然嚎啕大哭，皇后趙飛燕等，陸續走集，統皆陪哭一場。及大眾止哀，辦理棺殮，太后召入三公，獨缺丞相。當由王莽稟明，謂丞相已擇定孔光接任，於是復召孔光，就靈前拜為丞相，封博山侯。好在策文印綬，俱已辦就，即付與孔光領受。光拜謝後，即與王莽等料理大喪。越宿由太后下詔，令王莽、孔光，會同掖庭令查明皇帝起居，及暴病一切原因。莽接奉詔旨，樂得從嚴究治，迭派屬吏至少嬪館調查，細詰趙昭儀合德，氣焰逼人。合德雖未嘗毒死成帝，自思從前虧心各事，若一經逮問，斷難隱諱，且要連累姊弟，一同坐罪。

第九十五回
洩機謀鴆死許后　爭座位怒斥中官

沉吟多時，覺得除死以外，已無別法，遂召集貼身侍婢，各給賞賜，囑令毋談前怨，自己仰藥斃命。一縷芳魂，總算趕上鬼門關，往尋成帝去了。**也是顯報。**

　　成帝在位二十六年，改元七次，壽終四十五歲。本來是體質強壯，狀貌魁梧，儼然像個尊嚴天子，怎奈酒色過度，斲喪本元，遂致樂極亡陽，霎時暈死，後來奉葬延陵。太子欣入宮嗣位，是謂哀帝。尊太后王氏為太皇太后，皇后趙氏為太后。太皇太后王氏，喜諛寡斷，傅昭儀謀立孫兒，常至長信宮伺候，竭力趨奉，就是丁姬也承歡獻媚，孝敬有加，因此哀帝嗣位，太皇太后王氏，便令傅昭儀、丁姬兩人，十日一至未央宮，與帝相見。又傳旨詢問丞相孔光，及大司馬何武，謂定陶太后應居何宮？孔光素聞傅昭儀權略過人，若得入居宮中，將來必干預政事，挾制嗣君，所以複議上去，請另擇地築宮。何武未知光意，謂不如北宮居住，省得勞費。太皇太后依了武言，遂使哀帝詔迎定陶太后，入居北宮。傅昭儀即日移入，丁姬亦隨同進去。北宮有紫房複道，與未央宮相通，傅昭儀得日夕往來，屢向哀帝要求，欲稱尊號，並封外家親屬。哀帝甫經嗣阼，不敢自出主張，所以游移未決。巧有高昌侯董宏，得聞消息，意欲乘間迎合，上書引秦莊襄王故事，謂莊襄王本夏氏所生，過繼華陽夫人；即位以後，兩母並稱太后，今宜據以為例，尊定陶共王后為帝太后。**虧他尋出佐證。**哀帝得書，正想依議下詔，偏大司馬王莽，左將軍師丹，聯名劾宏。略言皇太后名號至尊，有一無二；宏乃引亡秦敝政，蠱惑聖明，應以大不道論罪。哀帝雖然不快，究因王莽為太皇太后從子，未便梗議，乃免宏為庶人。傅昭儀聞信大怒，立到未央宮，面責哀帝，定要速上尊號。哀帝無奈，入白太皇太后，太皇太后允如所請，乃尊定陶共王為共皇，定陶太后傅氏為定陶共皇太后，共皇妃丁姬為定陶共皇后。傅太后係河內溫縣人，早年喪父，

母又改嫁，無親兄弟，只有從弟三人，一名晏，一名喜，一名商。哀帝為定陶王時，傅太后欲親上加親，特取晏女為哀帝妃，至是即立晏女傅氏為后，封晏為孔鄉侯。又追封傅太后父為崇祖侯，丁皇后父為褒德侯。丁皇后有兩兄，長兄忠，已經去世，忠子滿也得受封平周侯，次兄明方值中年，並封為陽安侯。哀帝的本生外家，已經加封，只好將皇太后趙氏弟欽，晉封新城侯，欽兄子訢為成陽侯。王、趙、丁、傅四家子弟，並膺顯爵，朱輪華轂，雜沓都中。

　　太皇太后王氏，置酒未央宮，擬邀集傅太后、趙太后、丁皇后等，一同會宴，共敘歡忱。**國喪才畢，不宜大開筵宴，王政君也是多事**。筵席且備，應設坐位，太皇太后坐在正中，自無疑義，第二位輪著傅太后，即由內者令**官名**。在正座旁，鋪陳位置，預備傅太后坐處。此外趙太后、丁皇后等，輩分較卑，當然置列左右兩旁。位次既定，忽來了一位貴官，巡視一周，便怒目視內者令道：「上面如何設有兩座？」內者令答道：「正中是太皇太后，旁坐是定陶傅太后。」道言未絕，便聽得一聲怪叫道：「定陶太后，乃是藩妾，怎得與至尊並坐？快與我移下座來！」內者令不好違慢，只好將座位移列左偏。看官道是何人動怒？原來是大司馬王莽。莽見座位改定，方才出去。已而太皇太后王氏，及趙太后、丁皇后等，俱已到來就席，哀帝亦挈同皇后傅氏，共來侍宴。只有傅太后不至，當下差人至北宮催請，好幾次俱被拒絕，顯見得傅太后為了坐位，已有所聞，不肯前來赴席。太皇太后不暇久待，乃囑令大家飲酒。天廚餚饌，比不得吏民酒席，自然豐盛得很。但因傅太后負氣不來，反累得滿座不歡，飲不多時，當即散席，各歸本宮。傅太后餘怒未平，免不得迫脅哀帝，叫他攆逐王莽。哀帝尚未下詔，莽已得知風聲，自請辭職。當即奉詔批准，特賜黃金五百斤，安車駟馬，罷令就第。朔望仍得朝請，禮如三公。公卿大夫，尚稱莽

第九十五回
洩機謀鴆死許后　爭座位怒斥中官

持正不阿，進退以義，有古大臣風。又入王莽彀中。

莽既免職，輿情都屬望傅喜。喜已任右將軍，學行純正，志操清潔，傅家子弟，要算他最有令名。偏傅太后因喜常有諫諍，與己未協，不欲令他輔政，乃進左將軍師丹為大司馬，封高樂侯。喜亦託疾辭官，繳還右將軍印綬，有詔賜金百斤，令食光祿大夫俸祿，歸第養痾。大司空何武，尚書令唐林，皆上書留喜，謂喜行義修潔，忠誠憂國，不應無故遣歸，致失眾望。哀帝亦知喜賢良，一時為祖母所制，不能不留作後圖。過了數日，接閱司隸校尉解光奏牘，乃是一本彈章，指斥著名權戚兩人。正是：

由來仕路多艱險，益信人心好詭隨。

欲知解光彈劾何人，容俟下回發表。

財能買命，亦足傷命；色可迷人，實足害人。試觀淳于長之貪財得賂，復舍財請留，兩罪併發，卒致殺身。王融貪財而死，許后舍財而死，財之誤人生命，寧不大哉！成帝好色，得遇兩美，其樂何如？然絕嗣由此，喪生亦由此，色之為害，最酷最烈。故財色二字，為古今之大戒，一為所蠱，其不至亡身滅種者幾希！傅昭儀固嘗以色進矣，為孫謀承正統，幸得逞志，顧所欲無厭，稱尊號，爭坐次，藉一己之幸遇，為種種之請求，婦德無極，信而有徵。王莽命移坐位，似兢兢於嫡庶之分，言之成理，但窺其私意，仍不外為身家計。外戚爭權，不顧王室，劉氏庸有幸乎！

第九十六回
忤重闈師丹遭貶　害故妃史立售奸

　　卻說司隸校尉解光，因見王莽去職，丁、傅用事，也來迎合當道，劾奏曲陽侯王根，及成都侯王況。況係王商嗣子，所犯過惡，俱見奏章，略述如後：

　　竊見曲陽侯王根，三世據權，五將秉政，天下輻輳，臧累鉅萬，縱橫恣意，大治室第。第中築造土山，蠹立兩市，殿上赤墀，門戶青瑣。遊觀射獵，使僕從被甲，持弓弩，陳步兵，止宿離宮。水衡官名。供張，發民治道，百姓苦其役。內懷奸邪，欲筦朝政，推近吏主簿張業為尚書，蔽上壅下，內塞王路，外交藩臣。按根骨肉至親，社稷大臣，先帝棄天下，根不悲哀，思慕山陵未成，公然聘取掖庭女樂殷嚴、王飛君等，置酒歌舞，捐忘先帝厚恩，背臣子義。根兄子成都侯況，幸得以外親繼列侯侍中，不思報德，亦聘娶故掖庭貴人為妻，皆無人臣禮，大不敬不道。應按律懲治，為人臣戒！

　　哀帝自即位後，也因王氏勢盛，欲加抑損，好得收回主權，躬親大政。**既有此意，奈何復封丁、傅。**既將王莽免官，復得解光彈劾王根，當然中意，不過大不敬不道罪名，究嫌太重，且對著太皇太后，亦覺不情，乃只遣根就國，黜免況為庶人。到了九月庚申日，地忽大震，自京師至北

第九十六回
忤重闈師丹遭貶　害故妃史立售奸

方，凡郡國三十餘處，城郭多被震坍，壓死人民四百餘人。哀帝因災異過巨，下詔詢問群臣，待詔李尋上書奏對道：

臣聞日者眾陽之長，人君之表也。君不修道，則日失其度，晻昧無光。間者日光失明，珥蜺數作，**珥蜺係日旁雲氣**。小臣不知內事，竊以日視陛下，志操衰於始初多矣。唯陛下執乾綱之德，強志守度，毋聽女謁邪臣之欺，與諸阿保乳母甘言卑詞之託，勉顧大義，絕小不忍，有不得已，只可賜以貨財，不可私以官位。臣聞月者眾陰之長，妃后大臣諸侯之象也。間者月數為變，此為母后與政亂朝，陰陽俱傷，兩不相便。外臣不知朝事，竊信天文如此，近臣已不足仗矣。唯陛下親求賢士，以崇社稷，尊強本朝。臣聞五行以水為本，水為準平。王道公正修明，則百川理，落脈通，偏黨失綱，則湧濫為敗。今汝潁漂湧，與雨水並為民害，咎在皇甫卿士之屬，唯陛下抑外親大臣。臣聞道地柔靜，陰之常義，間者關東地數震，宜務崇陽抑陰以救其咎。《傳》曰：「土之美者善養禾，君之明者善養士。」中人皆可使為君子，如近世貢禹，以言事忠切，得蒙寵榮，當此之時，士之屬身立名者甚多。及京兆尹王章，坐言事誅滅，於是智者結舌，邪偽並興，外戚專命，女宮作亂。此行事之敗，往者不可及，來者猶可追也。願陛下進賢退不肖，則聖德清明，休和翔洽，泰階平而天下自寧矣。

原來哀帝初政，也想力除前弊，崇儉黜奢。曾罷樂府官，及官織綺繡，除任子令，**漢制凡吏二千石以上視事滿三年，得任子弟一人為郎，不以德選，至此才命革除。**與誹謗詆欺法，出宮人，免官奴婢，益小吏俸，政事皆由己出，海內頗喁喁望治。偏是傅太后從中干政，稱尊號，植私親，鬧個不了，反使哀帝胸無主宰，漸即怠荒。**僅閱半年，便致怠弛，無怪後來不長。**李尋所言，明明是藉著變異，勸勉哀帝，指斥傅太后。哀帝尚知尋忠直，擢為黃門侍郎，唯欲防閑太后，裁抑外家，實在無此能力，

只好模糊過去。但朝臣已分為兩派，一派是排斥傅氏，不使預政；一半是阿附傅氏，專務承顏。傅太后日思攬權，見有反對的大臣，定欲驅除，好教公卿大夫，聯絡一氣，免受牽掣。大司空氾鄉侯何武，遇事持正，不肯阿諛，傅太后心下不樂，密令私人伺武過失。適武有後母在家，往迎不至，即被近臣舉劾，斥武事親不篤，難勝三公重任。哀帝亦欲改易大臣，乃令武免官就國，調大司馬師丹為大司空。師丹係琅琊東武縣人，表字仲公，少從匡衡學詩，得舉孝廉，累次超擢，曾為太子太傅，教授哀帝。既受任為大司空，也與傅氏一派不合，前後奏章數十上，無非援三年無改的古訓，規諷哀帝改政太急，濫封丁、傅。哀帝非不感動，但為傅、丁兩后所壓迫，也是無可如何。唯有一侍中傅遷，為傅太后從姪，人品奸邪，輿論不容，哀帝因將遷罷職，遣歸故郡。不意傅太后出來干涉，硬要哀帝復還遷官，留任宮廷。哀帝無法，只好再將遷留住。丞相孔光，與師丹入朝面奏，謂詔書前後相反，徒使天下疑惑，無所取信，仍請將遷放歸。哀帝說不出苦衷，裝著痴聾一般，光、丹兩人，不得已趨出，遷得為侍中如故。**一官都不能黜陟，哀帝亦枉為天子！**

先是掖庭獄丞籍武，見趙合德屢斃皇兒，很是不忍。嘗與掖庭令吾丘遵密商，擬即告發。無如官卑職小，反恐多言惹禍，因致遷延。吾丘遵又復病歿，武更孤掌難鳴，只得作罷。到了哀帝嗣位，合德自殺，籍武尚然生存，不妨稍露宮中祕情，輾轉流傳。被司隸校尉解光聞悉，正好扳倒趙家外戚，使傅太后獨擅尊榮。當下拜本進去，追劾趙昭儀忍心辣手，曾害死成帝嗣子兩人，不但中宮女史曹宮等，冤死莫明，此外後宮得孕，統被趙昭儀用藥墮胎。趙昭儀懼罪自盡，未彰顯戮，同產家屬，尚得尊貴如恆，國法何在？應請窮究正法等語。照此奏議，連趙太后亦不能免辜，趙欽等更不消說得。哀帝因自己入嗣，曾得趙太后調護，厚惠未忘，乃僅將

第九十六回
忤重闈師丹遭貶　害故妃史立售奸

趙欽、趙訢奪爵，免為庶人，充戍遼西。**欽、訢封侯，見前回。**趙太后不被干連，算是萬幸。**慢著！**時朝廷已經改元，號為建平元年，三公中缺少一人，朝臣多推薦光祿大夫傅喜，乃拜喜為大司馬，封高武侯。郎中令冷褒，黃門郎段猶，見喜得列三公，傅氏威權益盛，樂得湊機獻媚。上言共皇太后與共皇后，不宜再加定陶二字，所有車馬衣服，皆應稱皇，並宜為共皇立廟京師。哀帝即將原奏發落，詔令群臣集議可否，群臣都隨口贊成。獨大司空師丹，首出抗議，大略如後：

古時聖王制禮，取法於天，故尊卑之禮明，則人倫之序正，人倫之序正，則乾坤得其位，而陰陽順其節。今定陶共皇太后、共皇后，以定陶為號者，母從子，妻從夫之義也。欲立官置吏，車服與太皇太后相埒，非所以明尊無二上之義也。定陶共皇號謚，前已定議，不得復改。禮，父為士，子為天子，祭以天子，其尸服以士服，子無爵父之義，尊父母也。為人後者為之子，故為所後服斬衰三年，而降其父母為期服，明尊本祖而重正統也。孝成皇帝聖恩深遠，故為共皇立後，奉承宗祀。今共皇長為一國太祖，萬世不毀，恩義已備。陛下既繼體先帝，持重大宗，承宗廟天地社稷之祀，義不可復奉定陶共皇，祭入其廟。今欲立廟於京師，而使臣下祭之，是無主也。又親盡當毀，空去一國太祖不墮之祀，而就無主當毀不正之禮，非所以尊厚共皇也。臣丹謹議。

照這議論，原是至公至正，不可移易，丞相孔光，極力贊同，就是大司馬傅喜，也以為丹言甚是，應該如議。獨傅太后及傅、晏傅商等，共恨師丹，兼及孔光、傅喜，統欲把他摔去。第一著先從師丹下手，探得師丹奏草，由屬吏私下抄出，傳示外人，當即據事奏彈，劾他不敬。裡面復有傅太后主張，迫令哀帝下詔，免丹官職，削奪侯封。給事中申咸，博士炔欽，**炔音桂。**聯名上奏，稱丹經行無比，懷忠敢諫，奏草漏洩，咎在簿

書，與丹無與。今乃因此貶黜，恐失眾心。那知詔書批斥，反將咸、欽貶秩二等。尚書令唐林，看不過去，復疏稱丹罪甚微，受罰太重，中外人士，統說是宜復丹爵邑，使奉朝請，願陛下加恩師傅，俯洽眾心。哀帝乃復賜丹關內侯，食邑三百戶，特擢京兆尹朱博為大司空。從前朱博救免陳咸，義聲卓著。見八十九回。咸起為大將軍長史，將博引入，為王鳳所特賞，委任櫟陽長安諸縣令，累遷冀州刺史、琅琊太守，專用權術駕馭吏民，相率畏服。嗣奉召為光祿大夫，遷授廷尉，博恐為屬吏所欺，故意召集屬吏，取出累年積案，意欲判斷，多與原判相符。屬吏見他明察，不敢相欺，隔了一年，得擢為後將軍，坐黨紅陽侯王立，免官歸里。哀帝復徵為光祿大夫，使任京兆尹。適值傅氏用事，要想聯繫幾個廷臣，作為羽翼，遂由孔鄉侯傅晏，與博往來，結為知交，至師丹罷免，便引博為大司空。博平時專重私情，不務大體，此次與傅晏交好，也是這般行為，從此位置益高，聲名反減，居然變做傅家走狗了。**一失足成千古恨！**

　　傅太后既除去師丹，便要排斥孔光，因思孔光當日，曾請立中山王興為嗣，興已病死，興母馮昭儀尚存。從前為了當熊一事，留下慚恨，未曾報復，現已大權在手，不但內除孔丞相，還要外除馮昭儀。也是馮昭儀命數該終，一不加防，被他誣成逆案，致令一位著名賢妃，捨生就死，遺恨千秋。**實是可惜！**

　　原來中山王興，自增封食邑後，得病即亡。王妃馮氏，就是興舅宜鄉侯馮參女兒，生下二女，卻無子嗣。興乃另納衛姬，得產一男，取名箕子，承襲王封。箕子年幼喪父，並且多病，醫家號為肝厥症，不時發作，每發輒手足拘攣，指甲皆青，連嘴唇亦皆變色。馮昭儀只此一孫，當然憐愛，因見他病根不斷，醫藥難瘥，沒奈何禱祀神祇，希圖禳解。**當熊俠婦，也要迷信鬼神，總之，不脫婦人性情。**哀帝聞箕子有疾，特遣中郎謁

第九十六回
忤重闈師丹遭貶　害故妃史立售奸

者張由，帶同醫士，前往診治。既至中山，馮昭儀依禮接待，並不怠慢。由素有瘋病，留居數日，見醫士調治未癒，不由得惹動愁煩，引起舊恙。喧哄了一兩天，竟命從人收拾行裝，匆匆回都，入朝覆命。哀帝問及箕子痊否，由答言未痊。惱動哀帝怒意，叱令退出。另遣尚書責問，詰他何故速歸？由連碰釘子，倒將神志嚇清，瘋病好了一大半，暗想自己病得糊塗，無端遽返，若沒有回話手本，定要坐罪。事到其間，寧我負人，毋人負我，**可惡**！乃即捏詞作答，只說中山王太后馮氏，私下囑令巫覡，咒詛皇上及傅太后，事關機密，所以匆匆回報。尚書得了口供，慌忙入宮告知。哀帝尚未著急，傅太后已怒不可遏，亟召御史丁玄入內，囑咐數語，叫他速往中山，盡法究辦。丁玄是共皇后丁氏姪兒，與傅氏互相連結，奉命即往。一到中山，就將宮中吏役，以及馮氏子弟，拘繫獄中，統共得百餘人。由玄逐日提訊，好幾天不得頭緒，無從復奏。傅太后待了旬日，未見丁玄回音，再遣中謁者史立，與丞相長史大鴻臚丞，同往審訊。史立星夜就道，馳至中山，先與丁玄晤談。丁玄因不得供詞，未免皺著眉頭，對立嘆息。立卻暗暗嘲笑，以為這般美差，可望封侯，乃丁玄如此沒用，讓我來占功勞，真是富貴逼人，非常僥倖。想到此處，躍躍欲試。當日提齊案卷，升堂鞫訊，一班案中人犯，挨次聽審，平白地如何招供，自然一齊呼冤。立不分皂白，專用嚴刑拷訊，連斃數人，尚無供詞。立也覺為難，情急智生，竟令諸人一齊退下，獨將男巫劉吾提入，用了種種騙嚇手段，教他推到馮昭儀身上，供稱咒詛是實。劉吾竟為所賺，依言書供。立得此供詞，再將馮昭儀女弟馮習，及寡弟婦君之，提到堂上，硬指她與馮昭儀通謀。馮習不禁怒起，開口罵立，立動了懊惱，喝令左右動刑，笞杖交下。一介弱婦，如何熬受得起，當堂斃命。**史立殺有餘辜！**立見馮習死去，也覺著忙，因習是馮昭儀妹子，比不得尋常吏役，處死無妨，當下命

將君之返繫獄中；想了多少時候，得著一計，遂去召入醫士徐遂成，與他密談一番，囑令承認。遂成是經張由帶去，未曾回京，此次受了史立囑託，便出作證人，依囑誣供道：「馮習與君之，曾對我密語云：『武帝有名醫修氏，醫好帝疾，賞賜不過二千萬。今聞主上多病，汝在京想亦入治，就使治癒，也不得封侯，不如藥死主上，使中山王代為皇帝，汝定可得侯封了！』」立聽他說罷，佯作不信，經遂成指天誓日，決非虛誣。立越覺有詞可借，竟喚出馮昭儀，面加責問，馮昭儀怎肯誣服，自然與立對辯。立冷笑道：「從前挺身當熊，自甘拚死，勇敢何如？今日何這般膽怯呢！」馮昭儀聽了，方才省悟，遂不屑與辯，憤然還宮。顧語左右道：「當熊乃前朝事，且是宮中語言，史立如何得曉？這定是內廷有人陷我！我知道了，一死便罷！」**語中已指傅太后。**當即仰藥自盡。

　　史立已將馮昭儀等咒詛謀逆等情，謊詞奏報，有司即請誅馮昭儀。哀帝還覺不忍，只下詔廢為庶人，徙居雲陽宮，那知馮昭儀已死，史立第二次奏報，又復到來。哀帝以馮昭儀自盡，在未廢前，仍命用王太后禮安葬，一面召馮參入詣廷尉。參少通《尚書》，前為黃門郎，宿衛十餘年，嚴肅有威，就是王氏五侯，亦嘗見憚；後來以王舅封侯，得奉朝請。此次無辜被陷，不肯受辱，遂仰天嘆道：「參父子兄弟，皆備大位，身至封侯。今坐被惡名，死何足惜！但恨地下對不住先人哩！」說至此，竟拔劍自剄。弟婦君之，與習夫及子，皆被株連，或自盡，或被戮，共死十七人。參女為中山王興妃，免為庶人，與馮氏宗族徙歸故郡。

　　潁川人孫寶，方為司隸校尉，目睹案情冤枉，心甚不平，因即奏請複審。傅太后正在快意，偏遇孫寶硬來干涉，當然動惱，便令哀帝下詔，將寶繫獄。尚書令唐林，上書力爭，也被貶為敦煌魚澤障侯，**漢官名。**大司馬傅喜，雖是傅太后從弟，卻是情理難安，便與光祿大夫龔勝，一同進

第九十六回
忤重闈師丹遭貶　害故妃史立售奸

諫，請將孫寶復職。哀帝乃轉白傅太后，傅太后尚不肯照允。嗣經哀帝一再求情，勉強許可，孫寶才得復還原官。張由首發有功，得受封關內侯，史立遷官中太僕。**仍然不得封侯，何苦屈死多人？**有幾個公正人士，背地裡俱嘲罵張、史二人，讒陷取榮，忍心害理，二人還得意洋洋，自詡得計。直至哀帝崩後，由孔光追劾二人過惡，奪官充戍，謫居合浦。但馮氏冤獄，未聞申雪，馮昭儀不得追封，畢竟是亂世紛紛，黑白混淆了。

唯傅太后既報宿仇，便想斥逐孔光，且因傅喜不肯為助，反去助人，心中越想越氣，即與傅晏商議，謀斥二人。傅晏復邀同朱博，先後進讒，不是說孔光迂僻，便是說傅喜傾邪。建平二年三月間，遂策免大司馬傅喜，遣他就國。越月又策免丞相孔光，斥為庶人。朱博曾奏請罷三公官，仍照先朝舊制，改置御史大夫，於是撤消大司空職銜，使博為御史大夫，另拜丁明為大司馬衛將軍。未幾升博為相，用少府趙玄為御史大夫。博與玄方登殿受策，忽殿中傳出怪響，聲似洪鐘，好一歇才得停止。殿中侍臣，左右駭顧，不知從何處發聲，就是博與玄亦驚心動魄，詫為異聞。小子有詩嘆道：

國家柱石待賢臣，小智如何秉國鈞。
殿上一聲傳預報，榮身已是兆亡身。

究竟聲從何來，且至下回續敘。

史稱傅昭儀入宮，善事人，下至宮人左右，飲酒酹地，皆祝延之。不知此正固寵希榮之伎倆，使人墮入術中而不自覺者也。哲婦傾城，本諸古訓，傅昭儀固一哲婦耳。哀帝之入嗣大統，全賴傅昭儀之營謀。即位以後，其受制於傅昭儀也，固意中事。善事人者，一變而為善害人。師丹持議甚正，即首黜之；傅喜以行義稱為傅氏子弟中之翹楚，而傅昭儀猶不肯

相容,何論他人?彼解光之阿旨獻諛,劾奏趙氏,原為趙氏姊妹之惡報,猶可言也。馮昭儀何罪?竟以當熊之慚恨,信張由之誣,容史立之詐,卒使賢妃自盡,馮氏凌夷。婦人之心,多半褊刻,寧特趙氏姊妹云爾哉!朱博頗有能名,甘作傅家走狗,無惑乎不得其死也。

第九十六回
忤重闈師丹遭貶　害故妃史立售奸

第九十七回
莽朱博附勢反亡身　美董賢闔家同邀寵

　　卻說朱博、趙玄,登殿受策,聞得殿上發出怪聲,都是提心吊膽,匆匆謝歸。哀帝也覺有異,使左右驗視鐘鼓,並無他人搏擊,為何無故發聲?乃召回黃門侍郎揚雄,及待詔李尋,尋答說道:「這是〈洪範傳〉所謂鼓妖呢!」**名稱新穎**。哀帝問何為鼓妖?尋又說道:「人君不聰,為眾所惑,空名得進,便致有聲無形。臣謂宜罷退丞相,借應天變,若不罷退,期年以後,本人亦難免咎哩。」哀帝默然不答,揚雄亦進言道:「尋言並非無稽,願陛下垂察!即如朱博為人,強毅多謀,宜將不宜相,陛下應因材任使,毋致凶災!」哀帝始終不答,拂袖退朝。**內有祖母主張,小孫何得擅改?**

　　朱博晉封陽鄉侯,感念傅氏厚恩,請上傅、丁兩后尊號,除去定陶二字。傅太后喜如所望,就令哀帝下詔,尊共皇太后傅氏為帝太太后,**古今罕聞**。居永信宮。共皇后丁氏為帝太后,居中安宮。並在京師設立共皇廟,所有定陶二字,並皆刪去。於是宮中有四太后,各置少府太僕,秩皆中二千石,傅太后既列至尊,浸成驕僭,有時談及太皇太后,竟直呼為老嫗。虧得王政君素來和緩,不與計較,所以尚得相安。趙太后飛燕勢孤失援,卻去奉承傅太后,買動歡心,往往問候永信宮,不往長信宮。太皇太

第九十七回
莽朱博附勢反亡身　美董賢闔家同邀寵

后雖然懊悵，但因傅氏權力方盛，也只有勉強容忍，聽她所為。**飛燕不得善終，已兆於此。**

　　博與玄又接連上奏，請復前高昌侯董宏封爵，謂宏首議帝太太后尊號，乃為王莽、師丹所劾，莽、丹不思顯揚大義，膽敢貶抑至尊，虧損孝道，不忠孰甚。宜將莽、丹奪爵示懲，仍賜還宏封爵食邑。哀帝當即批答，黜師丹為庶人，令莽出都就國。獨諫大夫楊宣上書，略言先帝擇賢嗣統，原欲陛下承奉東宮。**注見前**。今太皇太后春秋七十，屢經憂傷，飭令親屬引退，借避丁、傅，陛下試登高望遠，對著先帝陵廟，能勿懷慚否？說得哀帝也為聳動，因復封王商子邑為成都侯。

　　會哀帝屢患痿疾，久不視朝，待詔黃門夏賀良，挾得齊人甘忠可遺書，妄稱能知天文。上言漢歷中衰，當更受命，宜急改元易號，方可益年延壽。哀帝竟為所惑，遂於建平二年六月間，改元太初，自號「陳聖劉太平皇帝」。那知禎祥未集，凶禍先來，帝太后丁氏得病，不到旬日，便即逝世。哀帝力疾臨喪，忙碌數日，身體愈覺不適，索性奄臥床上，不能起身。幸由御醫多方調治，漸漸就痊，遂命左右調查夏賀良履歷。仔細鉤考，實是一個妖言惑眾的匪人。他平生並無技能，單靠甘忠可遺書，作為祕本。甘忠可也是妖民，曾制《天官曆》、《包平太平經》二書，都是隨手掇拾，似通非通。忠可嘗自稱為天帝垂賜，特使真人赤精子傳授。當時曾經光祿大夫劉向，斥他罔上惑民，奏請逮繫，卒至下獄瘐死。向當哀帝初年去世，夏賀良乘隙出頭，就將甘忠可邪說，奉為師傅，入都干進。可巧長安令郭昌，與他同學，遂替他轉託司隸解光、待詔李尋，代為舉薦。解光、李尋便將賀良登諸薦牘，奉旨令賀良待詔黃門。此次切實調查，報知哀帝，哀帝已知他學說不經，那賀良還不管死活，復奏言丞相御史，未知天道，不足勝任，宜改用解光、李尋輔政。**自己尋死，尚嫌不足，還要添**

入兩人。哀帝越加動怒，詔罷改元易號二事，立命捕繫。賀良問成死罪，並將解光、李尋謫徙敦煌郡。**解光阿附傅氏，應該至此，李尋未免遭累。**

傅太后既減削王、趙二外家，獨攬國權，自然快慰。只有從弟傅喜，始終不肯阿順，實屬可恨，應該將他奪去爵邑，方好出氣。當下囑令孔鄉侯傅晏，商諸丞相朱博，要他追劾傅喜，奪去侯封。博欣然領命，待晏去後，即邀御史大夫趙玄到來，請他聯名劾喜。趙玄遲疑道：「事成既往，似乎不宜再提。」博變色道：「我已應許孔鄉侯了。匹夫相約，尚不可忘，何況至尊。君怕死，博卻不怕死！」**原是叫你去死。**玄見他厲詞剛，倒也膽怯，只好唯命是從。傅又想出一法，恐單劾傅喜，反啟哀帝疑心，索性將氾鄉侯何武，亦牽入案中。當下繕成奏疏，內稱何武、傅喜，前居高位，無益治道，不當使有爵土，請即免為庶人等語。這奏疏呈將進去，總道與師丹、王莽相同，立見批准，不料復詔未下，卻由尚書令奉著密旨，召入趙玄，徹底盤問。玄始尚含糊，及尚書說明上意，已知是傅晏唆使，教玄自己委責，老實說明。玄性尚忠厚，不能狡賴，遂將晏囑使朱博，傅強迫聯名，備述一遍。當由尚書復報哀帝，哀帝立即下詔，減玄死罪三等，削晏封邑四分之一，使謁者持節召博入掖庭獄。博才知大錯鑄成，無法求免，不如圖個自盡。當即對著謁者，取出鴆酒，一喝即盡，須臾畢命。鼓妖預兆，至是果驗了！**冰山未倒，先已殺身。**

謁者見博已自刎，回宮銷差。哀帝特進光祿勳平當為御史大夫，未幾即升任丞相。當字子思，籍隸平陵，以明經進階，官至騎都尉。哀帝因他經明禹貢，使領河堤。當嘗奏稱按經治水，只宜疏濬，不宜壅塞，須博求浚川疏河的名士，共同監役，方可奏功，哀帝卻也依議。當有待詔賈讓，具陳上中下三策。上策是順河故道，中策是鑿河支流，下策是隨河築防，時人嘆為名言。**賈讓三策，隨筆插入，是不沒名論。**平當專主中策，擇要

第九十七回
莽朱博附勢反亡身　美董賢闔家同邀寵

疏濬，河患少紓。至拜為丞相，正當建平二年的冬季，漢制冬月不封侯，故只賜爵關內侯。越年當即患病，哀帝召當入朝，意欲加封，當稱病不起。家人請當強起受印，為子孫計，當喟然道：「我得居大位，常患素餐。若起受侯印，還臥而死，死有餘罪。汝等勸我為子孫計，那知我不受侯封，正是為子孫計哩！」**言之有理**。說罷，遂命長子晏繕奏，乞請骸骨。哀帝尚優詔慰留，敕賜牛酒，諭令調養。當終不得愈，春暮告終，乃擢御史大夫王嘉為丞相。

嘉字公仲，與平當同鄉，也以明經射策，得列甲科，入為郎官。累次超擢，竟登相位，封新甫侯。才閱數月，又出了一場重案，幾與中山情跡相同，也有些含冤莫白，枉死多人。王嘉為相未久，不便強諫，只得袖手旁觀，付諸一嘆罷了！先是東平王宇，**宣帝子**。受封歷三十三年，幸得考終，子雲嗣為東平王。建平三年，無鹽縣中出二怪事。一是危山上面，土忽自起，復壓草上，平坦如馳道狀。一是瓠山中間，有大石轉側起立，高九尺六寸，比原址移開一丈，闊約四尺。遠近傳為異聞，譁動一時。無鹽屬東平管轄，東平王劉雲，得知此事，總疑是有神憑依，即備了祭具，挈了王後謁等，同至瓠山，向石祀禱。**自去尋禍**。祭畢回宮，覆在宮中築一土山，也仿瓠山形狀，上立石像，束以黃草，視作神主，隨時祈禱。**想是祈死**。這消息傳入都中，竟有兩個揣摩求合的妄人，想乘此升官發財，步那張由、史立的後塵。一個叫做息夫躬，係河陽人。一個叫做孫寵，係長安人。躬與孔鄉侯傅晏，籍貫相同，素來認識，又曾讀過《春秋》大義，粗通文墨，遂入都夤緣，得為待詔。寵做過汝南太守，坐事免官，流寓都門，也曾上書言事，與息夫躬同為待詔朋友。待詔二字，並非實官，不過叫他留住都中，聽候錄用。兩人都眼巴巴的望得一官，好多日不見銓選，懷金將盡，憂鬱無聊。自從得著東平王祭石消息，躬便以為機會到來，密

對寵笑語道：「我等好從此封侯了！」**異想天開。**寵亦嗤然道：「汝敢是痴心病狂麼？」躬作色道：「我何曾病狂？老實相告，卻有一個絕好機會。」寵尚未肯信，經躬邀至僻處，耳語了好多時，寵始心下佩服，情願與躬同謀。躬遂悄悄的撰成奏疏，託中郎右師譚，轉交中常侍宋弘，代為呈入。大略說是：

　　無鹽有大石自立，聞邪臣附會往事，以為泰山石立，孝宣皇帝遂得寵興。**事見前文。**東平王雲，因此生心，與其後日夜祠祭，咒詛九重，欲求非望。而後舅伍弘，咒以醫術倖進，出入禁門。臣恐霍顯之謀，將行於杯杓；荊軻之變，必起於帷幄，禍且不堪設想矣！事關危急，不敢不昧死上聞。

　　看官試想，這荊軻、霍顯兩語，何等利害！就使是個聰明令主，也要被他聳動，何況哀帝庸弱，又是連年多病，能不驚心？當下飭令有司，馳往嚴辦，結果是勢驅刑迫，屈打成招，只說東平後謁，陰使巫傅恭婢合歡等，祠祭詛祝，替雲求為天子。雲又與術士高尚，占驗天象。料知上疾難痊，雲當得天下。所以大石起立，與孝宣皇帝時相同。這種案詞復奏上來，東平王夫婦，還有何幸？哀帝詔廢雲為庶人，徙居房陵。雲後謁與後舅伍弘，一併處死。廷尉梁相，急忙諫阻，謂案情未見確實，應委公卿復訊。尚書令鞠譚，僕射宗伯鳳，都與梁相同意，奏請照准。那知哀帝非但不從，反說三人意存觀望，不知嫉惡討賊，罪與相等，應該削職為民。三人坐免，還有何人再敢力爭？東平王雲，憤急自盡。謁與伍弘，徒落得身首兩分，冤沉地下。那息夫躬得為光祿大夫，孫寵得為南陽太守。就是宋弘、右師譚，亦得升官。殺人市寵，可恨可嘆！**居心叵測，一至於此。**

　　哀帝還想藉著此案，封一倖臣。看官欲問他姓名，乃是雲陽人董賢。父名恭，曾任官御史。賢得為太子舍人，年紀還不過十五六歲。宮中侍

第九十七回
莽朱博附勢反亡身　美董賢闔家同邀寵

臣，都說他年少無知，不令任事，所以哀帝但識姓名，未嘗相見。至哀帝即位，賢隨入為郎，又厮混了一兩年。會值賢傳報漏刻，立在殿下，哀帝從殿中看見，還道是個美貌宮人，扮做男兒模樣。當即召入殿中，問明姓氏，不禁省悟道：「你就是舍人董賢麼？」口中如此問說，心中卻想入非非。私訝男子中有此姿色，真是絕無僅有，就是六宮粉黛，也應相形見穢，嘆為勿如。於是面授黃門郎，囑令入侍左右。賢雖是男兒，卻生成一種女性，柔聲下氣，搔首弄姿，引得哀帝慾火中燒，居然引同寢處，相狎相親。賢父恭已出為雲中侯，由哀帝向賢問知，即召為霸陵令，擢光祿大夫。賢一月三遷，竟升任駙馬都尉侍中，出常驂乘，入常共榻。一日與哀帝晝寢，哀帝已經醒寤，意欲起來，見賢還是睡著，不忍驚動。無如衣袖被賢體壓住，無從取出，自思衣價有限，好夢難尋，竟從床頭拔出佩刀，將袖割斷，悄然起去。後人稱嬖寵男色，叫做「斷袖癖」，就是引用哀帝故事。**想見當時恩愛遠過后妃**。及賢睡覺，見身下壓著斷袖，越感哀帝厚恩。嗣是賣弄殷勤，不離帝側，就是例當休沐，也不肯回家，託詞哀帝多病，須在旁煎藥承差，小心伺候。**南風烈烈，難道是無妨龍體？**哀帝聞他已有妻室，囑使回去歡聚，說到三番四次，賢終不願應命。哀帝過意不去，特開創例，叫賢妻名隸宮籍，許令入宿直廬。又查得賢有一妹，尚未許字，因令賢送妹入宮，夤夜召見。凝眸注視，面貌與乃兄相似，桃腮帶赤，杏眼留青，益覺得嬌態動人，便即留她侍寢，一夜春風，綰住柔情，越宿即拜為昭儀，位次皇后。皇后宮殿，向稱椒房，賢妹所居，特賜號椒風，示與皇后名號相聯。就是賢妻得蒙特許，出入宮禁，當然與哀帝相見。青年婦女，總有幾分姿色，又況哀帝平日，賞賜董賢，無非是金銀珠寶，賢自然歸遺細君。一經裝飾，格外鮮妍。哀帝也不禁心動，令與賢同侍左右。賢不惜己身，何惜妻室，但教博得皇帝寵幸，管什麼妻房名節，

因此與妻、妹二人，輪流值宿。**俗語叫做和窠爵。**

哀帝隨時賞給，不可勝算，復擢賢父為少府，賜爵關內侯。甚至賢妻父亦為將作大臣，賢妻弟且為執金吾。並替賢築造大第，就在北闕下擇地經營，重殿洞門，周垣複道，制度與宮室相同。又豫賜東園祕器，朱襦玉柙，命就自己萬年陵旁，另瑩一塚，使賢得生死陪伴，視若後妃。**二十歲左右就替他起塚，顯是預兆不祥。**唯賢尚未得封侯，一時無功可言，不便驟賜侯爵。遷延了一兩年，正值東平巨案，冤死多人，告發諸徒，平地受封。侍中傅嘉，仰承風旨，請哀帝將董賢姓名，加入告發案內，便好封他為侯。哀帝正合私衷，遂把宋弘除出，只說賢亦嘗告逆，應與息夫躬、孫寵同膺懋賞，並封關內侯。一面恐傅太后出來詰責，特將傅太后最幼從弟傅商，授封汝昌侯。不意尚書僕射鄭崇，卻入朝進諫道：「從前成帝並封五侯，黃霧漫天，日中有黑氣。今傅商無功封侯，壞亂祖制，逆天違人，臣願捐身命，擔當國咎！」說著，竟將詔書案提起，**詔書案係承受詔書，形如短幾，足長三寸。**不使哀帝下詔，揚長而去。**忠直有餘，智略不足。**

崇係平陵人，由前大司馬傅喜薦入，抗直敢言。每次進見，必著革履，橐橐有聲，哀帝不待見面，一聞履聲作響，便笑語左右道：「鄭尚書履聲復至，想是又來陳言了！」道言甫畢，果見崇到座前，振振有詞，哀帝卻也十依七八。就是此次諫阻封侯，哀帝也想作罷，偏被傅太后聞悉，怒向哀帝道：「天下有身為天子，反受一小臣專制麼！」哀帝經此一激，決意封商為侯。傅太后母，曾改嫁為魏郡鄭翁妻，**見九十五回。**生子名惲，惲又生子名業，至是亦封為信陽侯，追尊業父惲為信陽節侯。鄭崇雖不能諫止封商，但素性戇直，不肯就此箝口，因見董賢寵榮過盛，復入內諫諍。哀帝最愛董賢，怎肯聽信？當然要將他駁斥。尚書令趙昌，專務諂媚，與崇積不相容，遂乘間譖崇，誣崇交通宗族，恐有奸謀。哀帝乃召崇責問道：

第九十七回
莽朱博附勢反亡身　美董賢闔家同邀寵

「君門如市人，奈何欲禁遏主上？」崇慨然道：「臣門如市，臣心如水，願聽查究！」哀帝恨崇答言不遜，命崇繫獄逮治。獄吏又一意迎合，嚴刑拷迫，打得崇皮開肉爛，崇卻抵死不肯誣供。司隸孫寶，知崇為趙昌所誣，上書保救，略言崇搒掠將死，終無一辭，道路都替崇呼冤。臣恐崇與趙昌，素有嫌疑，因遭誣陷，願將昌一併查辦，借釋眾疑。哀帝竟批斥道：「司隸寶附下罔上，為國蠹賊，應免為庶人！」寶被謫歸田，崇竟病死獄中。

哀帝復欲加封董賢，先上傅太后尊號，稱為皇太太后，買動祖母歡心。再令孔鄉侯傅晏，齎著封賢詔書，往示丞相、御史。丞相王嘉，為了東平冤獄，尚覺不平，此時見詔書上面，又提及董賢告逆有功，不由的觸起前恨，因與御史大夫賈延，並上封事，極力阻止，哀帝不得已延宕數月。後來待無可待，毅然下詔道：

昔楚有子玉得臣，晉公為之側席而坐。近如汲黯，折淮南之謀，功在國家。今東平王雲等，至有弒逆之謀，公卿股肱，莫能悉心聰察，銷亂未萌。幸賴宗廟神靈，由侍中董賢等發覺以聞，咸伏厥辜。《書》不云乎？「用德彰厥善」，其封賢為高安侯，孫寵為方陽侯，息夫躬為宜陵侯。

息夫躬性本狡險，驟得寵榮，便屢次進見哀帝，歷詆公卿大臣。朝臣都畏他勢焰，相率側目。諫大夫鮑宣，慷慨進諫，臚陳百姓七亡七死，不應私養外親，及倖臣董賢，就是孫寵、息夫躬等，並屬奸邪，亟宜罷黜；召用故大司馬傅喜，故大司空何武、師丹，故丞相孔光，故左將軍彭宣，共輔國政，方可與建教化，圖安危，語意很是剴切。哀帝因宣為名儒，總算格外優容，但把原書置諸高閣，不去理睬罷了。小子有詩嘆道：

薰蕕臭味本差池，黜正崇邪兩不宜。
主惑如斯民怨起，漢家火德已全衰。

欲知鮑宣生平履歷，俟至下回再詳。

朱博計救陳咸，頗有俠氣。乃其後晚節不終，甘附丁、傅，曲媚孔鄉，劾傅喜，彈何武，意欲緣此固寵。不意反動哀帝之疑，坐陷誣罔之罪，仰藥而死。富貴之誤人大矣哉！東平冤獄，不減中山，息夫躬、孫寵，猶之張由、史立耳。哀帝不察，謬加封賞，且舉董賢而屢入之，昏愚至此，可慨孰甚？然觀《漢書・佞幸傳》，高祖時有籍孺，惠帝時有閎孺，文帝時有鄧通，武帝時有韓嫣，成帝時有張放，豢畜弄兒，幾已成為家法。董賢則以色見幸，且舉妻、妹而並進之，無惑乎其得君益甚，受寵益隆也！特原其禍始，實自祖宗貽之。其父殺人，其子必且行劫，吾於哀帝亦云。

第九十七回
莽朱博附勢反亡身　美董賢闔家同邀寵

第九十八回
良相遭囚嘔血致斃　倖臣失勢與婦並戕

　　卻說諫大夫鮑宣，表字子都，係是渤海人氏。好學明經，家本清苦。少年嘗受業桓氏，師弟相親，情同父子。師家有女桓少君，配宣為妻。結婚時裝束甚華，宣反愀然不悅，面語少君道：「少君家富，華衣美飾；我實貧賤，不敢當禮！」少君答道：「家大人平日重君，無非為君修德守約，故使妾來侍巾櫛。妾既奉承君子，敢不唯命是從！」少君乃卸去盛裝，送還母家，改著布衣短裙，與宣共挽鹿車，同歸故里。宣家只有老母，由少君拜謁如儀，當即提甕出汲，修行婦道，鄉黨共稱為賢婦。**特敘桓少君事，好作女箴。**

　　既而宣得舉孝廉，入為郎官，大司馬王商聞宣高行，薦為議郎，大司空何武復薦宣為諫大夫。宣不屑苟諛，所以上書切諫。哀帝置諸不理，宣亦無可如何。忽由息夫躬上言，近年災異迭見，恐有非常變禍，應遣大將軍巡邊，斬一郡守，立威應變。**毫無道理。**哀帝即召問丞相王嘉，嘉當然奏阻，哀帝只信息夫躬，不從嘉言。建平四年冬季，定議改元，遂於次年元日，改稱元壽元年，下詔進傅晏為大司馬衛將軍，丁明為大司馬驃騎將軍。兩大將軍同日簡選，意欲遣一人出巡，依著息夫躬所言。那知是日下午，日食幾盡，哀帝不得不詔求直言。丞相王嘉又將董賢劾奏一本，哀帝

第九十八回
良相遭囚嘔血致斃　倖臣失勢與婦並戕

心中不懌。丹陽人杜鄴，以方正應舉，應詔對策，謂日食失明，是陽為陰掩的災象。今諸外家並侍帷幄，手握重權，復並置大司馬，冊拜時即逢日食，天象告儆，不可不防！哀帝待遇丁、傅，不過為外家起見，特示尊崇，若論到真心寵愛，不及董賢，所以董賢被劾，全然不睬。至若丁、傅兩家，遇人譏議，倒還有些起疑。接連是皇太太后傅氏，生起病來，不到旬日，嗚呼哀哉！**老姬的洪福也享盡了**。先是關東人民，無故驚走，或持稻稈，或執麻稈，輾轉付與，說是行西王母籌。有幾個披髮跣足，拆關逾牆，有幾個乘車跨馬，急足疾馳，甚至越過郡國二十六處，直抵京師。官吏禁不勝禁，只好由他瞎鬧，愚民又多聚會歌舞，祀西王母。當時都下人士，藉端諛頌，比太皇太后王氏為西王母，謂當壽考無疆。誰知卻應在皇太太后傅氏身上，命盡歸西。

傅氏既歿，哀帝又不禁記憶孔光，特派公車徵召。俟光入朝，即問他日食原因，光奏對大意，也說是陰盛陽衰。哀帝方才相信，賜光束帛，拜為光祿大夫。董賢也乘時進言，將日食變象，歸咎傅氏。**巧為卸過**。於是哀帝下詔，收回傅晏印綬，罷官歸第。丞相王嘉，御史賈延，又上言息夫躬、孫寵罪惡。躬、寵已失奧援，無人代為保救，便即奉詔免官，限令即日就國。躬只好帶同老母妻子，倉皇就道，既至宜陵，尚無第宅，不得已寄居邱亭。就地匪徒，見他行裝累累，暗暗垂涎，夜間常去探伺，嚇得躬膽顫心驚。適有河內掾吏賈惠過境，與躬同鄉，入亭問候。見躬形色慌張，詢知情由，便教他折取東南桑枝，上畫北斗七星，每夜披髮北向，執枝誦咒，可以弭盜，又將咒語相告。躬信以為真，謝別賈惠，即依惠言辦理，夜夜咒詛，好似瘋人一般。偏有人上書告發，指為詛咒朝廷。當由哀帝派吏捕躬，繫入洛陽詔獄。問官提躬審訊，但見躬仰天大呼，響聲未絕，立即倒地。吏役忙去驗視，耳鼻口中，統皆出血，咽喉已經中斷，不

能再活了。問官見躬扼喉自盡，越道他咒詛屬實，不敢剖辯，因此再訊躬母，躬母名聖，白髮皤皤，被問官威嚇起來，身子抖個不住。問官愈覺動疑，迫令招供，只說是母子同謀，罪坐大逆不道，判處死刑。躬妻子充戍合浦。至哀帝崩後，孫寵及右師譚，也為有司所劾，追發東平冤獄，奪爵充戍，並死合浦郡中。這叫做天道好還，無惡不報哩！**當頭棒喝。**

　　諫大夫鮑宣，又請起用何武、師丹、彭宣、傅喜，並遣董賢就國。哀帝遣宣為司隸校尉，徵召何武、彭宣。獨對著這位親親暱暱的董聖卿，**賢字聖卿。**非但不肯遣去，還要加封食邑二千戶，偽託皇太太后遺命，頒發出來。丞相王嘉，封還詔書，力斥董賢諂佞，不宜親近，結末有「陛下繼嗣未立，應思自求多福，奈何輕身肆志，不念高祖勤苦」等語。這數句針砭入骨，大忤哀帝意旨。哀帝乃欲求嘉過失，記起中山案內，梁相鞠譚宗伯鳳三人，一體坐免。獨嘉復為保薦，跡近欺君。遂召嘉至尚書處責問，嘉只得免冠謝罪。不意光祿大夫孔光，覬覦相位，想把王嘉摔去。竟邀同左將軍公孫祿，右將軍王安，光祿勳馬宮等，聯名劾嘉，斥為罔上不道，請與廷尉雜治。獨光祿大夫龔勝，以為嘉備位宰相，諸事並廢，應該坐咎，若但為保薦梁相諸人，就坐他罔上不道的罪名，不足以示天下。哀帝竟從孔光等奏議，召嘉詣廷尉詔獄。當時相府掾屬，勸嘉不如自裁，代為和藥，進奉嘉前。嘉不肯吞服，有主簿泣語道：「將相不應對獄官陳冤，舊例如此，望君侯即自引決！」嘉搖首不答。內使危坐門首，促嘉赴獄。主簿又向嘉進藥，嘉取杯擲道地：「丞相得備位三公，奉職負國，當服刑都市，垂為眾戒！奈何作兒女子態，服藥尋死呢？」說著，即出拜受詔，乘坐小車，徑詣廷尉，繳出丞相新甫侯印綬，束手就縛。內使將印綬持報哀帝，哀帝總道王嘉聞命，定即自盡，及聞他徑詣詔獄，越加氣憤。立命將軍以下至二千石，會同窮究。嘉不堪侵辱，仰天嘆道：「我幸得備位宰

第九十八回
良相遭囚嘔血致斃　　倖臣失勢與婦並戕

相，不能進賢退不肖，以是負國，死有餘辜了！」大眾問及賢不肖主名，嘉答說道：「孔光、何武是賢人，董賢父子是不肖！我不能進孔光、何武，退董賢父子，罪原該死，死亦無恨哩！」將軍以下，聽嘉如此說法，倒也不能定讞。嘉繫獄至二十餘日，嘔血數升，竟致絕命。看官試想王嘉致死，一半是孔光逼成，嘉卻反稱光賢，真正可怪。究竟光是何等樣人？看到後文，才知他是個無恥小人了！**一語斷煞**。

哀帝聞得王嘉遺言，遂拜孔光為丞相，起何武為前將軍，彭宣為御史大夫。宣字子武，淮陽人氏，經明行修，由前丞相張禹薦為博士，累任郡守，入為大司農光祿勳右將軍。哀帝本調他為左將軍，嗣欲位置丁、傅子弟，乃將宣策免，賜爵關內侯，遣令歸里。至是復蒙召入，哀帝轉罷去御史大夫賈延，使宣繼任。

會丞相孔光出視園陵，從吏向馳道中亂跑，有違法度，適為司隸鮑宣所見，喝令左右從事，拘住相府從吏，並把車馬充公。光不甘受辱，雖未嘗上書劾宣，但與同僚談及，怨宣不情。當有人趨奉丞相，報知哀帝。哀帝正信任孔光，飭令御史中丞查辦。御史使人捕宣從事，卻受了一杯閉門羹。當下奏聞哀帝，劾宣閉門拒命，無人臣禮，大不敬不道。哀帝也不問曲直，立命繫宣下獄。博士弟子王咸等，都稱宣奉法從公，有何大罪？當即就太學中豎起長幡，號召大眾道：「如欲救鮑司隸，請集此幡下！」諸生聽了此語，爭先趨集，霎時間多至千餘人。乘著孔光入朝，攔住車前，要他救免鮑宣。光見人多勢眾，不便駁斥，只好佯從眾意，託言入朝奏請，定使鮑司隸無恙，眾乃避開兩旁，使光進去。光既入朝堂，怎肯為宣解免？**奸猾可知**。諸生復守闕上書，為宣訟冤。哀帝只許貸宣死罪，罰受髡鉗，放至上黨。宣見上黨地宜農牧，又少盜賊，就將家屬徙至上黨，一同居住。那孔光既得報復私怨，自然快意，從此感激皇恩，但能博得哀帝歡

心，無不如命。

哀帝復欲榮寵董賢，使居大位，巧值大司馬丁明，憐惜王嘉，為帝所聞，因即將明免官，擬令董賢代任。賢故意推辭，哀帝乃進光祿大夫薛賞為大司馬，賞受職才越數日，忽然暴亡，**情跡可疑**！於是決計令賢為大司馬。策文有云：

朕承天序，唯稽古，建爾於公，以為漢輔。往悉爾心，統闢王也。元戎折衝綏遠，匡正庶事，允執其中。天下之眾，受制於朕，以將為命，以兵為威，可不慎與！

是時董賢年只二十有二，竟得超列三公，掌握兵權，真是漢朝開國以來，得未曾有。**想是能擺龍陽君陣，故得超授**。賢父恭遷光祿大夫，秩中二千石，賢弟寬信代為駙馬都尉，此次董氏親屬，並得聯翩入都，受職邀榮。從前丁、傅二外家，雖然貴顯，尚沒有董氏的迅速，這真可謂隆恩優渥了！從前孔光為御史大夫，賢父恭嘗為光屬吏，及賢為大司馬，與光並列三公。哀帝卻故意使賢訪光，看光如何待賢？光卻整肅衣冠，出門恭迎。見賢車已到門前，引身倒退。俟賢既至中門，復避入門側，直待賢下車後，方延入廳中，低頭便拜。拜畢起身，請賢上坐，自在下座陪著，好似卑職迎見長官，不敢亂禮。**卑鄙至此，令人齒冷**。及賢起座告辭，又恭恭敬敬的送出門外，請賢登車去訖，然後回入府中。賢很是高興，還報哀帝。哀帝大喜，拜光兩兄子為諫大夫常侍，光子放已經就職侍郎，故不另授。在光還道是喜出望外，那知人格已喪，這區區浮雲富貴，有什麼稀罕呢？

時外戚王氏失勢，只有平阿侯王譚子去疾，尚為侍中，去疾弟閎為中常侍。閎妻父中郎將蕭咸，係故將軍蕭望之子。賢父恭，素慕咸名，欲娶

第九十八回
良相遭囚嘔血致斃　倖臣失勢與婦並戕

咸女為次媳，特託王閎為媒，前去說合。閎不便推辭，只好轉白蕭咸，咸慌忙搖手，口中連說不敢當，一面屏去左右，密語閎道：「董賢為大司馬，冊文中有『允執其中』一語，這是堯傳舜的禪位文，並非三公故事，朝中故老，莫不驚奇！我女怎能與董公兄弟相配？煩汝善為我辭便了！」閎聽罷即行，暗記前日策文，果有此語，難道漢室江山，真要讓與董賢，越想越奇，又好笑，又好氣，當下仍至董恭處復報，替蕭家滿口謙遜，只言寒門陋質，不敢高攀。恭尚以為故作謙辭，再向閎申說一番，閎已咬定前言，有堅卻意。恭不禁作色，自言自嘆道：「我家何負天下？乃為人所畏如是！」試問汝家何益天下？閎見恭含著怒意，起身辭去。過了數日，哀帝置酒麒麟殿，召集董賢父子親屬，及一班皇親國戚，共同宴敘。閎亦在旁侍飲，酒至半酣，哀帝笑視董賢道：「我欲法堯禪舜，可好麼？」賢陡聞此言，喜歡的了不得，但一時如何答說，也不禁暗暗沉吟。忽有一人進言道：「天下乃高皇帝天下，非陛下所得私有。陛下上承宗廟，應該傳授子孫，世世相繼，天子豈可出戲言！」哀帝聽說，舉目一瞧，便是中常侍王閎，當下默然不悅，竟遣閎出歸郎署，不使侍宴。左右都為閎生愁，恐閎因此得罪。太皇太后王氏，聞知此事，代閎謝過，哀帝乃復召閎入侍。閎卻不肯中止，覆上書極諫道：

臣聞王者立三公，法三光，居之者當得賢人。《易》曰：「鼎折足，覆公餗。」喻三公非其人也。昔孝文皇帝幸鄧通，不過中大夫；武皇帝幸韓嫣，賞賜而已，皆不在大位。今大司馬衛將軍董賢，無功於漢朝，又無肺腑之連，復無名蹟高行以矯世，升擢數年，列備鼎足，典衛禁兵，無功封爵，父子兄弟，橫蒙拔擢，賞賜空竭帑藏，萬民喧譁不絕，誠不當天心也。昔褒神黿變化為人，實生褒姒，亂周國，故臣恐陛下有過失之譏，賢有小人不知進退之禍，非所以垂法後世也。

哀帝覽書，也覺不歡，但因閎為太皇太后從子，不得不格外含容。前時法堯禪舜一語，未免失言，因此不置可否，模糊過去。會匈奴單于囊知牙斯，及烏孫大昆彌伊秩靡入朝。囊知牙斯乃是復株累若鞮單于少弟，復株累若鞮早死，傳弟且麋胥，且麋胥又傳弟且莫車，且莫車再傳弟囊知牙斯，號為烏珠留若鞮單于。國勢浸衰，因此歷代事漢，來朝哀帝。參見已畢，由哀帝傳旨賜宴，廷臣統在旁侍飲。烏孫大昆彌，當然在座，專顧飲酒，不暇張望。獨囊知牙斯年少好奇，左右顧盼，驀見廷臣中有一青年，唇紅齒白，秀麗過人，坐位卻在上面，居然首冠百僚。心中不禁詫異，遂向譯員指問道：「這位大員姓甚名誰？」譯員尚未及答，已為哀帝所見。詢及原因，便命譯員答說道：「這就是大司馬董賢，年方逾冠，才德兼全，卻是我朝的大賢。」**董賢既是大賢，哀帝何不特賜雙名！**囊知牙斯曉得什麼董賢品行，一聞此語，便出席起賀，拜稱漢得賢臣，哀帝很是心歡。待至宴罷，賞賜囊知牙斯，比烏孫王還要加厚，兩番主謝恩回國。

　　董賢已任大司馬，比不得前此在宮，朝夕留侍，所以公事一了，回家休息。不防到了門首，一聲怪響，門竟坍倒。賢嚇了一跳，自思門第新築，結構甚堅，且是妻父將作大匠監工，何至遽朽？再令左右檢驗土木，原是牢固得很，不知何故倒壞？心甚不安。次日有詔頒出，乃是修復三公職銜，賢為大司馬如故。改稱丞相為大司徒，即令孔光任職。遷御史大夫彭宣為大司空，封長平侯。這詔與賢毫不關礙，賢當然無虞。又過了一二旬，仍無變動情事，賢把那大門倒壞的怪事，也淡淡忘卻了。誰知內報傳來，哀帝寢疾不起，急得賢神色慌張，立刻入宮省視，只見哀帝臥在床上，委頓異常，一時也不好細問，只得約略請安。哀帝不願多言，含糊答了數語，唯口中呻吟不絕。賢也覺不佳，但思哀帝年未及壯，當不致一病即崩，自己寬慰自己，就在宮中留侍數日。偏偏哀帝病勢日重，即於元壽

第九十八回
良相遭囚嘔血致斃　倖臣失勢與婦並戕

二年六月中，奄然歸天，年止二十有六，在位只有六年。

傅皇后及董昭儀等，入哭寢宮，賢感哀帝厚恩，也在寢門外號慟不休。驀由太皇太后王氏到來，撫屍舉哀，哀止即收取御璽，藏在袖中。一面召賢入問，喪事該若何排程。賢從未辦過大喪，且因哀帝告崩，如寡婦失去情夫，三魂中失去二魂，竟至對答不出。**好一位大司馬。** 太皇太后方說道：「新都侯莽，曾奉先帝大喪，熟習故事，我當令他進來助汝。」賢忙免冠叩首道：「如此幸甚！」太皇太后立即遣使，召入王莽。莽倍道入都，進謁太皇太后，首言董賢無功無德，不合尸位，太皇太后點首稱是。莽遂託太皇太后意旨，命尚書劾賢不親醫藥，當即禁賢出入宮殿。賢聞知此信，慌忙徒跣詣闕，免冠謝罪。莽竟傳太皇太后命令，就闕下收賢印綬，罷歸就第。賢悵悵回家，自思莽如此辣手，定是來報前嫌，將來自己性命，總要被他取去，不如圖個自盡，免得受誅。乃即與妻說明意見，妻亦知無可挽回，情願同死，兩人對哭一場，先後自殺。**冥途中若遇哀帝靈魂，仍好前後承歡，怪不得哀帝稱為大賢呢！**

家人還道有大禍臨門，不敢報喪，遽將董賢夫婦棺殮，貪夜埋葬。事為王莽所聞，疑他詐死，復囑有司奏請驗屍，自行批准。令將賢棺抬至獄中，開棺相驗，果係不差。但因他棺用朱漆，殮用珠璧，又說他僭行王制，把賢屍拖出棺外，剝去衣飾，用草包裹，亂埋獄中。再劾賢父恭驕恣不法，賢弟寬、信淫佚無能，一併奪職，徙往合浦。家產發官估賣，約值錢四千三萬萬緡。賢平時厚待屬吏朱詡。詡買棺及衣，至獄中收得賢屍，再為改葬，因即上書自劾，莽大為不悅，另尋詡罪，將他擊死。大司徒孔光，專知貢諛獻媚，當即邀同百官，推莽為大司馬。前將軍何武，後將軍公孫祿，謂不宜委政外戚，自相薦舉。太皇太后決意用莽，竟拜莽為大司馬，領尚書事。莽自是手握大權，逐漸放出手段來了。小子有詩嘆道：

倖臣死去大奸來，漢室江山已半灰。
畢竟婦人無遠識，引狼入室自招災！

欲知王莽如何舉動，待至下回表明。

王嘉入相三年，守正不阿，不可謂非良相，惜乎不得其人，所遇非主耳！且其稱美孔光，亦無知人之明。孔光陰險，惡過董賢父子，嘉知董賢父子之不肖，而不知孔光之為大奸，身被構陷，反以為賢，其致死也亦宜哉！司隸鮑宣，亦為孔光所排擠，僅得不死，而對於嬖倖之董賢，至不屑下拜，卑汙若此，尚得謂之賢乎！董賢原有可殺之罪，但不當死於王莽之手，即其所劾罪案，亦不足以服人。孔光專媚於前，王莽專橫於後，大奸之後，繼以大憨，漢亦安能不亡？彼董賢之伏法，吾猶當為之稱冤云。

第九十八回
良相遭囚嘔血致斃　倖臣失勢與婦並戕

第九十九回
獻白雉罔上居功　驚赤血殺兒構獄

　　卻說王莽既得專政，遂與太皇太后商議，迎立中山王箕子為嗣。箕子為哀帝從弟，就是劉興嗣兒。興母馮婕妤死後，箕子幸未連坐，仍襲王封。當下派車騎將軍王舜，持節往迎。舜係王音子，為莽從弟，太皇太后素來愛舜，故特使迎主立功。舜奉命去訖，宮中無主，太皇太后又老，一切政令，全由莽獨斷獨行。莽即將皇太后趙氏，貶為孝成皇后，皇后傅氏，逼令徙居桂宮。趙太后的罪狀，是與女弟趙昭儀，專寵橫行，殘滅繼嗣。傅后的罪狀，是縱令乃父傅晏驕恣不道，未嘗諫阻。罪案宣布以後，沒一人敢與反對。莽索性追貶傅太后為定陶共王母，丁太后為丁姬，所有丁、傅兩家的子弟，一律免官歸里。傅晏負罪尤甚，令與妻子同徙合浦，獨褒揚前大司馬傅喜，召入都中，位居特進，使奉朝請。嗣復再廢傅太后、趙皇后為庶人，二后皆憤恚自殺。論起四后優劣，趙太后生前淫惡，該有此報，傅太后專擅過甚，也應有此，丁姬因哀帝入嗣，不過母以子貴，未聞干政，傅后更無過失，就是傅晏擅權，也由哀帝主見，並非傅后從中請求。王莽怎得不分皂白，一概貶黜？況莽係漢朝臣子，怎得擅貶母后，無論丁、姬、傅后，不應被貶，即如趙飛燕的淫惡，傅昭儀的專擅，罪有攸歸，也豈莽所得妄議！**義正詞嚴**。太皇太后王氏，平時受著傅、趙二后的惡氣，還道莽為己洩忿，暗地生歡。那知莽已目無尊親，何事不可

第九十九回
獻白雉罔上居功　驚赤血殺兒構獄

做得？履霜堅冰，由來者漸，奈何尚沾沾自喜呢！**庸嫗曉得什麼？**

莽既連貶四后，恣所欲為，唯見孔光歷相三朝，為太皇太后所敬重，不得不陽示尊崇。**實是喜他阿諛。**特引光女婿甄邯為侍中，兼奉車都尉。凡朝右百僚，但為莽所不合，莽即羅織成罪，使甄邯齎著草案，往示孔光。光不敢不依旨舉劾，莽便持光奏章，**轉白太皇太后**，無不邀允。於是何武、公孫祿，坐實互相標榜的罪名，一併免官，令武就國。董宏子武，嗣爵高昌侯，坐父諂佞，褫奪侯爵。關內侯張由，史太僕史立等，坐中山馮太后冤案，削職為民，充戍合浦。紅陽侯王立，為莽諸父，成帝時遣令就國，哀帝時已召還京師，莽不免畏忌，又令孔光奏立前愆，請仍遣立就國。太皇太后親弟，只立一人，不願准奏。又經莽從旁攛掇，謂不宜專顧私親，太皇太后無可奈何，只好命立回國。莽遂引用王舜、王邑**王商子。**為腹心，甄邯、甄豐主彈擊，平晏**平當子。**領機事，劉歆**劉向子。**典文章，孫建為爪牙。布置周密，一呼百諾，平時欲有所為，但教微露詞色，黨羽即希承意旨，列入奏章。太皇太后有所褒獎，莽假意推讓，叩首泣辭。其實是上欺姑母，下欺吏民，口是心非，自便圖私罷了。

大司空彭宣，見莽挾權自恣，不願在朝，遂上書乞休。莽恨他無端求退，入白太后，策免宣官，令就長平封邑。宣居長平四年，壽考終身。就是傅喜奉詔入都，也覺得孤立可危，情願還國，莽亦許他歸去，亦得壽終。莽因進左將軍王崇為大司空，**崇為王吉孫，與王太后母弟王崇同名異人。**封扶平侯。

既而中山王箕子到來，由莽召集百官，奉著太皇太后詔命，擁他登基，改名為衎，是為平帝。年只九歲，不能親政，即由太皇太后臨朝。莽居首輔，百官總己以聽。奉葬哀帝於義陵，兼諡孝哀皇帝。大司徒孔光，卻也內懷憂懼，上書求乞骸骨。有詔徙光為帝太傅，兼給事中，掌領宿

衛，供奉宮禁。所有政治大權，盡歸莽手，與光無涉。莽想權勢雖隆，功德未著，必須設一良法，方可籠絡人心。躊躇數日，得了一策，暗使人至益州地方，囑令地方官吏，買通塞外蠻夷，叫他假稱越裳氏，獻入白雉。地方官當即照辦。平帝元始元年正月，塞外蠻人入都，說是越裳氏瞻仰天朝，特奉白雉上貢，莽即奏報太皇太后，將白雉薦諸宗廟。從前周成王時代，越裳氏來朝重譯，也曾進獻白雉，莽欲自比周公，故特想出此法。果然群臣仰承莽意，奏稱莽德及四夷，不讓周公旦。公旦輔周有功，故稱周公，今大司馬莽安定漢朝，應加稱安漢公，增封食邑。太皇太后當即依議，偏莽裝出許多做作，故意上表固辭，只說臣與孔光、王舜、甄豐、甄邯諸人，共定策迎立中山王，今請將孔光等敘功，臣莽不敢沐恩。太皇太后得了莽奏，不免遲疑。甄豐、甄邯等急忙上書，謂莽功最大，不宜使落人後。太皇太后乃諭莽毋辭。莽再三推遜，定要讓與孔光等人，尋且稱疾不起。太皇太后因封孔光為太師，王舜為太保，甄豐為少傅，甄邯為承安侯，然後乃頒詔召莽，入朝受賞。莽尚託病不至，**真會裝刁**。再經群臣申請封莽，即日下詔，令莽為太傅，賜號安漢公，加封食邑二萬八千戶。莽始出受官爵名號，但將封邑讓還。且為東平王雲伸冤，使雲子開明為東平王，奉雲祭祀。又立中山王宇孫桃鄉侯子成都，為中山王，奉中山王劉興祭祀。再封宣帝耳孫三十六人，皆為列侯。此外王侯等無子有孫，或為同產兄弟子，皆得立為嗣，承襲官爵，皇族因罪被廢，許復屬籍，官吏年老致仕，仍給舊俸三分之一，贍養終身，下至庶民鰥寡，無不周恤。如此種種恩施，統由王莽創議施行，好教朝野上下，交口稱頌，都說是安漢公的仁慈，把老太后、小皇帝二人，一概抹煞。**真是好計**。莽又諷示公卿，奏稱太皇太后春秋太高，不宜親省小事，此後唯封爵上聞，他事盡歸安漢公裁決。太皇太后又復依議，於是朝中只知有王莽，不知有漢天子了。

第九十九回
獻白雉罔上居功　驚赤血殺兒構獄

　　唯當時一班朝臣，偶有私議，謂平帝入嗣大統，本生母衛姬未得加封，不免向隅。莽獨懲丁、傅覆轍，恐衛姬一入宮中，又要引進外家，干預國政。但若不加封衛姬，又未能塞住眾口，乃遣少傅甄豐，持冊至中山，封衛姬為中山孝王后，帝舅衛寶、衛玄，爵關內侯，仍然留居中山，不得來京。扶風功曹申屠剛，直言對策道：「嗣皇帝始免襁褓，便使至親分離，有傷慈孝，今宜迎入中山太后，使居別宮，使嗣皇帝得按時朝見，樂敘天倫，並召馮、衛二族，**平帝祖母馮婕妤，故云馮衛二族。**選入執戟，親奉宿衛，免得另生他患。」迎母則可，**必召入外家宿衛，亦屬未善**。這數語最中莽忌，莽當然駁斥，因不欲自己出名，特請太皇太后下詔，斥責申屠剛僻經妄說，違背大義，因即放歸田里。**恩歸自己，怨歸太后**。剛被黜歸還，有何人再敢多言？

　　越年二月，黃支國獻入犀牛，廷臣相率驚異，都稱黃支國在南海中，去京師三萬里，向來未曾朝貢，今特獻犀牛，想來又是安漢公的威德。正要上書獻諛，偏又接得越巂郡奏報，說有黃龍出遊江中。太師孔光，遂與新任大司徒馬宮，以及甄豐、甄邯等三人，擬奉表稱瑞，歸德王莽。旁有大司農孫寶說道：「周公上聖，召公大賢，彼此尚有齟齬，今無論遇著何事，都是異口同聲，難道近人，果勝過周、召麼？」眾人聽了，莫不失色，甄邯遂口稱奉旨，暫令罷議。其實犀牛入獻，也是買囑出來，黃龍游江，未必果是真事。邯本與莽同謀，自覺情虛，所以情願中止，但心中很仇視孫寶，不肯輕輕放過。當下囑咐黨羽，陰伺孫寶過失。適寶遣人迎接老母，並及妻子數人，母至中途，忽患老病，因折回弟家養痾，但遣妻子入都。當有司直陳崇，查得此事，立上彈章，斥寶寵妻忘母。莽即告知太皇太后，將寶免官。大司空王崇，不願與群小聯繫，稱病乞歸。當有詔書批准，令崇解職，改用甄豐為大司空。光祿大夫龔勝，大中大夫邴漢，並

皆辭官歸里。勝係楚人，節行並茂。同郡人龔舍，與勝友善，勝嘗薦為諫大夫，舍不肯就徵，再召拜光祿大夫，仍然不起，平居以魯《詩》教授生徒，年至六十八乃終，時人稱為兩龔。邴漢係琅琊人，亦有清行。兄子曼容，養志自修，為官不肯過六百石，稍有不合，當即辭歸，因此名望益隆，幾齣漢右。莽尚欲藉此市恩，優禮送歸勝、漢。勝、漢明知莽奸巧，表面上只好道謝，兩袖清風，飄然自去。**擺脫名韁，莫如此策。**

會當盛夏大旱，飛蝗為災，莽不能視作祥瑞，只得派吏查勘，准備賑饑。一面奏請太皇太后，宜衣繒減膳，表率萬民。自己也戒殺除葷，連日茹素，且願出錢百萬，獻田三十頃，付諸大司農，助給災黎。滿朝公卿，見莽如此慷慨，也不得不捐田助宅，充作災賑，共計有二百三十人。但第一發起，總要算安漢公王莽，一班災民，仍說莽功德及人，莽又藉著天災，得了一種大名。**處處使乖。**已而得雨經旬，群臣聯疏上陳，請太皇太后照常服食，又盛稱安漢公修德禳災，感格天心，果沛甘霖。

可巧匈奴有使人到來，入見王莽。莽問及王昭君二女，是否俱存。來使答言俱已適人，現並無恙，莽乘機說道：「王昭君係我朝遣嫁，既有二女遺傳，亦應使他入省外家，顧全親誼，煩汝轉告汝主便了！」來使唯唯受教，謝別而去。過了月餘，匈奴單于囊知牙斯，竟依著莽意，特遣王昭君長女雲，曾號須卜居次，入謁宮廷。**須卜居次，見前文。**當由關吏飛章入報，莽聞信大悅，便令地方官好生接待，派妥吏護送來京。及須卜居次已到，莽即稟白太皇太后，說是匈奴遣女入侍，應該召見。太皇太后聽著，也是心歡，立即傳見須卜居次，須卜居次雖是番裝，卻尚不脫遺傳性質，面貌頗肖王昭君，楚楚動人。再加中朝言語，也有好幾句通曉，就是尋常禮節，亦約略能行，所以入見太皇太后，跪拜應對，大致如儀。太皇太后喜動慈顏，賜她旁坐，問過了許多說話，然後賜給衣飾等物，令她留

第九十九回
獻白雉罔上居功　驚赤血殺兒構獄

住宮中。須卜居次生長朔方，所居所食，無非毳帳酪漿，此次得至皇宮中寄居數月，服羅綺，戴金珠，飽嘗天廚珍饈，有何不願？不過安漢公以下的走狗，又說得天花亂墜，歸德安漢公，能使外人悅服，遣女入侍。就是太皇太后也道由莽德能及遠，上下被欺，莽計又被用著了。

　　時光易過，又是一年，須卜居次懷念故鄉，懇請遣歸。太皇太后卻不加阻，准令北返，臨行時復厚給賞賜。須卜居次拜舞而去。平帝年僅一十二歲，情竇未開，但當須卜居次來往時，見她語言舉動，半華半夷，很覺有些稀奇，所以每與相見，輒為注目。莽又湊著機會，轉告太皇太后，應為平帝擇婚，太皇太后自無異議。莽復採取古禮，謂宜援天子一娶十二女制度，方可多望生男，借廣繼嗣，當下詔令有司，選擇世家良女，造冊呈入。有司領命，採選數日，已得了數十人，按年編次，呈將進去。莽先行展閱，見他所開選女，原是豪閥名家，但一半是王氏女兒，連己女亦有名在內。莽眉頭一皺，計上心來，即攜名冊入內，面奏太皇太后道：「臣本無德，女亦無材，不堪入選，應即除名。」太皇太后聽了，不知莽是何用意，俯首細思，想係莽不欲外家為后，故有此議。當下詔令有司，王氏女俱不得選入。那知王莽本意，正要想己女為后，好做個現成國丈；不過為了選名冊中，多采入王氏女，只恐魚目混珠，被他奪去。偏太皇太后無端誤會，竟命將王氏女一概除去，豈不是弄巧成拙麼？**全是欲取姑與的狡計**。正憂慮間，已有許多朝臣，伏闕上書，請立安漢公女為皇后，接連是吏民附和，都奏稱安漢公功德巍巍，今當立后，奈何不選安漢公女，反去另採他家？說得太皇太后不能不從，只好依言選定。莽始尚推辭，繼見太皇太后已經決意，乃申言臣女為后，亦當另選十一人，冀合古制。群臣又相率上議，競言不必另選，免多後患。莽還要生出周折，一是請派官看驗，一是請卜定吉凶。太皇太后因遣長府宗正、尚書令等，往視莽女，

須臾覆命，俱言女容窈窕，允宜正位中宮。再令大司徒、大司空，策告宗廟，兼及卜筮。太卜又奏稱卜得吉兆，乃是金水旺相，父母得位，定主康強逢吉。**誰知後來是烏焦巴弓！**於是續議聘禮，遵照先代聘后故事，計黃金二萬斤，錢二萬萬緡。莽仍請另選十一媵女，待至選就，自己只受聘禮錢四千萬，還把四千萬內騰出三千三百萬，分給媵女各家，每家得三百萬。群臣再奏稱皇后受聘，只收受七百萬錢，與媵女相去無幾，應該加給。太皇太后復增錢二千三百萬，合莽原留七百萬緡，共計三千萬，莽又騰出一千萬，散給九族。群臣更尋出古禮，謂古時皇后父受封百里，今當舉新野田二萬五千六百頃，加封安漢公。莽慌忙固辭，乃不復加封。**莽意原不止此。**

　　后既聘定，由太史擇定婚期，應在次年仲春吉日。莽家聞信，預備嫁奩，自然有一番忙碌。不意一夕有門吏出外，見有一人立在門前，才打了一個照面，便即竄去。門吏本認識此人，乃是莽長子宇妻舅呂寬，平日嘗相往來，為何鬼鬼祟祟，逢人即避？此中定有蹊蹺。正在懷疑，驀聞有一陣血腥氣，貫入鼻中，越覺奇怪得很。慌忙返身入門，取火出照，見門上血跡淋漓，連地上亦都沾溼，不由的毛骨悚然。亟入內報知王莽，莽怎肯不問？連夜遣人緝捕呂寬。次日即被捕到，仔細盤問，乃是莽子宇唆使出來。從前莽迎入平帝，只封帝母衛姬為中山王后，不許入都。**見本回前文。**衛后止有此子，不忍遠離，免不得上書請求，莽仍然不從。獨莽子宇，不直乃父，恐將來平帝長成，必然懷怨，不如預先籌謀，省得後悔。當下與師吳章，及妻兄呂寬，私下商議良策。章默想多時，方密告道：「論理應由汝進諫；但汝父執拗，我亦深知，現在只有一法，夜間可用血灑門，使汝父暗中生疑，向我說起，我方好進言，勸他迎入衛后，歸政衛氏便了。」呂寬拍手道：「此計甚妙，便可照行。」宇知莽迷信鬼神，亦連

第九十九回
獻白雉罔上居功　驚赤血殺兒構獄

聲稱善，遂託呂寬乘夜辦理。寬遂出覓豬羊狗血，聚藏缽內，至夜間往灑莽門。冤冤相湊，撞見門吏，竟被發覺詭謀，不得不卸罪王宇。他想宇是莽子，定可邀恕，誰知莽毫無恩情，立刻將宇召入，問由何人主謀。宇答由吳師所教。莽竟縛宇，送交獄中，連宇妻呂焉一同連坐。越宿即逼宇自殺，呂焉腹中有孕，才令緩刑，復把吳章拿到，磔死市曹。**狼心狗肺，至此已露。**

　　章籍居平陵，素通《尚書》，入為博士，生徒負笈從遊，約有一千餘人。莽都視為惡黨，下令禁錮。諸生統皆抵賴，不肯自認為吳章弟子，獨有大司徒掾屬云敞，自認章徒，且收抱吳章遺屍，買棺殮葬。都人士因此譽敞，就是莽從弟王舜，亦稱敞見義必為，足比欒布。**布收彭越首級事，見前文。**莽專好沽名，因聞敞為眾所稱，倒也不敢加罪。唯甄邯等入白太皇太后，極稱莽大義滅親。當由太皇太后下詔道：「公居周公之位，行管蔡之誅，不以親親害尊尊，朕甚嘉之！」為此一詔，更激動賊莽狠心，一不做，二不休，索性殺盡衛氏支屬，只留下帝母衛后一人。還有元帝女弟敬武公主，曾為高陽侯薛宣繼妻，宣死後留居京師，屢言莽專擅不臣。莽查得宣子薛況，與呂寬為友，遂將他母子株連，迫令敬武公主自盡，處況死刑。外如莽叔父紅陽侯王立，及從弟平阿侯王仁，**王譚長子。**樂昌侯王安，**王商子。**與莽未協，由莽假傳太皇太后詔旨，並皆賜死。又殺死故將軍何武，前司隸鮑宣，護羌校尉辛通，函谷都尉辛遵，水衡都尉辛茂，南郡太守辛伯等人，所有罪狀，都坐與衛氏通謀。北海人逢萌，留寓長安，悵然語友人道：「三綱已絕，若再不去，禍將及身！」說著，即脫冠懸掛東城，匆匆出都。至家中挈領妻子，渡海東遊，徑往遼東避禍去了。小子有詩嘆道：

　　　　灑血門前理固差，論心還是望持家。
　　　　無端殺盡諸親屬，難怪伊人逝水涯。

越年便是元始四年，平帝大婚期至，特派大員，往迎莽女。所有一切禮儀，且至下回再敘。

　　本回全敘王莽專恣，見得莽陰賊險鷙，與眾不同。甫經起用，即貶廢四后，彼豈尚有人臣之義耶？孝元后反喜其報怨，婦人之私，斷不足與議大體。越裳氏之獻白雉，何足言功？周公之稱為元聖，固與白雉無關，況其由買囑而致乎？厥後黃支獻犀牛，越巂現黃龍，何一非侈飾禎祥，矯揉造作。即如須卜居次之入侍，與漢廷有何利益？而朝臣競稱為王莽功德，不值一噱！至若呂寬事起，親子可殺，已非人情，甚且叔父從弟，無辜被害，是可忍，孰不可忍！寧待入宮逼璽，始無姑姪情乎？要之莽之篡漢，全由孝元后一人釀成，彼孔光等何足責哉！

第九十九回

獻白雉罔上居功　驚赤血殺兒構獄

第一百回
竊國權王莽弒帝　投御璽元後覆宗

卻說元始四年春二月，平帝大婚。特遣大司徒馬宮、大司空甄豐等，奉著乘輿法駕，至安漢公第恭迎皇后。莽令女兒裝束齊整，出受皇后璽綬，登輿入宮。當有典禮官依著儀注，引著一十三歲的小皇帝，與莽女成婚。莽女年齡，與平帝相去不多，也未曾通曉禮節，全賴男女儐相，隨時指導。禮成以後，頒詔大赦，三公以下，一律加賞。

太保王舜，邀集吏民八千餘人，申請加封安漢公王莽。事下有司複議，議定大略，仍將莽所讓還新野諸田，作為賞賜，採集伊尹、周公稱號，命莽為宰衡，位居上公。賜莽母太夫人號為功顯君，莽子安為褒新侯，臨為賞都侯，加皇后聘金三千七百萬。太皇太后當即依議，親臨前殿，授策封拜。莽率二子入朝，稽首辭讓，不敢受賞。**又要裝腔**。及趨退後，覆上奏章，只願受母功顯君稱號，餘皆不受。太師孔光又出來諛莽，向太皇太后面奏道：「安漢公勳德絕倫，所議封賞，尚未足以酬功，公雖謙抑退讓，朝廷總當顯秩酬庸，毋令固辭！」太皇太后又依言諭莽，莽仍求見太皇太后，叩頭涕泣，堅辭封賞。**裝得像**。太皇太后再召問孔光，光答言新野諸田，或可聽他讓還，功顯君名號，止及一身，褒新、賞都兩國，不過三千戶，並非重賞，聘金加給，乃是尊重皇后，與安漢公無關，應再派大員推

第一百回
竊國權王莽弒帝　投御璽元後覆宗

誠曉喻，勿受讓詞。**王舜為莽從弟，助莽或猶可說，孔光實屬可殺。**太皇太后乃再命大司徒馬宮，大司空甄豐，持節勸莽，莽方才拜受。唯所受例外聘金，又取出千萬，賂遺太皇太后，下至宮娥綵女，無不沾潤。且請尊太皇太后姊君俠為廣恩君，妹君力為廣惠君，君弟為廣施君，三人均給湯沐邑。婦人女子，得了好處，當然大喜過望，交口譽莽。於是內外一致，莫不稱莽為第一好人。

莽又求媚太皇太后，無所不至。暗想老年婦人，寂處深宮，定乏興趣，不若導令出遊，使她快意，遂入請太皇太后，四時出巡，存問孤寡。**又是一個好題目。**太皇太后果然合意，帶領皇后及列侯夫人，乘輦巡幸。莽飭有司預備錢帛牛酒，隨輦出發，到處查問孤兒寡婦，量為賜給，一班窮民，歡呼萬歲。太皇太后已經大悅，再加輦跡所經，都是長安城外的名勝地方，有山可眺，有水可觀，還有草木鳥獸，無奇不備，試想這老太后久處宮中，忽得別開生面，一擴眼界，還有什麼不怡情悅色哩！太皇太后有一弄兒，病居外舍，莽且親往探視，弄兒感激非常，待至病癒，自然入白太皇太后。太皇太后尤為得意，覺得莽面面周到。就是古來孝子，想亦不過如斯，何況是一個姪兒，偏能這般孝順，真好說獨一無二了！**那知他要奪你的家產！**

莽既取悅太皇太后，還想籠絡天下士人，特創議設立明堂、辟雍、靈臺，踵行周制。**想做周公原應如此。**並築學舍萬間，招羅天下俊秀，齊集京師。一面立《樂》經，增博士員，考校士人優劣。賢能為師，愚陋為徒。各有廩餼，不使向隅。群臣又奏言周公攝政七年，制度乃定，今安漢公輔政四年，營作二旬，大功畢成，應請升宰衡，位置在諸侯王上。太皇太后便即許可。群臣具會議九錫隆禮，為莽崇封。莽心想九錫封典，乃是異數，自從輔政以來，雖得運動四方夷狄，南獻白雉犀牛，北亦遣女入

侍，只是東西兩方，還未入貢，應該再廣招徠。**招徠二字用得妙。**乃復派遣心腹，多持金帛，賄通東夷、西羌，東獻方物，西獻鮮水海、**即青海。**允谷、鹽池等地。莽特增置西海郡，派吏往治。一片荒陬，毫無生產，乃更令罪犯徙居，迫令墾牧。每年充發，多約數萬，少約數千，罪犯不足，繼以邊民，百姓始漸有怨言了。

越年孔光病死，代以馬宮。宮比孔光還要諂諛，促成九錫禮儀。且陰囑吏民，陸續上書，請加賞安漢公。一時書奏雜陳，僅閱旬月，上書人數，總計共得四十八萬七千餘名，究竟是虛是實，後亦無從確查，大約是見字計數罷了。**近來選舉敝習，就是從此處學來。**太皇太后，見得朝野上下，恭維王莽，遂決行九錫封典。九錫是一錫衣服，二錫車馬，三錫弓矢，四錫斧鉞，五錫秬鬯，六錫命圭，七錫朱戶，八錫納陛，九錫虎賁。這是古今特別厚賞，由太皇太后御殿親行。莽上殿拜受，卻不推辭，太皇太后更將楚王舊邸，賜給王莽。莽即令修築，整刷一新，復改造祖廟，統用朱戶納陛，彷彿宮殿規模。會因採風使陳崇、王惲等八人，還朝覆命，這八人係王莽所遣，叫他觀風問俗。他卻窺透王莽本意，出去遊覽一周，管什麼風俗醇澆，徒諂成了幾句歌功謠、頌德詩，就來複報。莽都說他有功，盡封列侯。**好運氣。**

當時郡國傳相，四方守令，均由採風使與他敘談，囑使上陳符瑞。大眾統皆應命，獨廣平相班稚不肯遵行。琅琊太守公孫閎，反奏報災荒，大司空甄豐，便劾閎捏造不祥、稚擱置嘉應，俱罪坐不道，應該捕誅。**無理之至。**當下由王莽批准，命將兩人逮京。還是太皇太后有些慈心，與莽談及，稚係班婕妤弟，為賢妃家屬，宜加哀矜，莽乃將稚放歸。閎下獄論死。莽又奏上市無二價，官無獄訟，邑無盜賊，野無飢民，道不拾遺，男女異路的古制，頒示天下。有人違法，應處象刑。看官聽說！這「象刑」

第一百回
竊國權王莽弒帝　投御璽元後覆宗

二字，出自《尚書》，凡刑人俱按律更衣，遊行市曹，作為眾戒。但也須由王道化成，方足使人無犯，那裡靠著一道文告，就得見效？可笑王莽賊頭賊腦，竟欲踵行古制，粉飾太平，天下甚大，豈真盡為莽所欺嗎？況莽所行諸事，多是自相矛盾，忽而行仁，忽而逞威。從前呂寬事起，殺子及弟，並害叔父，此外無辜連坐，又有多人，一腔殘忍，已見端倪。

至元始五年夏季，又欲發掘丁、傅兩后墳墓，太皇太后不肯聽從。莽卻忿然力爭道：「傅氏、丁氏，曾懷著皇太太后、帝太后璽綬，今已明旨加貶，若不將璽綬取毀，如何行法？且傅氏更宜徙葬定陶，方足正名。」太皇太后只好應諾，但不准易棺，並須備槨作塚，祭用太牢。莽默然退出，即命有司督同工役，分掘二后墳塋。傅太后曾合葬渭陵，**即元帝陵，見前**。築土甚高，工役開掘進去，費了無數氣力。突聞一聲響亮，土石崩頹，壓斃了數百人，餘眾悉數逃回；丁姬合葬共皇園，甫經掘通槨門，忽有火光射出，煙焰高至四五丈。工役都嚇得倒躲，經監工官飭令救火，方用水亂澆。等到火滅煙消，仔細看視，槨中器物，已盡被毀過，只有棺木不動。兩處都逢怪象，並報王莽，莽尚不知悔，反奏稱共王母前嘗驕僭，觸怒皇天，故致坍陷。丁姬葬亦逾制，火焚槨中。且兩處棺木，並稱梓宮，衣用珠玉，更非藩妾所宜，臣前擬只取璽綬，尚屬非是，應改易棺木，並將丁姬改葬媵妾墓旁，方為順天合理云云。太皇太后信為真言，居然許可，於是兩棺俱發。傅氏槨中，臭達數里。**其生也榮，其死也臭**。吏役不得已塞鼻檢視，取出璽綬珠寶，把屍骨另易他棺，草草葬訖。丁姬處也是照辦。可怪的是丁姬棺上，突來燕子數千，口中銜唧泥投棺，惹得工役亦為感動，力為建築，固土厚封。獨莽恐眾人私議，令就二后墓上，遍種荊棘，作為癉惡的榜樣，垂戒後人。**要說人惡，愈見己惡**。

太師馬宮，前曾與議傅太后尊諡，此時見莽追翻前案，心下不安，因

上書自劾，願乞骸骨。莽本因宮事事阿順，無心追究，偏他膽小如鼷，自來請罪，一時無法挽留，不得已請太皇太后下詔，免太師官，以侯爵歸第。這種事情，平帝全然不得參議。但平帝年已十四，知識漸開，聞得莽掘遷二后墳墓，也覺不平，並因莽殺盡舅家，單剩生母衛后一人，還不許相見，如此刻毒，實屬容忍不住，所以與莽見面，常露慍色，背地裡且有怨言。宮中侍役，多是王莽耳目，當然有人報知。王莽一想，皇帝小小年紀，竟要怨我，將來長成，還當了得！況漢室江山，已在掌握，所礙唯一女兒，他時亦好改嫁。我不如先發制人，較為得計！主見已定，也不商諸他人，待到是年臘日，進獻椒酒，暗中置毒。**漢以大寒後戌日為臘，並非除夕。**平帝何從知曉，見酒便喝，一杯下肚，夜間便即發作，自呼腹痛，輾轉呻吟。翌日由宮中傳出，平帝得病甚劇，醫治乏效。莽暗暗心喜，又恐被人瞧破，假意入宮問疾，裝作愁眉淚眼一般。及至退出，復令詞臣製成一篇祝文，情願以身代帝，立赴泰畤禱告。再將祝文藏置金縢，故意囑語群臣，不得多言。群臣以為金縢藏策，是周公故事，周公為了武王有病，願甘代死，今安漢公也是如此，真是周公重生。那知平帝一條性命，已被賊莽斷送，腹痛數日，竟致告崩。名目上是在位五年，活得一十四歲。

　　莽入臨帝喪，偽作悲號，一面令殮用元服，尊諡為孝平皇帝，奉葬康陵，命官吏喪服三年。太皇太后因平帝無嗣，特召群臣會議立儲。時元帝支裔已絕，只有宣帝曾孫五人為王，**淮陽王縯，中山王成都，楚王紆，信都王景，東平王開明。**及列侯四十八人。群臣擬就五王列侯中，推立一人，獨王莽厲聲道：「五王列侯，統係大行皇帝兄弟，不能相繼為後，應就宣帝玄孫中選立。」群臣聞言，都不敢出聲。莽利在立幼，故有此說。唯宣帝玄孫二十三人，莽獨尋出一個最幼的玄孫，名叫做嬰，父為廣戚侯

第一百回
竊國權王莽弒帝　投御璽元後覆宗

顯，乃是楚王囂曾孫，年僅二歲。託言卜相俱吉，應立為嗣。群臣怎敢抗議？全體贊成。先是泉陵侯劉慶上言，謂宜令安漢公攝政，如周公相成王故事，議尚未行。此時又由前輝光謝囂奏稱，武功縣長孟通，浚井得白石，上有丹書，文云：「告安漢公莽為皇帝。」前輝光就是長安，莽曾改定官名及十二州郡縣界畫，分長安為前輝光、後承烈二郡。謝囂由莽薦舉，又在都中，因即揣摩迎合，捏造符命。莽亟令王舜轉白太皇太后，太皇太后作色道：「這是欺人妄語，不宜施行！」**曉得遲了！**王舜道：「事已至此，無可奈何，莽亦但欲居攝，鎮服天下，餘無他意。」**只可欺騙婦人。**太皇太后不得已下詔道：

　　蓋聞天生眾民，不能相治，為之立君以統理之。君年幼稚，必有寄託而居攝焉，然後能奉天施而成地化。朕以孝平皇帝幼年，且統國政，幾加元服，委政而屬之。今短命而崩，嗚呼哀哉！已使有司徵孝宣皇帝玄孫嬰，入嗣孝平皇帝之後。玄孫年在襁褓，不得至德君子，孰能安之？安漢公莽，輔政三世，制禮作樂，與周公異世同符。今前輝光囂上言丹石之瑞，朕深思厥意，云為皇帝者，乃攝行皇帝之事也。其令安漢公居攝踐阼，如周公故事。以武功縣為安漢公采地，名曰漢光邑。所有居攝禮儀，令有司具奏以聞。

　　群臣接奉詔書，酌定禮儀，安漢公當服天子袞冕，負扆踐阼，南面受朝，出入用警蹕，皆如天子制度。祭祀贊禮，應稱「假皇帝」。臣民稱為「攝皇帝」，自稱「臣、妾」。安漢公自稱曰「予」。若朝見太皇太后、皇帝、皇后，仍自稱「臣」。這種不倫不類的禮議，呈將上去，有詔許可。轉眼間已是正月，便改號為居攝元年。莽戴著冕旒，穿著袞衣，坐著鑾駕，前呼後擁，到了南郊，躬祀上帝，祀畢至東郊迎春，又赴明堂行大射禮，親養三老五更，**五更亦老人能知五行更代之事，周制嘗設三老五更，**

故莽特仿行。然後返宮。遲至春暮,方立宣帝玄孫嬰為皇太子,號為孺子。尊平帝后為皇太后,使王舜為太傅左輔,甄豐為太阿右拂,**讀若弼**。甄邯為太保後承。這項特別的官名,都是王莽創造出來。

才閱一月,便有安眾侯劉崇起兵,前來討莽。崇係長沙定王發六世孫,**定王發係景帝子**。聞得莽為假皇帝,遂與相張紹商議道:「莽必危劉氏,天下共知莽奸,莫敢發難,我當為宗族倡義,號召天下,同誅奸賊!」張紹很是贊成。崇不顧利害,單率部下百餘人,進攻宛城。宛城守兵,卻有數千,一經對仗,任你劉崇如何忠勇,也是多寡不敵。崇及紹俱死亂軍中。崇族父嘉,紹從弟竦,未被殺死,只恐王莽追究,反詣闕謝罪。莽欲牢籠人心,下詔特赦。張竦能文,又替劉嘉做了一篇奏章,極力諛莽,且願瀦崇宮室,垂為後戒。**何其無恥乃爾**。莽覽奏大喜,立即批准。褒封嘉為率禮侯,竦為淑禮侯。都人替他作歌道:「欲求封,無過張伯松;力戰鬥,不如巧為奏!」伯松係竦表字。竦由他歌笑,大官大祿,總得安然享受了。群臣乘機上奏,略言劉崇謀逆,由安漢公權力太輕,今應許他重權,方可鎮撫天下。太皇太后一想,莽已居攝,還有何權可加?再召王舜等入問,舜等謂宜除去「臣」字,朝見時也即稱「假皇帝」。太皇太后已不能制莽,只好由他稱呼。

偏是東郡地方,又有義兵崛起,傳檄討逆,為首的乃是郡守翟義。義為故丞相方進子,表字文仲,居官正直,因聞王莽種種要求,勢將篡漢,不由的義憤填胸,遽謀起義。有甥陳豐,年只十八,卻生得膽力兼全。義因召豐入議道:「新都侯莽,攝天子位,故意擇定幼主,號為孺子,將來必篡漢家。今宗室衰弱,外無強藩,沒人敢抗國難,我父子受國厚恩,義當為國討賊,汝意以為何如?」豐揚眉抵掌,朗聲應諾。義尚恐陳豐一人,不能濟事,再約同東郡都尉劉宇、嚴鄉侯劉信,及信弟璜,共同起

第一百回
竊國權王莽弒帝　投御璽元後覆宗

事；一面部勒車騎材官，招募郡中勇敢戰士，準備出發，自稱大司馬柱天將軍，推立劉信為天子。信係東平王雲子，東平一案，人皆稱冤，**見九十七回**。所以將他推戴，以便號召。當下傳檄郡國，略言王莽鴆殺平帝，攝天子位，欲滅漢室，今天子已立，當恭行天罰等語。遠近義士，見他名正言順，卻也慨然樂從。義剋日興師，自東郡行至山陽，約得十餘萬眾。警報傳到長安，莽不覺心驚，幾乎食不下嚥，慌忙召集黨羽，決議迎敵，拜輕車都尉孫為奮武將軍，成都侯王邑為虎牙將軍，明義侯王駿為強弩將軍，城門校尉王況為震威將軍，忠孝侯劉宏為奮衝將軍，震羌侯竇況為奮威將軍，盡發關東兵甲，分道擊義。

　　正在陸續進兵的時候，又有三輔土豪趙朋、霍鴻等，與義相應，趁著都中空虛，竟來攻打長安。莽遠近受敵，愈覺著忙，亟令衛尉王級為虎賁將軍，大鴻臚閻遷為折衝將軍，領兵出禦。趙朋、霍鴻，兵勢甚盛，不下十餘萬名，到處放火，連未央宮前殿，都瞭見火光。莽又使甄邯為大將軍，受鉞高廟，總掌天下兵馬，屯守城外。王舜、甄豐，晝夜巡行殿中。莽抱孺子嬰至郊廟間，日夜禱告，且召語群臣道：「昔周公輔相成王，管、蔡挾祿父叛周，今翟義亦挾劉信作亂，古時大聖人尚憂此變，況莽本斗筲，何堪遇此？」群臣都應聲道：「不經此變，如何得彰明聖德哩！」**可謂善頌善禱**。莽又仿《周書》作大誥，頒示天下，表明反位孺子的意思。果然計畫精良，軍士效力，七將軍會齊陳留，與翟義等大戰一場，先斬劉璜，後獲翟義，只劉信逃得不知去向。義被捕至都中，磔死市曹。**義有勇無謀，所以敗死**。七將軍班師西行，移攻三輔。趙朋、霍鴻，探得翟義兵敗，已經氣餒，再加莽軍大集，愈不能敵，勉強持過了年，終落得兵敗身亡，同歸於盡。

　　莽連得捷報，大喜過望，當即大封諸將，頒爵五等，意欲即日篡位，

適值莽母功顯君得病，只好在家侍奉，佯示孝思。遷延到了秋季，功顯君方才死去。莽只服總縗，自言攝踐祚，當承漢後，但令長孫王宗主喪素服三年。**莽專援古例，敢問此例出自何朝？**廣饒侯劉京、車騎將軍千人**官名**。扈雲，太保屬吏臧鴻，先後上書，競言符瑞。京說是齊郡臨淄縣亭長辛當，夢見天使與語云：「攝皇帝當為真皇帝，如若不信，但看亭中發現新井，便是確證。」次晨，辛當起來，往視亭中，果有新井，深至百尺。雲說是巴郡有石牛出現，上有丹文。鴻說是扶風雍石，也有文字發表。石牛雍石，一併呈驗。**全是現造**。莽欣然迎納，還要加造數語，奏白太皇太后，謂雍石文共有八字，乃是「天告帝符，獻者封侯」。看來天意難違，此後令天下奏事，不必稱攝，並改居攝三年為初始元年，上應天命。太皇太后已悟莽奸詐百出，但權在莽手，不能不從。期門郎張充，頗懷忠義，密邀同志五人，刺殺王莽，改立楚王劉紆為帝。不幸謀洩，盡被殺死。

梓潼人哀章，素行無賴，挾詐求逞，暗製銅匱一具，上署兩籤，一署〈天帝行璽金匱圖〉，一署〈赤帝璽邦傳與皇帝金策書〉。自己扮作方士模樣，黃衣黃冠，趁著黃昏時候，齎匱至高帝廟中，付與守吏。一經交代，匆匆引去。守廟官忙報王莽，莽密令人展視銅匱中語，略言攝皇帝莽，應為真天子，下署佐命十一人，一王舜，二平晏，三劉歆，四就是哀章本名，五甄邯，六王尋，七王邑，八甄豐，九王興，十孫建，十一王盛。看畢後返報王莽，莽亦知是外人捏造，但正要他這般做作，方好侈言神命，篡竊國家。初始元年十二月朔，莽率群臣至高祖廟，拜受金匱神禪，還謁太皇太后，說了一派胡言。太皇太后正想詰駁，莽已見機趨出，改服天子冠裳，大搖大擺的走至未央宮前殿，居然登座。一班趨炎附勢的官僚，居然向莽朝賀。莽喜逐顏開，立命左右寫好詔旨，堂皇頒布，定國號曰新，即改十二月朔日為始建國元年正月朔日，服色旗幟尚黃，犧牲尚白。此詔

第一百回
竊國權王莽弒帝　投御璽元後覆宗

一出，爭呼新皇帝萬歲。

莽下座回宮，自思得為天子，僥倖已極，只是傳國御璽，尚在太皇太后手中，應該向她取索。便召王舜入內，囑咐數語。舜應命即行，直至長樂宮中，向太皇太后取璽。原來孺子嬰未立，璽歸太皇太后執管。太皇太后罵舜道：「汝等父子兄弟，蒙漢厚恩，尚無報答，今受人託孤，反敢乘機篡奪，不顧恩義？如此過去，恐狗彘將不食其餘。天下豈有像汝等兄弟麼？且莽既託言金匱符命，自作新皇帝，儘可自去制璽，還要這亡國璽何用？我是漢家老寡婦，死且旦夕，欲與此璽俱葬，汝等休得妄想！」遲了，遲了！說著，涕泣不止。侍女統皆下淚，舜亦俯首唏噓。過了片時，舜乃仰頭申說道：「事已至此，臣等無可挽回；若莽必欲得璽，太后豈能始終不與麼？」太皇太后沉吟半晌，竟取出御璽，狠命的摔在地上，且大罵道：「我老將死，看汝兄弟能不滅族否？」舜也不答言，拾璽即出，繳與王莽。

莽見璽上已缺一角，問明王舜，知被太皇太后擲碎。不得已用金修補，終留缺痕。這璽乃是秦朝遺物，由秦子嬰獻與漢高祖，漢高祖留與子孫，至是暫歸王莽。莽用冠軍人張永言，改稱太皇太后為新室父母皇太后。未幾廢孺子嬰為定安公，號孝平皇后為定安太后，西漢遂亡。總計前漢十二主，共二百一十年。究竟王莽陰謀詭計，竊得漢家天下，能否長久享受，且孝元、孝平兩后，及孺子嬰等如何結局，當由小子續編《後漢演義》，再行詳敘。唯有俚句二絕，作為《前漢演義》的煞尾聲。詩曰：

百戰經營造漢朝，誰知一旦付鴟鴞？
庸嫗無術江山去，空使宮僚著黑貂！

莽改漢黑貂著黃貂，元後獨令官吏黑貂，事見《後漢演義》。

得自子嬰失亦嬰,兩朝授璽若同情。

從知報應由來巧,莫替劉家恨不平!

孝元皇后,無傅太后之驕恣,又無趙氏姊妹之淫荒,亦可謂母后中之賢者。乃過寵王莽,使其罔上行私,得竊國柄,是則失之愚柔,非失之驕淫也。莽知元后之易與,故設為種種欺媚,牢籠元后於股掌之中。迨弒平帝而元后不察,迎孺子而元后不爭,稱「攝皇帝」「假皇帝」而元后不問,徒懷藏一傳國璽,不欲遽給,果何益耶?要之婦人當國,暫則危,久則亡。元后享年八十有餘,歷漢四世,不自速斃,宜乎漢之致亡也。嗚呼元后!嗚呼西漢!

前漢演義──從儲君斃命至王莽弒帝

作　　者：蔡東藩	國家圖書館出版品預行編目資料
發 行 人：黃振庭	
出 版 者：複刻文化事業有限公司	前漢演義──從儲君斃命至王莽弒帝 / 蔡東藩 著 . -- 第一版 . -- 臺北市：複刻文化事業有限公司 , 2024.10
發 行 者：複刻文化事業有限公司	面；　公分
E-mail：sonbookservice@gmail.com	POD 版
粉 絲 頁：https://www.facebook.com/sonbookss	ISBN 978-626-7595-25-1(平裝)
網　　址：https://sonbook.net/	1.CST: 西漢史 2.CST: 通俗史話
地　　址：台北市中正區重慶南路一段 61 號 8 樓	622.1　113015329

8F., No.61, Sec. 1, Chongqing S. Rd., Zhongzheng Dist., Taipei City 100, Taiwan

電　　話：(02)2370-3310
傳　　真：(02)2388-1990
印　　刷：京峯數位服務有限公司
律師顧問：廣華律師事務所 張珮琦律師
定　　價：350 元
發行日期：2024 年 10 月第一版
◎本書以 POD 印製

電子書購買

爽讀 APP　　臉書